KB037873

육아 불변의 법칙

시대가 달라지고
세대가 바뀌어도
절대 변하지 않는

육아 불변의 법칙

기획 **김민태** | 글 **고희정**

EBS BOOKS

차 례

시작하는 글 6

1장

정서 발달 불변의 법칙

01 아이는 정서를 이해하고 표현하는 능력을 갖고 태어난다 12
02 감정 조절 능력이 아이의 미래를 바꾼다 19
03 정서 지능(EQ)은 우리의 거의 모든 능력을 지배한다 26
04 아이의 정서 발달은 부모의 양육 태도에 의해 결정된다 33
05 애착은 정서 발달과 뇌 발달을 좌우한다 43
06 기질은 정서와 성격을 형성한다 59
07 정서 발달은 자존감의 뿌리가 된다 66

2장

인지 발달 불변의 법칙

01 인지 발달은 모방에서 시작된다 84
02 아이는 학습 능력을 가지고 태어난다 92
03 뇌는 경험을 통해 끊임없이 진화한다 101
04 자기주도적 학습 능력은 자율성과 주도성이 키운다 114
05 내적동기가 아이를 스스로 움직이게 한다 128
06 강점 지능은 약점 지능을 보완할 수 있다 140
07 인지 발달을 촉진하는 가장 좋은 방법은 칭찬이다 149

3장

사회성 발달 불변의 법칙

01 인간에게는 이타성이 내재되어 있다 164
02 사회성 발달은 마음 읽기에서 시작된다 171
03 사회성은 부모와의 상호작용에 의해 결정된다 180
04 자기 조절 능력이 높은 아이가 사회성도 높다 190
05 긍정적인 자아상이 사회성을 발달시킨다 198
06 도덕성이 삶의 질을 바꾼다 205
07 놀이성이 좋은 아이가 사회성도 좋다 218

4장

언어 발달 불변의 법칙

01 언어는 인간이 선천적으로 타고난 본능이다 232
02 인간의 뇌는 언어 습득에 최적화되어 있다 245
03 언어 발달은 유전과 환경의 상호작용이다 252
04 언어 발달에는 결정적 시기가 있다 260
05 언어능력이 지능과 학습능력을 좌우한다 270
06 언어가 생각과 행동의 차이를 만든다 277
07 대화가 좋은 관계를 만든다 284

마치는 글 294

세상에서 제일 어려운 일이 부모 노릇이라는 말이 있다. 아이를 키울 때 가장 어려운 부분은 바로 아이의 마음을 이해할 수 없다는 점이다. 아이가 왜 그런 생각을 하는지, 왜 그런 행동을 하는지, 왜 매번 같은 잔소리를 하게 하는지, 도대체 무엇을 힘들어하는 건지 아무리 생각하고 이해하려 해도 답을 알 수 없는 경우가 너무나 많다.

그 이유는 여러 가지가 있겠지만, 무엇보다 아이가 태어나 성장하며 거치게 되는 기본적인 발달 상황에 대해 잘 모르기 때문이다. 또한 내 아이만의 독특하고 고유한 본성과 아이 주변에 형성되어 있는 환경에 대한 파악과 이해가 부족하기 때문이다. 그래서 많은 부모들이 육아 선배들이나 육아 동료들의 조언에 따르기도 하고, 방송 프로그램이나 서적의 도움을 받기도 한다. 매년 수많은 육아서들이 쏟아져 나오고, 그때그때의 사회 분위기에 따라 특별한 양육법이 인기를 끄는 것도 부모들의 육아 고민에서 비롯된 현상일 것이다.

하지만 육아는 트렌드가 아니다. 육아는 인간에 대한 이해, 발달에 대한 이해에서 시작되어야 한다. 아이를 제대로 잘 키우고 싶다면 꼭 알고 있어야 할 기본 법칙이 분명히 있다. 이는 수십 년 동안 세계 곳곳의 수많은 학자들이 오랜 기간의 연구와 관찰, 실험을 통해 밝혀낸 놀라운 결과물들이다. 시대를 뒤흔든 세기의 실험들이 있고, 인간의 본성을 꿰뚫는 석학들의 이론들이 있고, 아이를 키우다 보면 누구나 겪게 되는 사례들이 있다.

지난 10여 년간 EBS 교육방송에서는 〈아기 성장 보고서〉, 〈아이의 사생활〉, 〈퍼펙트 베이비〉, 〈마더쇼크〉, 〈공부의 왕도〉, 〈생방송 60분 부모〉, 〈라이브 토크 부모〉 등 수많은 프로그램들을 통해 이러한 실험과 원리들을 발굴하고 이론과 실제를 재정립하면서 인간의 본성, 아이의 발달 과정, 부모의 역할 등에 대한 깊이 있는 성찰을 해왔다.

이 책은 바로 그런 주옥같은 이론과 실제들을 총망라해 부모라면 꼭 알아야 하는 육아의 법칙들을 제시하는 것을 목표로 기획되었다. 그리하여 아이가 자라 올바른 한 인간으로 성장하는 데 꼭 필요한 네 가지 영역인 정서, 인지, 사회성, 언어 발달의 기본 법칙들을 엄선한 뒤 각각의 법칙들을 증명해주는 고전적인 이론과 실험부터 최신의 획기적인 이론과 실험까지 선별해 정리했다. 실제 육아 상황에서 겪게 되는 사례를 바탕으로 문제 해결을 위한 알맞은 방안도 찾아보았다. 내 아이를 제대로 키우려면 꼭 알고 있어야 하는, 시대는 변해도 결코 변하지 않는 최소한의 육아 법칙을 제시하고자 하기 위함이다.

부모 노릇이 어렵다고 하지만, 그래도 아이는 부모의 가장 큰 행복의 원천이다. 모쪼록 이 책이 고민하고 갈등하는 부모들에게 도움이 되길, 그래서 아이도 부모도 모두가 행복한 육아가 되길 바라는 마음으로 긴 글을 시작해본다.

1장

정서 발달 불변의 법칙

아이를 키우다 보면 도무지 이해가 안 되는 행동들과 마주하게 된다. 조금만 참으면 사준다는데 그걸 못 참고 울며불며 떼를 쓸 때, 게임을 하면 업어 가도 모를 정도로 집중하면서 공부만 시작하면 10분을 못 앉아 있을 때가 그렇다. 집에서는 왕 노릇을 하면서 밖에만 나가면 잔뜩 주눅 들어 있을 때도 마찬가지다. 청개구리 저리 가라 할 정도로 하지 말라는 행동만 골라 할 때는 또 어떤가. 그럴 때마다 도대체 애는 왜 이럴까 싶어 한숨이 절로 나온다.

물론 더한 경우도 있다. 화를 참지 못하고 자기의 몸을 자해하는 아이도 있고 학교도 가지 않은 채 제멋대로만 하려고 하는 아이도 있다. 친구들과 어울리지 못하고 왕따를 당하는 아이가 있는가 하면 반대로 폭력을 휘두르며 친구들을 괴롭히는 아이도 있다. 잘 키워보겠다고 그렇게 애를 쓰는데 부모의 바람과는 너무도 멀어지고 있는 아이의 모습에 부모는 실망을 넘어 절망하고 만다. 우리 아이가 왜 그렇게 되었을까? 도대체 누가 무엇을 잘못한 것일까?

아동 심리학자들은 아이들이 보이는 문제행동의 가장 큰 원인을 '정서(사람의 마음에 일어나는 여러 가지 감정)'에서 찾는다. 아이의 불안하고 미성숙한 정서가 자신의 감정을 제어하지 못하고 잘못된 행동으로 분출되어 나온다는 것이다. 물론 이는 다 큰 어른들에게도 해당되는 얘기다. 어른이 되어서도 자신의 감정을 조절하지 못하고 바람직하지 않은 행동을 하는 사람들이 많은데 이것 역시 정서에서 비롯되는 문제이다.

이렇게 정서는 사람이 태어난 순간부터 죽을 때까지 모든 행동의 이유가 된다. 뿐만 아니라 신체, 인지, 사회성 등 인간의 모든 영역의 발달에 지대한 영향을 미친다. 그런데 정서는 영유아기 때 이루어진 것이 평생을 좌우하는 기초가 되기 때문에 이 시기의 정서 발달은 절대적으로 중요하다.

그럼 어떻게 해야 아이의 정서를 잘 발달시킬 수 있을까? 오랜 시간 전 세계 수많은 연구자들이 인간의 정서에 대한 연구와 실험을 통해 밝혀낸 결과들이 있다. 지금부터 아이의 정서 발달을 위해 꼭 기억해야 할 기본 법칙, 바로 '정서 발달 불변의 법칙'에 대해 이야기하려고 한다.

정서 발달 불변의 법칙 01

아이는 정서를 이해하고 표현하는 능력을 갖고 태어난다

아기는 언제부터 타인의 감정을 읽을 수 있을까?

영국의 철학자 존 로크John Locke는 인간의 정신은 아무것도 그려져 있지 않은 백지와 같은 상태로 태어난다고 주장했다. 태어난 이후 다양한 경험을 통해 서서히 정서가 발달되고 지적 능력이 형성된다는 것이다. 과연 이 주장은 어디까지 맞는 것일까?

아동 학습과 인지 발달 분야에서 세계 최고의 권위자로 손꼽히는 앨리슨 고프닉Alison Gopnik 박사와 그의 제자 베티 레파콜리Betty Rapacholi는 아주 흥미로운 실험을 했다. '아기들은 다른 사람들의 마음을 읽을 수 있을까? 또 자기가 원하는 것과 다른 사람이 원하는 것이 다르다는 것을 이해할 수 있을까?' 하는 의문에서 시작된 실험이었다. 실험은 이렇게 진행됐다. 먼저 베티는 생후 18개월 무렵의 아이들에게 금붕어 모양의 과자가 담긴 그릇과 생브로콜리가 담긴 그릇을 보여주었다. 그리고 과자를 먹으며 아주 기쁜 표정을 짓고 맛있어하는 소리를 냈다. 브로콜리를 먹을 때는 반대로 아주 싫어하는 표정을 지으며 괴로워하는 소리를 냈다. 그런 다음 아이에게 손을 내밀고 과자와 브로콜리 중 하나를 달라는 부탁을 했다.

아이들은 베티에게 어떤 것을 주었을까? 당연히 아이들은 과자를 주었다. 자신처럼 베티도 브로콜리보다 과자를 더 좋아한다는 사실을 알았던 것이다. 이는 충분히 예측 가능한 결과였다. 그런데 본격적인 실험은 그 다음부터였다. 이어 과자와 브로콜리에 대한 반응을 반대로 바꿔 실험해보았다. 과자를 먹을 때는 싫어하는 표정과 소리를 내고, 브로콜리를 먹을 때는 아주 기뻐하며 맛있어하는 소리를 냈다. 베티는 과자를 싫어하고 브로콜리를 좋아한다는 것을 아이들에게 보여주는 행동이었다.

아이들은 베티의 마음을 읽을 수 있었을까? 실험 결과 아이들은 베티에게 브로콜리를 내밀었다. 베티가 과자가 아닌 브로콜리를 좋아한다는 사실을 알아낸 것이다. 자신은 과자가 더 좋지만 다른 사람은 브로콜리를 더 좋아할 수도 있다는 사실을 이해하고 있다는 뜻이다. 세상에 태어난 지 겨우 1년 6개월밖에 안 된 아이들이 다른 사람의 마음을 읽을 수 있다는 사실, 정말 놀랍지 않은가.

아기 발달에 관한 연구와 뇌 연구가 활발해지면서 이제 아기가 아무것도 그려져 있지 않은 '빈 백지'로 태어난다고 보는 로크와 같은 시각은 완전히 사라졌다. 고프닉 박사는 "아기는 태어날 때 이미 많은 능력을 가지고 태어나며, 이것이 또 다른 학습을 가능하게 한다."고 판단하며 "요람 속의 아기는 지상에 존재했던 것들 가운데 가장 위대한 마음, 우주에서 가장 뛰어난 성능을 가진 학습 기계다."라는 주장을 펼치기도 했다. 브로콜리 실험은 이러한 사실을 입증해주는 획기적인 실험 중 하나로 평가받고 있다.

신생아실에서는 왜 여러 아기들이 한꺼번에 울까?

브로콜리 실험 이외에도 아기들이 타인의 감정을 읽을 수 있다는 사실을 뒷받침하는 실험들은 많다. 심리학자인 도나 뭄메Donna L. Mumme와 앤 퍼널드Anne Fernald의 실험이 대표적이다.

둘은 12개월 된 32명의 아기들에게 텔레비전을 통해 연기자의 행동을 보여주었다. 연기자는 노란색 물뿌리개 주둥이와 파란색 공, 그리고 빨간색 장난감 스프링을 가지고 각각의 물건에 대해 다른 반응을 연기했다. 어떤 것은 긍정적인 반응을, 어떤 것은 부정적인 반응을, 또 어떤 것은 그냥 중성적인(무심한) 반응을 보였다. 얼굴 표정과 목소리의 억양을 다르게 하면서 각각의 감정을 적극적으로 표현했다. 그러고 나서 아기들에게 그 물건들을 가지고 놀 수 있게 했다.

과연 아기들은 어떤 물건들을 가지고 놀았을까? 아기들은 연기자가 긍정적인 반응을 보인 것과 중성적인 반응을 보인 것은 다른 물건들과 똑같이 가지고 놀았다. 그러나 부정적인 반응을 보인 물건은 가지고 놀지 않았다. 이는 아기들이 연기자, 즉 타인의 감정을 그대로 느끼고 이해했다는 뜻이다. 그리고 타인의 감정에 영향을 받아 자신의 행동을 변화시켰다는 것도 알 수 있다.

실제로 아기들은 생후 8개월만 지나도 엄마의 표정을 살피는 행동을 한다. 엄마가 하지 말라는 걸 할 때는 슬쩍 눈치도 본다. 예를 들어 손에 잡히는 것은 일단 먼저 입에 넣어보고야 마는 구강기의 아기들은 본능에 의해 물건을 입으로 가져가는데, 그러면서도 엄마가 "안 돼!" 하며 화난 표정을 짓기라도 하면 괜히 웃으며 자신의 행동을 무마하려는 시도를 한다.

까꿍놀이를 할 때도 그렇다. 아기들은 까꿍놀이를 할 때 물건이 사라졌다 나타나는 것이 신기해 연신 웃는다. 그러면서 엄마가 짓는 표정을 유심히 살핀다. 까꿍놀이가 익숙해지면 아기들은 물건이 사라졌다가 다시 나타나는 상황보다 "까꿍!" 하면서 웃는 엄마의 표정에 더 재미를 느낀다. 엄마가 과장된 표정을 할수록 까르르 웃는 아기의 웃음소리가 커지는 것은 아기가 타인의 감정을 이해할 줄 아는 능력이 있기 때문에 가능한 일이다.

뿐만 아니다. 신생아들은 자신의 울음소리와 친구들의 울음소리를 구분하면서 친구들의 고통에 공감할 줄도 안다. 이를 과학적으로 밝혀내기 위해 이탈리아 파도바대학교의 마르코 돈디Marco Dondi 연구팀은 신생아 20명을 대상으로 실험을 했다. 먼저 깨어 있는 아기들에게 다른 신생아들의 울음소리를 녹음해 들려주면서 아기들의 표정을 관찰하고, 녹음기에 가짜 젖꼭지를 연결해 아기들이 젖꼭지를 빠는 방식이 어떻게 달라지는지 확인했다.

실험 결과 신생아들은 자신의 울음소리보다 친구들의 울음소리를 들을 때 얼굴이 더 빨개졌다. 아주 곤혹스러운 표정을 짓는 아기들도 있었다. 젖꼭지를 빠는 횟수도 훨씬 줄어들었다. 친구들의 고통에 공감하며 자신도 고통을 느끼는 것처럼 반응한다는 뜻이다. 신생아들이 잠자는 상태에서도 같은 실험을 반복했는데 결과는 깨어 있을 때와 마찬가지였다. 신생아실에서 한 아기가 울기 시작하면 꼭 따라 우는 아기들이 있는데 이런 이유 때문이다.

이렇듯 아기들은 개개인의 차이는 있지만 누구나 자신의 정서를 인식하고 표현할 수 있는 능력을 가지고 태어난다. 다른 사람의 정서를 이해하는 것은 물론이고, 때로는 자신의 행동의 판단 기준으로 삼을 정도로 직접적인 영향을 받는다.

아이는 정서를 조절하고 활용하는 능력이 부족하다

갓 태어난 아기가 가장 먼저 표현하는 정서는 괴로움, 흥분, 그리고 흥미로움 정도다. 그러다 3개월쯤 되면 아기는 사람의 얼굴을 보면서 미소를 지을 수 있는데 이를 '사회적 미소'라 한다. 4개월이 되면 분노를 나타내는 등 좀 더 다양한 정서를 표현할 수 있게 된다.

6개월이 지나면서 엄마와 다른 사람을 구분하기 시작하고 7개월쯤에는 엄마와 떨어지면 불안감을 느끼고 표현하는데, 낯가림이 시작되는 시기가 바로 이 무렵이다. 10개월부터는 놀이를 하며 재미있다고 혼자 웃기도 한다.

만 1~2세 때는 애착이 강해지면서 감정 표현도 확실하게 나타난다. 자기 뜻대로 되지 않으면 화를 내거나 울음을 터뜨리고, 기쁠 때는 소리를 지르며 팔짝팔짝 뛰는 등 다양한 감정을 다양한 방법으로 분출한다. 만 2~3세가 되면 아이들은 어른에게서 볼 수 있는 거의 모든 정서를 이해하고 표현할 수 있다. 이렇게 만 3세까지 아이들은 자신과 타인의 정서를 인식하고 표현하는 방법을 급격하게 배우며 자신만의 정서의 토대를 다진다. 이때 경험하고 배웠던 것들이 정서를 활용하고 조절하는 능력을 키우는 데 기반이 되는 셈이다.

여기에서 꼭 알아두어야 할 점은 아이들이 정서를 이해하고 표현하는 능력을 가지고 태어나는 건 맞지만, 정서를 활용하고 조절할 수 있는 능력은 아직 부족한 상태라는 점이다. 그것은 부모와 형제를 비롯한 주변 사람들로부터 배우면서 터득하게 된다.

당연히 가장 큰 영향을 끼치는 사람은 부모다. 그러므로 부모가 아이의 정서 발달 단계를 제대로 아는 것은 매우 중요하다. 아이가 표현하는 다양한 감정과 행동이 무엇을 뜻하는지, 혹은 무엇을 원하는지를 제대로 알아채고 이해해주는 것은 아이의 정서 조절 능력을 키우는 데 중요한 바탕이 되기 때문이다.

하지만 아이를 키우다 보면 하루 종일 먹이고 입히고 씻기고 재우느라 눈코 뜰 새 없이 바쁜 탓에 아이가 어떤 감정을 느끼는지, 부모의 감정에 아이가 어떤 영향을 받고 있는지를 섬세하게 살피지 못할 때가 많다. 물론 내 손으로 직접 유기농 간식을 만들어 먹이는 것도 중요하고 좋은 육아정보를 검색해서 내 아이에게 적용해보는 것도 중요하다. 하지만 그 무엇도 아이의 감정을 이해하고 공감해주는 일보다 중요할 수는 없다.

정서 발달 불변의 법칙 02

감정 조절 능력이 아이의 미래를 바꾼다

만 2세의 아이들도 감정 조절 능력에 차이를 보인다

감정 조절 능력은 자신의 감정을 잘 인식하고 그것을 적절하게 표현하는 것, 나아가 마음속의 불편한 감정들을 빨리 제거해 편안한 상태로 돌려놓을 수 있는 능력을 말한다. 그렇다면 과연 어린 아이들의 감정 조절 능력은 어느 정도나 될까?

미국 일리노이대학교의 사라 멘젤스도프Sarah C. Mangelsdorf 연구실에서는 만 2세의 아이들을 튼튼하게 포장된 과자 봉지로 유혹해 봤다. 아이들이 과자를 먹고 싶어 해도 엄마는 도와줄 수 없으며 오직 스스로 봉지를 뜯어야만 과자를 먹을 수 있는 실험이었다. 당연히 아이들이 튼튼하게 포장된 과자 봉지를 뜯는 것은 쉽지 않은 일이었다. 한마디로 짜증이 날 수밖에 없는 상황이었다.

우리가 충분히 예상할 수 있듯이 과자를 눈앞에 두고도 못 먹는 아이들은 울음을 터뜨리고 짜증을 부리고 떼를 썼다. 하지만 전혀 다른 행동을 하는 아이들도 있었다. 엄마가 봉지를 뜯어줄 수 있을 때까지 자신의 관심을 다른 데로 돌리며 유혹을 참아내는 것이었다. 만 2세의 아이들도 자신의 감정을 조절하는 데 큰 차이를 보인 것이다.

만 2세만 되어도 감정 조절 능력에 차이를 보인다는 사실은 일상생활에서도 어렵지 않게 확인할 수 있다. 마트에서 원하는 장난감을 갖지 못했을 때 어떤 아이들은 떼를 쓰면서 울음을 터트린다. 거기에서 한발 더 나아가 드러눕고 소리를 고래고래 질러대는 아이들도 있다. 그와는 달리 자신이 그것을 꼭 갖고 싶어 하는 마음을 엄마 아빠에게 간절하게 표현하여 마침내 설득시키고야 마는 아이들도 있다. 또 아쉽기는 하지만 엄마 아빠의 설득을 받아들이는 아이들도 있다. 이것이 모두 감정 조절 능력의 차이에서 비롯되는 상황이다.

이 시기의 아이들이 자신의 감정 조절에 성공하는 경험을 충분히 해야 하는 이유는 감정 조절에 실패한 경험이 쌓이면 쌓일수록 점점 더 감정 조절에 실패할 확률이 높아지기 때문이다. 어른들도 화를 내다 보면 점점 더 강도가 세지는 것을 느낄 수 있다. 목소리도 더 커지고 표정과 행동도 더 격해지곤 한다. 그러기 전에 마음을 다잡고 화를 억누르며 이성적으로 행동할 수 있도록 노력해야 한다.

그 훈련이 어렸을 때부터 시작되어야 한다. 아주 어렸을 때부터 자신의 감정을 조절하는 경험을 많이 하지 못하면 커서도 감정 조절에 실패할 확률이 높다. 감정을 조절하는 방법을 경험을 통해 터득해야 하는데 그런 경험이 없으면 어떻게 감정을 조절해야 하는지 방법을 알 수가 없다. 헛디디고 휘청거리고 넘어져가면서 자전거 타는 요령을 터득해나가는 것처럼 감정을 조절하는 능력도 그렇게 연습과 경험을 통해 키워나갈 수 있다.

감정을 잘 조절하는 아이가 새로운 도전을 한다

감정 조절 능력은 단순히 주변 사람들과의 관계를 원만하게 유지해나가기 위해서만 필요한 것이 아니다. 감정 조절 능력은 실패를 이겨내는 힘, 즉 회복 탄력성과도 관계가 깊다.

EBS에서 방송된 다큐멘터리 〈퍼펙트 베이비〉에서는 아주 재미있는 실험을 했다. 5세 아이들 16명에게 퍼즐을 주고 맞춰보라고 했는데, 첫 번째 퍼즐은 아이들이 충분히 풀 수 있는 간단한 수준이었다. 예상대로 모든 아이들은 제한된 시간 안에 퍼즐을 맞췄다. 선생님은 아이들에게 칭찬을 듬뿍해줬다.

다음 두 번째 퍼즐은 첫 번째 것과 비슷한 수준이었지만 조건을 살짝 바꿨다. 제한 시간을 조금 앞당긴 것이다. 물론 아이들은 그런 사실을 전혀 모르고 있었다. 일부러 아이들이 퍼즐을 맞추지 못하도록 한 것인데, 계획대로 아이들은 제시간에 퍼즐을 맞추지 못하고 실패를 맛보았다.

이 실험의 하이라이트는 그 다음부터였다. 앞에서 실험한 두 개의 퍼즐을 주고 어떤 퍼즐을 맞출 것인지 아이들에게 선택하게 했다. 그랬더니 16명의 아이 중 12명의 아이들은 첫 번째 퍼즐을 선택했다. 앞서 경험한 실패의 아픔을 다시 겪고 싶지 않은 마음이었을 것이다. 첫 번째 퍼즐은 이미 한 번 맞춰봤으니 다시 맞춰도 성공할 수 있으리라 생각했을 것이다.

그런데 나머지 4명의 아이들은 실패한 두 번째 퍼즐을 선택했다. 이유를 묻자 오히려 어려워서 다시 해보고 싶었다는 대답을 했다. 이전에는 실패했지만 다시 한번 도전해보겠다는 의지가 담긴 선택이었다. 물론 이 아이들도 실패했을 때는 의기소침해지기도 했다. 하지만 그러한 감정을 재빨리 조절하고 실패에 대한 부끄러움을 극복했다. 그리고 마침내 성공했을 때 아이들은 무척 기뻐했나.

뉴저지주립대학교의 마이클 루이스Michael Lewis 교수는 "실패한 과제에 도전하느냐 안 하느냐는 실패에 대해 부끄럽게 생각하느냐 생각하지 않느냐에 따라 결정된다."고 말한다. 즉 감정이 행동을 결정한다는 것이다. 다시 말해 감정 조절 능력은 불편한 감정을 빨리 회복시켜 새로운 도전을 할 수 있는 용기를 준다고 볼 수 있다.

우리 모두 경험하고 있듯이 인생은 늘 새로운 도전이다. 공부도 그렇고 사랑도 그렇고 일도 그렇다. 어떤 일에 도전했을 때 늘 성공하는 것은 아니기 때문에 우리는 어쩔 수 없이 실패의 순간을 맞이하기도 한다. 그러므로 실패의 쓴맛을 이겨내고 다시 도전할 수 있는 용기를 내는 것은 나를 더욱더 발전시켜나가는 첫걸음이다. 그래서 위기의 상황에서도 내 감정을 조절하여 좌절하지 않고 용기를 내어 다시 도전하는 아이로 성장할 수 있도록 해야 한다.

이러한 면모는 학업 성취도와도 직접적인 영향이 있다. 앞의 퍼즐 실험에서도 확인했듯이 감정 조절에 능숙한 아이들은 실패했던 과제에 다시 도전하거나 어려운 과제와 맞닥뜨리는 것을 두려워하지

감정 조절이 잘 되는 아이들은 불편한
감정을 빨리 회복시킬 수 있기 때문에
금세 새로운 도전을 할 수 있는 용기가 생긴다.

않는다. 이런 아이들은 당연히 학업 성취도가 높을 수밖에 없다. 어려운 수학 문제, 복잡한 영어 문법, 골치 아픈 논술 문제에 도전하는 데 서슴없을 테니까 말이다.

감정 조절 능력은 사회성과도 연결된다

〈퍼펙트 베이비〉 팀의 실험은 퍼즐을 맞추는 데서 끝나지 않았다. 같은 아이들에게 이번에는 실망스런 선물을 주고 어떤 반응을 보이는지 관찰했다. 멋지게 포장된 선물 상자 안에는 컵 뚜껑이 들어 있었다. 아이들이 좋아할 만한 선물은 아니기 때문에 신이 나서 포장을 뜯어본 아이들은 컵 뚜껑을 확인하고는 모두 실망했다.

잠시 뒤 선생님이 들어와 선물이 마음에 드는지 물어봤다. 아이들은 당황하며 어떻게 말해야 할지 고민했는데, 16명의 아이들 중 10명의 아이들은 선물이 마음에 든다는 대답을 들려주었다. 솔직한 심정으로는 선물이 전혀 마음에 들지 않았지만 그렇게 말하면 선생님이 기분이 상할 수도 있으니까 '선의의 거짓말'을 한 것이다. 그런데 선의의 거짓말은 자신의 감정을 억제하고 상대방을 배려하는 마음이 있어야 가능하다. 이 실험은 상대방의 마음을 배려하는 말과 행동은 감정 조절 능력이 좋아야 가능하다는 사실을 알려주고 있다.

다른 사람을 배려하는 마음이 대인 관계를 원활하게 하는 데 가장 기본적인 조건임은 누구나 다 아는 사실이다. 그래서 감정 조절은 사회성과도 연결된다. 만약 현재 아이가 다른 사람을 배려하지 못하고 이기적인 모습을 보여 걱정스럽다면 아이의 감정 조절 능력이 어떤지부터 살펴보는 것이 좋다.

공부도 잘하고 대인 관계도 좋은 아이로 키우려면?

모든 부모들은 내 아이가 공부도 잘하고 주변 사람들과 원만하게 잘 지내기를 바란다. 그런데 그런 아이로 키우기 위해서는 감정 조절 능력이 기반이 되어야만 한다. 미네소타대학교 심리학과 연구팀의 실험을 통해서도 그 사실이 충분히 확인되었다. 12개월 무렵의 아이들이 낯선 환경에서 어떤 감정 조절 능력을 보이는지 실험한 뒤 30여 년 동안 실험에 참여했던 아이들을 추적 관찰했는데, 12개월 무렵 감정 조절이 원만하게 이루어진 아이들은 중·고등학교에 올라가서도 원만한 대인 관계를 형성하고 남다른 끈기를 보였으며 이는 높은 학업 성취도로 이어졌다.

태어난 지 1년 정도밖에 되지 않는 아이들이 감정 조절 능력에 차이를 보이는 것도 놀랍지만 그것이 아이의 일생에 지대한 영향을 미친다는 사실은 놀라움을 넘어 경각심을 안겨준다. 왜냐하면 감정 조절 능력은 훈련과 경험을 통해 좌우되며, 그것은 어렸을 때부터 시작되어야 하기 때문이다.

정서 발달 불변의 법칙 03

정서 지능(EQ)은
우리의 거의 모든 능력을 지배한다

인지 능력에 결정적 영향을 끼치는 정서 지능

미국 예일대학교 심리학과 피터 샐로비Peter Salovey 교수는 뇌 연구를 통해 이성적인 결정이나 문제 해결 작업을 할 때 감정적인 요소가 개입한다는 것을 알아냈다. 이를 바탕으로 "정서적인 능력은 지능의 일부로 해석되어야 한다."고 주장하며, 뉴햄프셔대학교의 존 메이어John Mayer와 함께 '정서 지능EQ' 개념을 처음 사용했다.

이들은 정서 지능을 인식 능력, 지식 능력, 활용 능력, 조절 능력 등 네 가지 영역으로 나누어 정의했다. 다시 말해 정서 지능은 자신과 타인의 정서를 인식하고 표현할 줄 알며, 정서를 활용하고 나아가 정서를 효과적으로 조절할 수 있는 능력을 가리킨다.

그렇다면 정서 지능이 높은 사람과 그렇지 않은 사람은 어떤 차이가 날까? EBS에서 방송된 다큐멘터리 〈엄마도 모르는 우리 아이의 정서 지능〉에서는 초등학교 4학년 227명을 대상으로 정서 지능 검사를 실시한 뒤, 정서 지능이 평균인 아이들 7명과 정서 지능이 높은 아이들 7명을 스튜디오로 초대해 몇 가지 실험을 했다.

첫 번째 실험은 기억력의 차이를 보는 것이었다. 60개의 단어를 두 번에 걸쳐 보여주었는데, 이 중에는 파란색으로 써진 단어도 있었고 빨간색으로 써진 단어도 있었다. 아이들이 기억해야 하는 것은 바로 빨간색으로 써진 단어였다.

실험 결과 정서 지능이 높은 아이들은 평균 12개의 단어를 기억했고 정서 지능이 평균인 아이들은 평균 9개의 단어를 기억했다. 정서 지능이 높은 아이들의 기억력이 더 좋다는 것을 알 수 있는 결과였다. 기억력은 인지 능력에 속하는데, 그것이 정서에 영향을 받는다는 사실이 놀라웠다.

두 번째 실험에서는 수학 진단평가를 실시했다. 비슷한 수준의 기초 사고 능력을 가지고 있는 아이들에게 제한 시간 30분 동안 초등학교 4학년이면 충분히 풀 수 있을 정도의 문제를 제시했다. 그러면서 시험지를 나눠주는 순간 갑자기 화재 경보가 울리도록 했다. 이것은 아이들을 흥분시키기 위한 설정이었다. 이때 진행자가 '옆 스튜디오에 불이 났지만 다 진화되어 번지지 않을 것'이라고 알려주었다. 아이들은 놀란 마음을 진정시키고 문제에 집중하기 시작했다. 하지만 그때 또 한 번 시끄러운 싸움 소리가 들리게 했다.

이처럼 소란스럽고 불안정한 상태에서 누가 더 집중력을 발휘하여 높은 성취를 이룰 수 있을지 알아보는 실험이었다. 시험 결과 정서 지능이 평균인 아이들은 평균 10개의 문제를 맞혔고 정서 지능이 높은 아이들은 평균 20개의 문제를 맞혔다. 정서 지능이 높은 아이들이 더 높은 집중력을 발휘한 것이다.

이러한 결과가 나온 이유는 우리 뇌의 구조에서 찾을 수 있다. 우리 뇌에서 분노와 불안, 두려움과 같은 기본적인 감정을 관장하는 부위는 대뇌변연계limbic system다. 그리고 기억을 관리하는 부위는 해마hippocampus다. 그런데 해마는 대뇌 변연계의 양쪽 측두엽에 있다. 기억을 관리하는 부위가 감정을 관장하는 부위에 속해 있기 때문에 뇌 구조상 감정과 인지가 분리될 수 없다.

우리 뇌는 감정과 인지가 상호작용을 할 때 최적의 상태를 유지한다. 그래서 감정을 조절하는 정서 지능이 집중력과 기억력에 큰 영향을 미칠 수밖에 없다.

정서 지능은 성적과 밀접한 관계가 있다

정서 지능이 아이들에게 미치는 영향을 알아보기 위한 실험은 계속 이어졌다. 이번에는 초등학교 2학년 아이들 중 정서 지능이 높은 아이 6명, 평균인 아이 6명을 뽑은 뒤 두 명씩 짝을 지어 젠가 게임을 하도록 했다. 아이들이 게임에 열중하고 있을 때 선생님이 슬쩍 젠가를 무너뜨렸다.

이 상황에서 정서 지능이 평균인 아이들은 대부분 실망하며 선생님 탓을 했다. 반면 정서 지능이 높은 아이들은 대부분 실패에 연연하지 않고 다시 하면 된다는 반응을 보였다. 정서 지능이 높으면 실패의 쓴맛을 이겨내고 다시 도전하려는 의지가 더 강하다는 사실을 알 수 있었다.

다음은 아이들의 인내심을 테스트했다. 거울 뒤편에 카메라를 설치한 뒤 눈앞에 맛있는 간식을 차려놓고 선생님이 오면 같이 간식을 먹자고 하고는 아이들의 행동을 관찰했다. 정서 지능이 평균인 아이들 중 여러 아이들이 간식의 유혹을 참아내지 못했다. 앞에 나와 몰래 간식을 먹는 아이도 있었고 자신의 것이라고 이름표를 붙여놓는 아이도 있었다. 반면 정서 지능이 높은 아이들은 대부분 유혹을 잘 참아냈다.

이번에는 아이들에게 종이 위에 그려진 점을 이어 도형을 완성하라는 과제를 주면서 완벽하게 완성하면 게임을 하게 해주겠다고 말했다. 그리고 아이들 옆에서 선생님들이 먼저 게임을 시작했다. 그러자 정서 지능이 평균인 아이들은 게임이 하고 싶어 과제에 집중하지 못했지만 정서 지능이 높은 아이들은 시끄러운 소리에도 흔들리지 않고 과제를 완수했다. 결국 과제를 다 끝내고 먼저 게임을 할 수 있게 된 아이들은 대부분 정서 지능이 높은 아이들이었다. 정서 지능이 아이들의 인내심에도 영향을 미친다는 사실을 증명하는 실험이었다.

도전 의식과 인내심은 성적에 결정적인 영향을 미치는 면모들이다. 공부를 하다 보면 수없이 많은 실패를 경험하게 되는데, 그때마다 포기하지 않고 다시 해보겠다는 의지를 보인다면 결국 능력이 향상되면서 더 나은 결과를 만들어낼 수 있기 때문이다. 또한 인내심이 강한 아이들은 더 큰 만족이나 목표를 위해 순간적인 욕구를 잘 참아낼 수 있는데, 이 또한 성적 향상으로 이어질 수 있다. 다시 말해 정서 지능은 성적과 밀접한 관계를 가지고 있는 셈이다.

다양한 정서를 경험해야 정서 지능이 높아진다

정서 지능은 사회성과도 직결된다. 워싱턴대학교 심리학과 명예교수인 존 가트맨John M. Gottman은 "정서 지능은 아이들에게 세상에 대한 이해를 제공한다. 사회성을 필요로 하는 어려운 상황에 훨씬 더 잘 대처하도록 도와준다."고 말하면서 정서 지능이 사회성에 미치는 영향에 대해 강조했다. 미국 예일대학교 샐로비 교수 역시 "정서 지능이 높은 사람들은 친구를 사귀는 데 더 수월하고 낯선 이들과도 더 쉽게 이야기하며, 직장에서 리더가 되는 경우가 많고 그룹 활동에도 기여도가 높으며, 심지어 급여 인상 폭도 더 크다."고 정서 지능을 사회성과 연결하여 설명했다.

이처럼 정서 지능은 기억력부터 집중력, 도전 의식, 인내심까지 우리의 거의 모든 능력을 지배한다. 이 사실이 알려지면서 관련 TV 프로그램과 육아 지침서들이 제작되어 큰 인기를 끌기도 했다. 정서 지능의 중요성을 알게 된 부모 중에는 아이가 항상 평온하고 안정된 정서 상태를 유지할 수 있도록 화가 나도 꾹꾹 참으며 아이의 정서 지능을 높이기 위해 정성을 기울이는 경우도 있다. 솔직히 아이가 공부도 잘할 수 있고 사회성도 좋아진다는데 못할 게 뭐가 있을까.

하지만 꼭 알아야 할 것이 있다. 정서 지능이 높다는 것은 단순히 화내지 않고 평온한 상태를 의미하는 것이 아니다. 다양한 정서

정서 지능을 높이기 위해서는 부모와 아이가 서로의 감정에 대해
허심탄회하게 이야기하며 이해해주고 지지해주는 관계를 쌓는 게 중요하다.

를 인식하고 표현하고 효과적으로 조절할 수 있어야 한다. 긍정적인 정서는 별 문제가 없다. 부정적인 정서를 어떻게 다룰 수 있느냐가 정서 지능의 핵심이다. 세상은 늘 좋기만 하고 평온하기만 하고 행복하기만 할 수는 없으므로, 좋지 않고 평온하지 않고 행복하지 않은 상황에 직면했을 때 자신의 감정을 잘 다룰 수 있어야 한다.

그런데 아이들은 자신이 보고 경험한 방법으로 자신의 정서를 조절한다. 즉 불편하고 괴롭고 슬픈 감정들도 겪어봐야 이겨낼 수 있다. 그러니 아이의 평온하고 행복한 정서를 위해 무조건 맞춰주고 희생하려는 것은 바람직하지 않다.

가장 중요한 것은 바로 부모와 아이의 관계다. 부모가 일방적으로 희생하는 관계가 아닌, 부모와 아이가 서로의 감정을 허심탄회하게 터놓고 이야기하면서 이해하고 지지하고 조언해줄 수 있는 관계를 만들어야 한다. 아이가 부정적인 정서를 느끼는 상황이 되면 그것을 부정적인 행동으로 표출하는 것이 아니라 자신의 속마음을 터놓고 이야기하면서 위로 받을 수 있는 환경을 만들어주는 것이 핵심이다. 그러한 관계 속에서 아이는 다양한 감정을 경험하게 되고, 자연스레 자신의 감정을 인식하고 표현하고 조절하며 정서 지능을 키워나가게 된다.

정서 발달 불변의 법칙 04

아이의 정서 발달은 부모의 양육 태도에 의해 결정된다

아이는 부모의 감정 조절 방식을 모델링한다

아이들은 대부분 비슷한 수준의 정서 인식 능력과 표현 능력을 가지고 태어난다. 그런데 앞서 소개한 실험에서 확인했듯이 만 2세만 되어도 정서 조절 능력에 현저한 차이를 보이기 시작한다. 그러한 결과가 나타나는 첫 번째 요인은 바로 '정서의 대물림'에서 찾을 수 있다.

EBS 다큐멘터리 〈퍼펙트 베이비〉에서는 5세 아이들과 부모를 대상으로 부모의 감정 조절 능력이 아이에게 어떤 영향을 미치는지 알아보기 위한 실험을 했다. 아이에게 젠가라는 블록을 주고 촬영 전에 연습 삼아 쌓아보라고 했다. 엄마에게는 촬영할 때 아이 혼자 해야 하니 연습할 때도 도와주지 말고 말로만 도움을 주라고 당부했다. 하지만 아이가 제대로 못하자 엄마들은 불안해하며 계속 참견을 했다. 촬영할 때 우리 아이만 못할까 봐 걱정이 되었던 것이다.

그렇게 5분 정도가 지나고 블록이 어느 정도 쌓였을 때, 청소부 아주머니 역할을 하는 연기자를 투입하여 청소하는 척하며 슬쩍 탁자를 쳐서 젠가를 무너뜨리도록 했다. 바로 그 순간 엄마와 아이가 어떤 반응을 보이는지 관찰하기 위해서였다. 그러자 감정 조절이 잘 안 되는 엄마들은 표정부터가 달라졌다. 드러내놓고 화를 내진 않았지만 말없이 젠가를 다시 쌓는 엄마의 모습에 아이도 긴장하는 모습이 역력했다. 반면에 감정 조절이 잘 되는 엄마들은 다른 태도를 보였다. 아주머니가 급해서 그런 것이니 이해하자고 말하며 아직 10분이나 남아서 다시 할 수 있다고 아이를 다독였다.

이 실험을 계획하고 실행한 서울여대 남은영 교수는 "돌발 상황이 벌어졌을 때 엄마가 아이의 감정을 살펴줄 수 있다는 것은 엄마가 자신의 부정적인 정서를 빨리 회복시킬 수 있었고, 그래서 아이를 돌볼 여유가 생긴 것이다."라고 설명했다.

그럼 청소부 아주머니가 젠가를 무너뜨리기 이전의 상황은 어땠을까? 젠가를 하는 동안 엄마와 아이가 보인 모습을 정서 분석 프로그램을 통해 14가지의 정서와 행동으로 분석해보았다. 결과는 예상대로였다. 돌발 상황에서 감정을 잘 조절한 엄마들이 그렇지 못한 엄마들보다 아이에게 긍정적인 정서를 많이 보여주었다. 평소의 모습도 크게 다르지 않다는 뜻이다.

엄마의 감정 조절 능력은 위기 상황뿐 아니라 평소에도 그대로 드러나며 아이의 정서적 모델이 된다. 미네소타대학교의 제프리 심슨Jeffry Simpson 교수는 "아이가 가장 처음 어떻게 스트레스에 대처하는지 관찰하게 되는 대상은 바로 부모다."라고 말한다. 부모들은 일상에서 자신이 어떤 식으로 스트레스에 대처하고 감정을 조절하는지 아이들에게 보여줄 수밖에 없는데, 아이들은 부모가 보여준 그 방법이 스트레스에 대처하는 방법이라 생각하고 본보기로 삼을 수밖에 없다는 것이다. 즉 아이는 부모의 감정 조절 방식을 모델링한다고 보았다.

젠가 실험에 참여한 아이들에게 다른 실험도 해보았다. 퍼즐 맞추기, 선물 포장할 때 쳐다보지 않기, 마음에 안 드는 선물을 받았을 때 감정 억제하기와 같은 감정 조절 능력을 측정하는 실험들이었다. 이 세 가지 실험에서 감정 조절 능력이 높게 나온 아이들은 바로 감정 조절 능력이 높은 엄마들의 자녀였다. 부모의 정서가 아이들에게 그대로 대물림된다는 증거였다.

아이를 키우다 보면 짜증이나 화 같은 부정적인 정서가 불쑥 올라올 때가 많다. 그럴 때 자신의 감정을 잘 조절할 수 있는 부모는 그 순간을 잘 넘긴다. 하지만 감정 조절이 잘 안 되는 부모는 어떤 방법으로든 부정적인 정서를 쏟아내고 만다. 때로는 그 대상이 아이가 되기도 한다.

화가 나더라도 아이가 내 모습을 보고 있다는 사실을 떠올리고 감정을 조절하는 모습을 보여줄 수 있도록 노력해야 한다. 만약 지금 아이가 감정 조절에 어려움을 겪고 있다면, 부모의 감정 조절 방식을 그대로 배우고 따라 하는 중인지도 모른다.

아이는 부모의 정서적 반응에 의존한다

아이들의 감정 조절 능력에 영향을 미치는 또 다른 요인은 바로 부모의 양육 태도다. 아이들은 8개월에서 10개월쯤 되면 부모의 표정과 반응을 살필 수 있다. 그리고 12개월쯤 되면 부모의 정서적 반응을 활용해 상황을 판단할 수 있다.

제임스 소스James F. Sorce와 그의 동료들은 12개월 된 아기들에게 특별한 세트를 만들어 어떤 판단을 하는지 관찰하는 실험을 했다. 절벽처럼 생긴 구조물 위에 두꺼운 유리를 깔아놓은 것으로, 사실은 평평한 바닥이지만 아기들의 눈에는 절벽처럼 보이게 한 세트였다. 이때 엄마는 반대편에서 장난감을 들고 서서 기쁨과 호기심, 분노와 공포의 감정을 표현하게 했다.

12개월밖에 안 된 아기들로서는 무서워서 쉽게 건너갈 수 없는 상황이었지만 엄마가 기쁨과 호기심의 감정을 표현하자 대부분의 아기들이 엄마가 있는 쪽으로 건너갔다. 반대로 엄마가 분노나 공포의 감정을 표현할 때는 대부분의 아기들이 절벽을 건너지 않았다.

엄마가 기다리고 있고 장난감이 있는데도 말이다.

이렇게 불확실한 상황을 판단할 때 다른 사람의 정서적 반응에 의존하는 것을 '사회적 참조Social Referencing'라고 한다. 태어난 지 얼마 되지 않은 아기들은 지금 벌어지고 있는 일이 나에게 어떠한 영향을 미칠지 판단할 수가 없다. 그래서 자신과 애착 관계를 형성한 부모의 표정을 관찰해 그 일의 위험성을 판단한다.

보통 아기들은 8개월에서 10개월 정도 되면 사회적 참조 현상이 나타나기 시작한다. 부모의 표정에서 두려움의 감정이 보이면 아기들은 본능적으로 하던 행동을 멈추고 그 장소를 떠나려 한다. 반대로 부모의 표정에서 즐거움의 감정이 보이면 아기들은 안도감을 느끼고 하던 행동을 계속한다.

이렇게 아이들은 부모의 정서를 판단의 기준으로 삼으며 세상에 대해 배워나간다. 앞의 젠가 실험에서도 위기 상황에서 엄마가 긍정적인 정서를 보여주면 아이들은 금방 자신의 부정적인 정서를 회복한다는 사실을 알 수 있었다.

그러므로 아이들이 부정적인 정서를 보일 때 부모가 아이들의 마음을 이해해주고 빨리 긍정적인 정서로 회복시키는 경험을 하게 해주면, 아이들은 자연스럽게 자신의 감정을 조절하는 방법을 배우게 된다. 반면 아이가 부정적인 정서를 보일 때 부모가 무조건 혼을 내거나 불안해하거나 아예 무시해버린다면, 아이들은 부정적인 정서를 회복하는 방법을 배우지 못해 감정 조절 능력을 발달시킬 수 없게 된다.

긍정적인 양육 태도를 가진 부모가 긍정적이고 행복한 아이를 만드는 것은 당연한 이치다. 앞에서 정서는 대물림된다는 실험 결과 때문에 의기소침해졌을 부모에게 이것은 매우 희소식일 것이다. 과거가 어찌 됐든, 현재의 내가 긍정적인 양육 태도를 갖기 위해 노력한다면 건강하지 않은 정서가 대물림되는 것을 충분히 끊어낼 수 있을 테니까 말이다.

'정서 초점'과 '문제 초점' 능력을 키워야 한다

어떻게 하면 아이들의 정서 발달에 도움을 줄 수 있을까? 그것에 대한 답을 찾기 위해서는 먼저 '정서 초점'과 '문제 초점'에 대해 알아야 한다. 아이들이 부정적인 감정을 드러냈을 때 엄마가 아이의 감정을 이해하기 위해 노력하는 것을 '정서 초점'이라 한다. 또 아이가 느낀 부정적인 감정을 해결하기 위해 노력하는 것을 '문제 초점'이라고 한다. 부모가 아이의 감정을 이해하려고 노력하는 것뿐만 아니라, 아이의 부정적인 감정을 빨리 해결하도록 도와주는 것이 아이의 정서를 발달시키는 데 매우 중요하다.

정서 지능이 평균보다 높은 아이들의 부모는 정서 초점 능력과 문제 초점 능력이 모두 높다. 이는 EBS 다큐멘터리 〈엄마도 모르는 우리 아이의 정서 지능〉의 실험을 통해 확인된 바 있다. 초등학교 2학년 130명을 대상으로 정서 지능을 검사하고 엄마들의 양육 태도를 묻는 설문조사를 했는데, 정서 지능이 평균보다 높았던 아이들의 엄마들은 정서 초점 능력도 높고 문제 초점 능력도 높았다.

그러므로 아이의 정서 발달을 돕기 위해서는 먼저 정서 초점 능력을 발휘하여 아이가 자신의 감정을 잘 느끼고 이해할 수 있도록 도와줘야 한다. 아이가 짜증을 내거나 화를 낼 때는 "~해서 기분이 안 좋구나, ~때문에 화가 났구나."라고 공감해주고, 아이가 기분이 좋을 때는 "~때문에 행복하구나, ~해서 즐겁구나."와 같이 아이의 감정에 초점을 두고 구체적인 말로 표현하면서 공감해주면 된다.

또 아이가 다른 사람의 감정을 읽고 이해할 수 있도록 도와주는 것도 중요하다. 가장 좋은 방법은 부모가 자신의 감정을 솔직하게 표현하는 것이다. 아이가 힘들게 할 때 무조건 참는 것은 아이가 상대방의 감정을 이해하지 못하게 막는 결과를 낳는다. 그러므로 아이가 부모의 감정을 정확하게 이해할 수 있도록 말로 표현해줘야 한다.

"○○이가 화를 내니까 엄마가 많이 속상해. 화를 내지 않고 말하면 엄마가 기분이 좋을 거야." 혹은 "엄마가 지금 할 일이 많아서 힘들어. ○○이가 도와주면 기운이 날 거야."와 같은 식으로 자연스럽게 감정을 표현하면 아이는 타인의 감정을 이해하고 공감하는 능력을 키워나갈 수 있다. 더 나아가 주변 사람들의 말이나 행동을 보면서 부모가 그 사람의 감정이 지금 어떤지 쉽게 표현해주는 것도 좋은 방법이다.

문제 초점 능력을 발휘해서 아이에게 부정적인 감정을 다스리는 방법을 알려주는 것도 중요하다. 당연히 몸소 보여주는 것이 가장 좋다. 아이는 부모의 감정 변화를 금방 눈치챈다. 모르는 척하는 경우도 많지만 그건 모르는 게 아니라 외면하고 싶은 것이다.

예를 들어 부모가 화나거나 속상한 일이 있을 때 자신의 감정을 그대로 분출하지 않고 커피를 마시거나 산책을 하거나 운동을 하는 등 대안적인 일을 하며 감정을 다스리는 모습을 보여주면 아이에게 좋은 본보기가 될 수 있다. 또한 거기에서 끝내지 않고 "엄마가 화가 났었는데, 커피를 마시니까 마음이 많이 가라앉았어."라든가 "속상한 일이 있어서 산책을 하며 생각을 좀 정리하고 올게."처럼 어떻게 감정을 다스렸는지 말로 표현해 알려주면 더 큰 효과를 거둘 수 있다.

방법은 참 쉽고 간단한데 이것을 생활 속에서 실천하기는 말처럼 쉽지가 않다. 하지만 인간은 완벽할 수 없다. 부모도 인간이니까 당연히 완벽할 수 없다. 흔들릴 때도 있고 부족할 때도 있다. 완벽하지 않은 부분을 완벽하게 보이기 위해 감추거나 우기는 것, 그리고 완벽하지 않은 자신을 자책하는 것은 상황을 더욱 악화시킬 뿐이다. 오히려 부모의 부족한 부분을 아이에게 보여주고 이해하게 하는 것이 아이와의 관계를 공고히 하는 방법일 뿐만 아니라 아이의 정서를 발달시키는 데도 도움이 된다.

아이는 모든 일에 완벽한 부모보다 조금 부족해도 인간적인 부모를 좋아한다. 친구 사이에서도 완벽한 모범생보다 친근하고 인간미 있는 아이들이 더 인기가 많지 않은가. 그러니 완벽한 부모가 되지 않아도 된다. 아니, 그럴 수도 없다. 그 대신 노력하는 부모가 되면 된다. 아이에게는 서로의 마음을 살뜰히 살피고 서로의 감정을 솔직히 이야기하며 서로 이해해주는 관계가 더 필요하다.

지나친 통제와 과잉보호는 정서 발달의 장애물

정서 초점 능력과 문제 초점 능력을 발휘할 때 주의해야 할 점은 아이가 요구하는 모든 것을 다 들어주는 것도 안 되지만, 그렇다고 너무 엄격하게 통제하고 제한해서도 안 된다는 것이다.

미국 미네소타대학교의 니콜 페리Nicole Perry 박사와 연구진들은 2세 유아 422명과 엄마들을 대상으로 육아 방식과 아이들의 행동을 조사했다. 이를 위해 엄마가 자녀의 놀이 시간을 어느 정도 통제하고 무엇을 하라고 알려주는지를 살핀 뒤, 이후 5세와 10세 때 아이가 어떻게 행동하는지 추적 관찰했다.

그 결과 2세 때 엄마가 과도하게 통제를 한 경우 아이는 5세가 되었을 때 정서적, 행동적 관리에 어려움을 겪는 것을 발견했다. 즉 자녀 주변을 맴돌며 지나치게 간섭하고 과잉보호하는 이른바 '헬리콥터 부모'를 둔 아이는 감정이나 충동 조절 능력이 떨어졌다. 또 5세 때 감정 조절이 잘 안 됐던 아이들은 10세가 되었을 때도 정서적인 문제를 가질 가능성이 더 크고, 학교생활에서도 어려움을 겪는다고 분석했다.

아이에게는 자신의 요구에 민감하게 반응하고, 감정적으로 어려움을 겪을 때는 자신을 도와주며 지도해줄 부모가 필요하다. 그리고 그런 부모는 아이의 정서 발달에 있어 좋은 롤모델이 된다. 하지만 과잉보호는 오히려 역효과를 낸다는 사실을 잊지 말아야 한다. 부모도 자녀 양육에 있어 낄 때는 끼고 빠질 때는 빠지는 감각을 발휘해야 한다. 그래야 다양한 감정적 상황에서 스스로 최선의 선택을 할 수 있는 아이로 성장할 수 있다.

정서 발달 불변의 법칙 05

애착은 정서 발달과 뇌 발달을 좌우한다

아기는 애착 시스템을 갖고 태어난다

아이의 정서적 안정을 위해 가장 먼저 형성되어야 할 것이 바로 애착이다. 애착이란 주로 0세에서 3세까지의 아이가 자신을 보살펴주는 사람과 정서적인 유대감을 느끼고 좋은 관계를 맺어가는 것을 말한다.

엄마의 작고 포근한 뱃속에서 열 달을 살고 나온 아기에게 세상은 온갖 낯선 소리와 냄새, 현란한 무언가로 가득 찬 혼란스러운 곳이다. 제대로 볼 수도 없고, 지금 마주하고 있는 것이 무엇인지 알 수도 없고, 자신의 느낌이나 생각을 말로 표현할 수도 없는 상황에서 아이는 살아가야만 한다. 얼마나 불편하고 불안한 상태겠는가. 갓 태어난 아기가 가장 먼저 표현하는 정서가 즐거움, 행복감 같은 긍정적인 정서가 아닌 괴로움, 흥분과 같은 부정적인 정서와 흥미로움 정도인 까닭을 알 만하다.

불편하고 불안한 상황에 놓여 있는 아기에게 자신이 안전하다는 믿음을 주는 것이 바로 애착이다. 배고파 울면 먹을 것을 주고, 기저귀가 축축해서 울면 갈아주고, 옹알이를 하면 웃으며 받아주는 누군가가 있다는 것은 아기에게 있어 생존을 가능하게 해주는 동아줄이 되는 셈이다.

그러므로 아기가 가장 기본적인 욕구를 해결해주는 사람과 정서

애착은 낯설고 혼란스러운 상황에 놓여 있는 아기에게 안전하다는 믿음을 준다.

적 유대감을 형성하려는 것은 본능적인 행동이다. 이것은 동물 행동학의 '각인imprinting' 이론과 일맥상통한다. 각인은 동물이 태어난 뒤, 뇌의 감각 자극을 통해 바로 익히게 되는 학습 양식을 말한다. 오스트리아의 과학자 콘라트 로렌츠Konrad Lorenz는 인공부화로 갓 태어난 새끼오리들이 처음 본 움직이는 대상을 어미처럼 졸졸 따라다니는 것을 발견하고, 이 본능적인 행위를 각인이라 불렀다.

이러한 행동은 새끼오리뿐 아니라, 병아리와 같은 다른 새에서도 관찰되었다. 그 대상도 다른 새뿐만 아니라 사람, 심지어 진공청소기라 할지라도 움직이는 사물이면 어미처럼 졸졸 따라다녔다. 새에게 특히 많이 나타나긴 하지만 최근에는 포유류, 어류, 곤충에서도 각인 효과가 있다는 사실이 증명되고 있다. 대표적인 예가 바로 신생아가 부모를 알아보는 것이다.

이는 뇌 관찰을 통해서도 확인할 수 있었다. 미국의 신경과학자 해리 추거니Harry T. Chugany 박사는 양전자 단층 촬영PET을 통해 태어난 지 얼마 되지 않은 아기의 뇌를 관찰했다. 뇌의 대사 패턴을 통해 뇌의 어느 부분이 어느 정도 활성화됐는지 알 수 있는데, 활성화 정도가 낮으면 푸른색으로 나타나고 높으면 붉은색으로 나타난다. 그 결과 갓 태어난 신생아의 뇌는 거의 활성화되어 있지 않았는데 아기와 부모 사이의 상호작용 기능을 담당하는 곳은 활성화 정도가 두드러진 것을 확인할 수 있었다. 또한 이 부분은 3개월, 8개월 때도 매우 활성화되는 것을 관찰할 수 있었다. 한마디로 아기는 애착 시스템을 갖고 태어난다고 보면 된다.

애착도 대물림된다

앞에서 부모의 감정 조절 능력이 아이에게 대물림된다는 사실을 언급한 바 있다. 그런데 애착 이론을 창시한 영국의 심리 분석가 존 보울비John Bowlby는 "애착 유형이 대물림된다."고 주장했다. 부모의 애착 유형이 전 생애에 걸쳐 유지되고, 나아가 세대 간 전이가 이루어진다는 것이다. 감정 조절 능력뿐만 아니라 애착도 대물림된다는 뜻이다.

부모가 아동기와 청소년기 때 겪었던 애착에 대한 경험은 내적 작동 모델Internal Working Model, 즉 자기 자신과 타인, 그리고 세계에 대해 갖는 내적 표상Internal representation의 형태로 머릿속에 저장된다. 그리고 이런 부모의 작동 모델은 자녀가 자신과 타인에 대한 표상을 형성하는 데 지대한 영향을 미친다.

영국의 정신분석학자 피터 포나기Peter Fonagy와 동료들은 아이를 낳기 전 산모의 내적 작동 모델을 분석했다. 그리고 나중에 아이가 태어난 뒤 애착 유형 평가가 가능한 시기가 되었을 때 아이의 내적 작동 모델을 분석해 비교했다. 그 결과 엄마와 아이의 내적 작동 모델이 무려 75퍼센트나 일치되는 것을 확인할 수 있었다. 이렇게 엄마와 아이의 애착 유형을 비교하는 실험은 전 세계에서 실시되었고, 60퍼센트에서 70퍼센트 정도의 일치율을 보였다. 보울비가 주장한 애착의 대물림이 증명된 것이다.

어린 시절에 안정적인 애착을 형성한 사람은 부모가 되었을 때 자녀가 안정적인 환경에서 스스로를 신뢰하면서 성장하도록 도와준다. 그러나 애착 형성의 기회가 없어 안정적인 애착을 형성하지 못한 사람은 바람직한 부모상을 가질 기회가 없었기 때문에 자녀에게 애착 형성을 위한 긍정적인 환경을 제공하기가 어려울 수밖에 없다.

'낯선 상황' 실험을 통해 밝혀진 애착과 스트레스의 관계

애착이라는 용어를 처음 만들어낸 사람은 영국의 심리분석가 존 보울비다. 2차 세계대전 직후 WHO에서는 고아와 집 잃은 아이들의 정신 건강에 관한 연구 프로젝트를 진행했는데 그 책임을 보울비에게 맡겼고, 그것이 애착 이론의 토대가 되었다고 한다. 또 앞서 설명한 로렌츠의 동물행동학 연구도 애착 개념을 착안하는 데 영향을 끼쳤다고 알려져 있다.

보울비는 "아동이 엄마와 연결되어 있고자 하는 중요한 이유는 생존을 위한 본능적 반응이며, 아동의 첫 애착 관계가 그의 성격에 기초가 된다."고 주장했다. 어린 시절 아이가 주양육자와 형성한 애착의 질이 아이가 성장한 뒤에도 감정 조절과 대인 관계의 질에 영향을 미치기 때문이다.

보울비의 애착 이론은 한때 그의 연구원으로 일했던 메리 에인스워스Mary Ainsworth에 의해 체계적으로 발전했다. 에인스워스는 엄마와 아이의 관계를 크게 안정 애착과 불안정 애착이라는 두 개의 범주로 분류했다. 그리고 이를 설명하기 위해 '낯선 상황Strange Situation'이라는 실험을 고안해냈다.

실험 과정은 이렇다. 먼저 생후 12개월에서 18개월의 아이와 엄마가 함께 아이들이 좋아하는 장난감이 있는 방에 들어간다. 아이가 놀이에 집중하면 낯선 어른이 들어오고 엄마가 나간다. 엄마가 약 3분 뒤에 다시 들어와 아이와 첫 번째 재회를 한다. 그러고 나서 다시 엄마가 나가고 낯선 사람도 나간다. 그렇게 아이가 혼자 있을 때 이번에는 낯선 사람이 먼저 들어오고 엄마가 들어와 두 번째 재회를 한다.

이렇게 두 번의 분리와 두 번의 재회를 통해 엄마와 아이의 애착 관계를 확인하는 실험이었다. 아이가 엄마와 분리되었을 때 생긴 불안과 화 같은 감정을 엄마와의 재회로 조절할 수 있는지 관찰하기 위함이었다.

이 실험은 EBS 다큐멘터리 〈퍼펙트 베이비〉에서도 12개월 아이들을 대상으로 재현됐다. 아이의 스트레스 정도를 파악하기 위해 엄마와 같이 있을 때, 혼자 있을 때, 그리고 엄마를 다시 만났을 때 아이들의 코르티솔 호르몬을 측정하기도 했다. 이 호르몬은 스트레스를 받으면 그에 대항하기 위해 분비되는 것으로, 수치가 높으면 스트레스를 많이 받고 있다는 뜻이다.

아이들이 엄마와 떨어지면 정말 스트레스를 느낄까? 또 엄마와 다시 만나면 스트레스가 낮아질까? 실험 결과 모든 아이들은 엄마가 없는 상황에서 상당히 큰 스트레스를 받는 것을 확인할 수 있었다. 엄마가 없어진 것을 알고 바로 울음을 터뜨린 아이뿐만 아니라 울지 않고 장난감에 집중했던 아이도 마찬가지였다.

그런데 엄마가 돌아왔을 때의 반응은 다 달랐다. 어떤 아이는 호르몬의 수치가 떨어진 반면, 더 높아진 아이도 있었고 떨어지지 않고 그대로 유지되는 아이도 있었다. 에인스워스는 이러한 차이가 엄마와 아이의 애착 정도를 나타내는 것이라고 설명했다.

엄마가 돌아왔을 때 엄마를 매우 반기면서 금방 진정이 된 아이는 스트레스가 낮아졌다. 이것은 엄마와 아이 사이에 '안정 애착'이 형성된 경우다. 안정 애착이 형성된 아이들은 자신이 신호를 보내면 엄마가 언제든 즉시 달려와 도와준다는 믿음을 갖고 있다. 그 믿음 때문에 아이들은 불안한 마음을 잘 다스릴 수 있다.

엄마가 돌아왔을 때 오히려 스트레스가 더 높아진 아이들은 불안정 애착 중 '저항 애착'이 형성된 경우다. 엄마의 기분에 따라 양

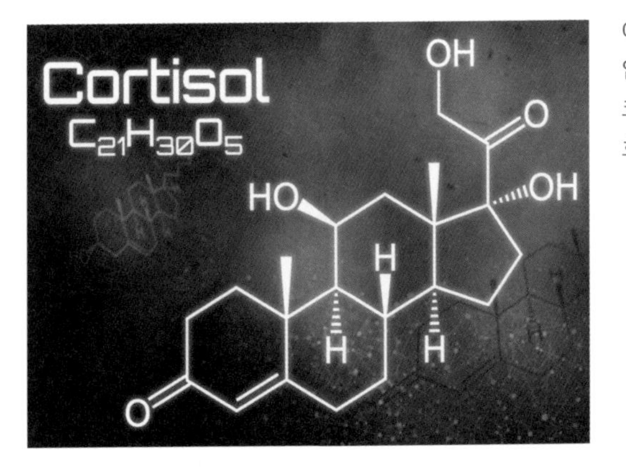

아기들은 엄마가 곁에 없으면 스트레스를 받아 코르티솔이라는 호르몬이 분비된다.

육 태도가 좌우되는, 다시 말해 엄마가 일관적이지 않은 양육 태도를 보일 때 나타나는 모습이다. 저항 애착이 형성된 경우 엄마가 돌아왔을 때 아이가 더 크게 울거나 발로 차는 등 분노를 표현하기도 한다.

스트레스 수치가 일정하게 유지되는 아이는 늘 스트레스 상황에 노출되어 있는 경우라 할 수 있다. 불안정 애착 중 '회피 애착'이 형성된 경우다. 아이가 울거나 힘들어할 때도 엄마가 별 반응을 보이지 않거나 오히려 짜증내고 힘들어했다면 회피 애착이 형성될 가능성이 크다. 이럴 때 아이는 엄마가 자신을 떠날까 봐 되도록 부정적인 감정을 표출하지 않으려 하는 모습을 보인다.

그밖에도 엄마가 돌아오면 처음에는 다가갔다가 다시 금방 화를 내는 행동을 보이는 아이도 있었다. 이것은 저항 애착과 회피 애착이 결합된 '혼란 애착'을 보이는 경우다. 엄마에게 사랑받고 싶은 욕구와 엄마에 대한 공포가 공존하는 형태로, 조산아 혹은 학대나 박탈의 경험이 있는 아이들이 이런 모습을 보이곤 한다.

태어난 지 1년밖에 안 된 아이들이 보이는 다양한 애착 유형을 통해 깨닫게 되는 것은 애착은 부모에 대한 아이의 '믿음'에 의해 좌우된다는 것이다. 앞에서 말했듯이 애착은 아이가 낯선 세상에서 살아남기 위한 본능이다. 아이의 신호에 부모가 민감하게 반응하고 일관성 있게 행동함으로써, 아이에게 부모가 항상 곁에 있으며 언제든 도와줄 것이라는 믿음을 갖게 만드는 것이 바로 안정 애착을 형성하는 비결이다.

엄마와 안정 애착을 형성하면 아이는 스스로 자기 자신이 사랑받는 존재라는 믿음이 생길 뿐만 아니라 내적 작동 모델로 저장돼 타인에 대한 표상을 형성하는 데도 큰 영향을 미친다. 그래서 엄마뿐 아니라 다른 사람들에 대해서도 믿음을 갖고 안정된 관계를 맺을 수 있게 된다.

반면에 불안정 애착의 경우, 자신의 신호에 부모가 제대로 응답하지 않거나 무시한 경험으로 인해 부모에 대한 믿음을 갖지 못한다. 그러면서 스스로에 대해서도 가치가 없고 사랑받을 수 없는 존재라고 인식하게 된다. 이는 불안감과 우울감을 유발하고, 다른 사람과도 공격적이거나 회피하는 등의 부정적인 관계를 맺게 한다. 그러니 나는 아이와 어떤 애착을 형성하고 있는지 점검해보자.

부정적인 결과가 나왔다고 해도 낙담할 필요는 없다. 애착은 0세에서 3세 사이에 거의 형성되며, 특히 생후 1년을 골든타임이라 말한다. 하지만 이 시기를 놓쳤다고 해서 희망이 없는 것은 아니다. 애착 이론을 처음 만든 보울비는 내적 작동 모델이 매우 안정적이고 보수적인 성향이 있으나 고정된 틀은 아니라고 말했다. 즉 최초에 형성된 모델이 아이가 세상을 경험하는 방식에 큰 영향을 주고 나중에 만들어지는 모델에 영향을 주기는 하지만, 이후의 경험을 통해서도 계속 형성되고 수정된다는 것이다.

지금부터 나와 아이 사이의 관계를 면밀히 살피고 새롭게 시작해도 늦지 않았다. 다만 좀 더 많은 시간이 필요하며, 지속적이고 일관성 있는 노력이 뒤따라야 한다. 다행히 부모와 자녀 사이는 평생을 함께 가는 사이다. 처음부터 그래야 했다고 이제는 늦었다고 자책하는 것보다, 지금이라도 새로 시작하는 것이 훨씬 더 현명한 선택이다.

애착이 뇌 발달을 좌우한다

애착은 아이의 정서 발달뿐만 아니라 뇌 발달에도 지대한 영향을 미친다. 이는 오래 전 루마니아에서 있었던 사건만으로도 충분히 입증된 사실이다.

1960년대 루마니아는 독재자 차우셰스쿠에 의해 단기간에 인구 수를 늘리기 위한 강압적 정책이 시행됐다. 여성들은 최소 5명의 아이를 낳아야 했고, 이를 위해 피임과 낙태를 금지시켰다. 이런 이유로 여성들은 원치 않은 임신을 할 수밖에 없었고, 거기에 경제난까지 겹치면서 결국 수많은 아이들이 고아원에 버려졌다. 아이들은 아무도 제대로 돌봐주지 않는 상황에서 거의 하루 종일 침대에 누워 지내야만 했다. 먹고 입는 것 말고는 안아주거나 만져주는 등의 정서적 보살핌을 전혀 받지 못했다.

독재 정권이 붕괴되고 난 뒤 아이들은 고아원에서 벗어나 미국, 영국, 캐나다 등으로 입양됐다. 그 후 여러 전문가들이 이 아이들에 대한 연구를 시작했다. 정서적인 부분은 당연히 심각했다. 아이들 중 20퍼센트가 애착 문제, 25.3퍼센트는 과잉 행동 문제, 3.7퍼센트는 감정 문제, 18.9퍼센트는 대인 관계 문제를 갖고 있었다.

또한 아이들의 IQ가 다른 또래 아이들의 평균 IQ보다 현저히 낮았으며, 늦게 입양된 아이일수록 뇌 크기가 더 작다는 사실도 밝혀졌다. 이들 중 대부분의 아이들이 성장한 뒤에도 인지와 기억 기능을 조절하고 언어 기능을 담당하는 측두엽이 제대로 발달하지 못했다. 애착이 뇌 발달에 절대적인 영향을 미친 것이다.

뇌뿐만 아니라 신체 발달에도 심각한 장애를 입었다. 영양실조에 걸려 면역력이 현저하게 떨어져 있었고 각종 질병을 앓고 있었다. 또래 아이들보다 몸집도 작았으며 머리 둘레도 정상수치보다 훨씬 작았다. 애착이 아이들의 뇌, 인지, 신체, 정서 등 거의 모든 부분에 절대적인 영향을 미친다는 사실을 확인시켜준 결과였다.

애착의 완성은 '떨어지는 애착'이다

애착 형성은 일정한 단계를 거쳐 이루어진다. 아이마다 조금씩 다를 수는 있지만 대체적으로 6개월 전후가 되면 엄마 아빠를 구분하면서 낯가림이 생기는데, 이때부터 본격적인 애착 행동을 시작한다. 7개월에서 9개월까지는 주양육자만 좋아하는 '특정인 애착'을 보이고, 10개월부터 18개월까지는 할아버지나 할머니 등 다른 사람에게도 애착을 보이는 '다인수 애착'이 가능해진다. 이때까지가 1차 애착인 '붙는 애착'을 형성하는 시기로, 아이는 엄마와 떨어지면 분리불안을 보인다.

18개월부터 3세까지는 2차 애착 단계인 '떨어지는 애착' 시기다. 인지 능력이 발달하고 엄마가 다시 돌아올 것을 예측할 수 있게 되면서 엄마와 떨어져 있어도 분리불안을 보이지 않는다. 엄마가 언제 돌아올지 물어보고 빨리 와서 자신이 원하는 것을 해달라는 식으로 협상과 행동 수정이 가능한 시기다.

보통 애착이라고 하면 1차 애착인 '붙는 애착'만 생각하는데 2차 애착인 '떨어지는 애착'까지 수월해져야 비로소 완성된다. 2차 애착이 제대로 이루어지지 않으면 엄마 뒤만 졸졸 따라 다니는, 소위 말하는 '엄마 껌딱지' 아이가 된다. 안정 애착의 완성은 '떨어지는 애착'임을 잊지 말아야 한다.

그래서 2차 애착 단계 시기가 되면 아이들에게 엄마와 떨어질 수밖에 없는 이유를 충분히 설명해주고 대체 방법을 이해시켜야 한다. 또 아이에게 되는 것과 안 되는 것을 분명히 함으로써 스스로 감정과 행동을 조절할 수 있는 능력을 키워줘야 한다.

아이들마다 발달 속도와 기질이 디 다르기 때문에 개중에는 엄마가 최선을 다해 스킨십을 해주고 눈 맞춤을 해줬지만 애착이 제대로 형성이 안 되는 아이도 있을 테고, 엄마와 떨어질 나이가 되어 그 상황을 충분히 이해시켰지만 여전히 분리불안을 보이는 아이도 있을 것이다. 그렇다고 조급해하거나 죄책감을 가질 필요는 없다. 민감성을 가지고 아이의 발달 속도나 기질을 살피며 느긋하게 기다려주면, 조금 늦되더라도 아이는 반드시 엄마의 진심 어린 사랑과 노력을 이해할 테니까 말이다.

어떻게 하면 안정 애착을 형성할 수 있을까?

그렇다면 어떻게 해야 아이와 안정 애착을 형성할 수 있는지 궁금하지 않을 수 없다. 애착에 있어서 가장 중요한 것은 바로 접촉 위안, 즉 '스킨십'이다. 아기에게 있어서 피부는 '제2의 뇌'라고도 불린다. 피부는 엄마 뱃속에서 처음 생겨날 때 뇌와 같은 외배엽에서 나와 발달한다. 또한 피부의 신경세포는 풍부한 신경회로로 뇌와 연결되어 있다. 그래서 피부로 전달하는 정보는 아주 미세한 자극이라도 다른 감각보다 훨씬 빨리 뇌로 전달된다. 이것이 바로 스킨십이 중요한 이유다. 피부로 전달되는 정보는 뇌 발달 중 특히 정서 발달에 중요하다.

1959년, 심리학자인 해리 할로우Harry F. Harlow와 로버트 짐머만Robert Zimmerman은 갓 태어난 새끼 원숭이를 어미로부터 분리시켜 165일 동안 대리 어미 원숭이에게 양육시키도록 했다. 대리 어미 원숭이는 영양분을 공급하는 철사로 된 '철사 어미'와 영양분을 공급하지 않는 천으로 된 '헝겊 어미'였다.

실험의 목표는 새끼 원숭이들이 어떤 어미를 더 좋아하는지 알아보는 것이었다. 그런데 새끼 원숭이들은 압도적으로 헝겊 어미를 더 좋아했다. 음식이 나올 때만 철사 어미와 시간을 보내고 훨씬 많은 시간을 헝겊 어미와 보냈다. 또 흥분하거나 무서운 상황이 되면 곧바로 헝겊 어미에게 달려갔다. 새끼 원숭이들이 먹이를 주는 철사 어미가 아닌 따뜻한 접촉 위안을 주는 헝겊 어미와 애착을 형성했다는 뜻이다. 이는 아이가 먹을 것을 주기 때문에 엄마에게 애착을 갖는 것이 아님을, 또 애착 형성에 가장 중요한 것은 바로 스킨십임을 증명한 실험이었다.

안정 애착을 형성하는 또 다른 방법은 '눈맞춤'을 자주 하는 것이다. 보통 아기는 생후 3개월이 지나면 엄마와 눈맞춤이 가능해진다. 머리를 돌려 엄마를 쳐다보기도 하고 마주보고 있으면 똑바로 응시하기도 한다.

눈맞춤은 아기가 엄마와 대화를 나누고 세상과 유대감을 형성하는 아주 중요한 행위다. 영국 케임브리지대학교 빅토리아 레옹Victoria Leong 교수 팀은 이를 확인하는 실험을 했다. 8개월 된 아기와 연구원의 머리에 뇌파 측정 장치EGG를 씌우고 자장가를 불러주며 뇌파의 패턴 변화를 분석해 둘 사이에 상호작용이 이루어지는지 알아보았다.

실험은 두 가지로 진행됐다. 첫 번째는 자장가를 부르는 연구원이 다양한 각도에서 아기를 바라보는 장면을 찍은 비디오를 보여주고 뇌파를 측정했다. 두 번째는 연구원이 직접 아기 옆에 앉아 자장가를 부르며 여러 동작을 수행하면서 뇌파를 측정했다.

실험 결과 아기의 뇌파에 가장 큰 영향을 미친 경우는 아기를 직접 바라보며 눈맞춤을 할 때였다. 이때 아기들은 소리 내어 반응을

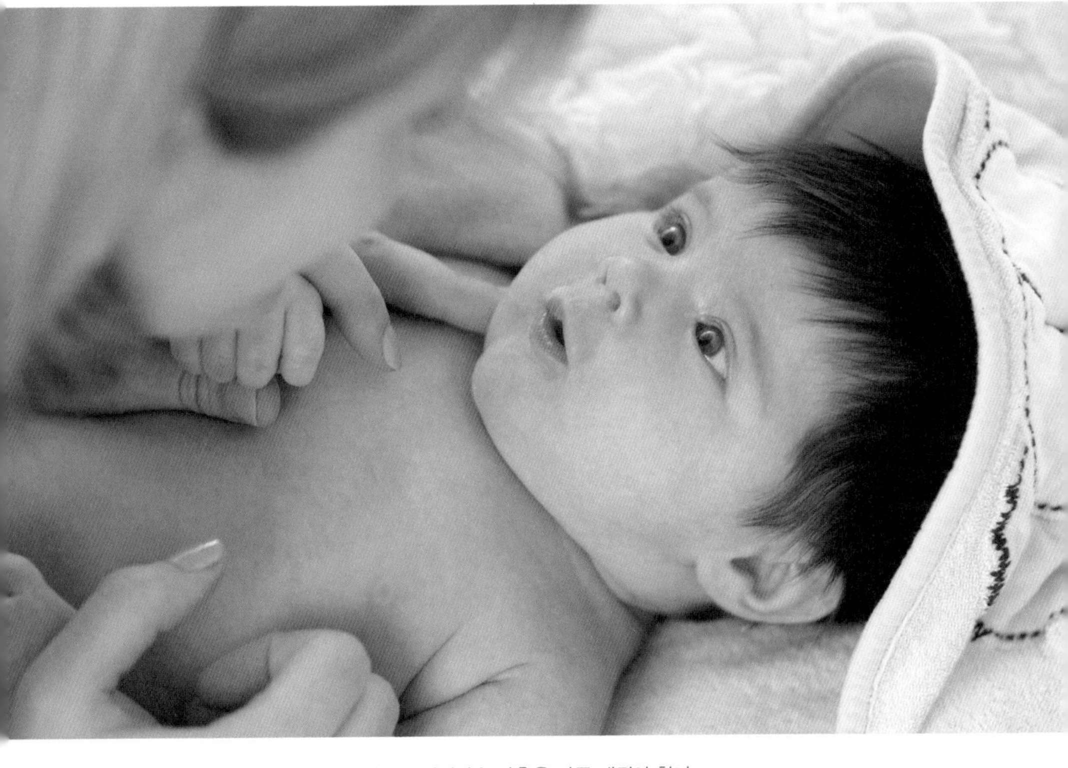

안정 애착을 형성하기 위해서는 스킨십과 눈맞춤을 자주 해줘야 한다.

하기도 했는데, 이는 연구원의 뇌파를 더 빠르게 동기화하는 데 영향을 미쳤다. 이것은 어른과 아기가 눈을 맞출 때 둘 사이에는 뇌파 동기화, 즉 소통이 일어난다는 것을 의미한다. 눈맞춤은 아이와 부모가 함께 나누는 대화인 셈이다.

아이와 안정 애착을 형성하기 위해서는 부모의 '민감성'과 '일관성'도 필수요소다. 아이가 보내는 신호를 섬세하게 파악해 아이가 원하는 것을 알아내고 곧바로 반응해주는 민감성은 아이에게 안정

감과 편안함을 느끼게 한다.

하지만 말로 표현하지 못하는 아이의 마음을 알아내는 것은 쉽지 않은 일이다. 그러나 신생아들의 울음도 주의 깊게 잘 들어보면 차이가 있다. 또 커가면서는 점점 몸짓, 손짓을 이용해 자신들이 원하는 것뿐만 아니라 감정도 표현하기 시작하기 때문에 부모가 아이의 행동과 소리, 표정을 잘 관찰하고 민감하게 반응하면 아이와 의사소통하는 것이 충분히 가능하다. 부모가 민감성을 발휘하여 아이가 원하는 것을 바로 알아차리고 해결해주면 아이는 부모를 신뢰하게 되어 안정 애착을 형성할 수 있다.

일관된 양육 태도도 중요하다. 엄마가 기분 좋을 때는 엄청 잘해주고 무조건 허용하는 태도를 보이다가, 기분이 나쁠 때는 짜증을 부리거나 화를 내며 절대 안 된다고 엄격한 태도를 보이면 아이들은 혼란에 빠질 수밖에 없다. 언제 엄마가 돌변할지 모르니 늘 불안하고, 엄마에게 자신의 요구를 관철시키기 위해서는 울거나 떼를 쓸 수밖에 없다고 생각하게 된다. 이렇게 불안한 상황이 지속되면 아이는 부모를 신뢰할 수 없는 대상으로 여기게 되어 결국 불안정 애착이 형성되고 만다.

그러므로 안정 애착 형성은 생후 1년이 골든타임이라는 사실을 잊지 말고 스킨십과 눈맞춤을 자주 해주면서 민감성과 일관성을 발휘하여 아이를 대해야 한다.

정서 발달 불변의 법칙 06

기질은 정서와 성격을 형성한다

기질은 선천적이지만 정서와 성격은 변화한다

엄마들끼리 아이 키우는 얘기를 하다 보면 같은 상황에서도 각양각색으로 행동하는 아이들의 모습에 웃음을 터트리기도 하고 서로 다른 힘든 부분들을 털어놓으며 한탄하기도 한다. 아이들이 이렇게 서로 다른 모습을 보이는 이유는 바로 기질 때문이다. 기질은 태어나면서부터 일관성 있게 나타나는 생물학적, 화학적 특성을 말한다.

미국의 저명한 발달심리학자인 제롬 케이건Jerome Kagan 하버드대학교 석좌교수는 1989년부터 생후 16주 된 아기 500명을 대상으로 기질에 대한 실험을 했다. 모빌이나 동물 인형을 눈앞에서 흔들고 희석된 알코올을 묻힌 면봉을 코앞에 갖다 대는 등, 여러 가지 낯선 자극을 주며 아기들의 반응을 살피는 실험이었다. 그러자 어떤 아기는 얌전하게 웃기만 했고 또 어떤 아기는 온몸을 흔들며 울음을 터뜨렸다. 태어난 지 얼마 안 된 아기들도 같은 자극에 각기 다른 반응을 보였다.

케이건은 그 이유를 기질의 차이에서 찾았다. 기질은 유전자에 의해 형성되는데, 태어난 지 하루밖에 안 된 아기도 다른 아기들과 차이를 보인다고 분석했다. 이것은 아기가 태어나기 전부터 이미 특정한 기질을 가지고 있다는 뜻이다. 또 케이건은 태어나기 전 임신 2~3기에서 출산할 때까지 보이는 심장 활동 반응만으로도 아기의 기질을 어느 정도 예측할 수 있다고 주장했다. 매우 활발한 심장 활동을 보인 태아의 경우 고반응의 아기가 될 가능성이 높다고 보았다.

한마디로 기질은 타고나며 유전된다. 외모나 체질이 그렇듯 기질도 부모나 조부모로부터 물려받은 유전적 특성이다. 또 모든 아기들이 각기 다른 외모를 갖고 태어나듯 아기들마다 각자 다른 기질을 갖고 태어난다.

케이건은 16년 뒤 실험에 참여했던 고등학생이 된 아이들을 다시 만나 어떤 성격으로 자랐는지 확인했다. 순하게 반응했던 아이는 느긋하고 자연스러운 성격으로 성장했고, 까다롭게 반응했던 아이는 소심하고 불안감이 많은 아이로 성장해 있었다. 어렸을 때의 기질이 거의 그대로 성격으로 자리 잡은 것을 알 수 있었다. 이를 바탕으로 케이건은 그의 저서 《성격의 발견The temperamental thread》에서 "어릴 적 자녀의 기질에 대해 알고 있다면 그 자녀가 특정 상황에서 어떻게 행동하고, 최선의 성과를 얻도록 용기를 북돋우기 위해 어떻게 응용해야 하는지 잘 준비하거나 대비할 수 있다."고 말했다.

1990년대에 들어와 과학자들은 사람의 성격을 결정하는 유전자를 발견했는데, 바로 이 성격 유전자가 만들어내는 특성이 기질이다. 기질은 환경과 상호작용하면서 그 아이만의 독특한 행동 양식이 나타나게 하는데, 이것이 모여 성격을 형성하게 된다. '기질'이라는 작은 묘목이 토양이나 햇빛 같은 주변 환경, 그리고 물과 영양제 같은 부모의 양육 태도에 따라 저마다 크기도 모양도 다른 '성격'이라는 나무로 자란다고 보면 된다.

기질은 아이의 정서와도 연결된다. 영아들의 기질 개인차를 측정할 때 보통 공포 스트레스, 자극 민감성 스트레스, 긍정적 정서, 활동수준, 주의 지속력, 규칙성 등 6가지 영역으로 나누어 살펴본다. 기질이 아이의 긍정적 정서와 더불어 부정적 정서에 속하는 공포와 자극 민감성과도 밀접한 관계가 있다는 의미이다. 이는 아이의 기질이 정서 발달에 지대한 영향을 미친다는 사실을 알 수 있는 대목이다.

이것이 바로 우리가 기질에 대해 알아야 하는 이유다. 아이의 기질을 파악하여 남들과 다른 아이의 기질을 수용하고 이해해야 안정적인 성격 형성과 정서 발달을 도울 수 있다. 기질은 선천적이지만 성격과 정서는 지속적으로 발달하고 변화할 수 있다는 게 여러 심리학자들의 견해다.

우리 아이는 어떤 기질을 타고났을까?

기질에 대한 가장 유명한 연구는 미국의 아동학자 알렉산더 토마스Alexander Thomas와 스텔라 체스Stella Chess가 시행한 '뉴욕 장기 종단 연구New York Longitudinal Study, NYLS'다. 이들은 신생아의 행동 관찰과 부모와의 심층 면접을 토대로 기질을 구성하는 9가지 요소를 발견했다.

아이가 새로운 것에 얼마나 쉽게 접근하고 관심을 갖는가(접근성), 얼마나 빠르게 적응하는가(적응성), 자신이 좋아하지 않는 자극을 만났을 때 어떤 반응을 보이는가(반응 강도), 긍정적·부정적 정서를 얼마나 많이 강하게 표현하는가(정서의 질), 신체 활동을 어느 정도 하는가(활동성), 활동이나 습관이 얼마나 규칙적인가(규칙성), 새로운 자극에 민감한가(감각의 역치), 산만한가(주의 산만성), 한 가지 일을 어느 정도 지속하는가(지속성)가 바로 그것이다. 그리고 이를 기반으로 아이들의 기질을 순한 아이, 까다로운 아이, 반응이 느린 아이 세 부류로 나눴다.

먼저 순한easy 기질의 아이는 생리적 기능이 규칙적이고 반응이 지나치지 않은 온화한 성격으로, 약 40퍼센트 정도의 아이들이 이런 기질을 타고난다고 알려져 있다. 이런 아이들은 대체적으로 키우기 쉬운 아이라는 이야기를 많이 듣는다.

반면에 까다로운difficult 기질의 아이는 생리적 기능이 불규칙하고 환경 변화에 적응이 느린 아이로, 보통 10퍼센트 정도의 아이가 이 기질을 타고난다고 한다. 까다로운 기질의 아이들은 좋아하는 것과 싫어하는 것이 극명하며, 정서적 반응 또한 변화무쌍하기 때문에 말 그대로 키우기가 상당히 까다롭다.

더딘, 혹은 느린slow to warm-up 기질의 아이들은 수동적이고 소심하며 활동량도 많지 않다. 새로운 환경이나 사람에 적응하는 데 어려움을 보이며, 의사표현을 잘 하지 않아 속마음을 알아차리기 쉽지 않다. 약 15퍼센트 정도의 아이들이 이 기질에 속한다고 알려져 있다.

나머지 35퍼센트 정도는 앞의 세 가지 기질이 혼합되어 있는 혼합형이다. 생리적 기능이 대체적으로 규칙적이고 낯선 상황에서도 잘 적응하는 편이지만, 상황에 따라 다양한 특성을 보이는 경우다. 혼합형 기질의 아이들은 부모의 양육 태도나 주변 환경에 따라 순한 기질이나 까다로운 기질이 더 강해질 수도 있다.

부모가 아이의 기질을 제대로 알지 못하면 수많은 갈등 상황이 발생할 수 있을 뿐만 아니라, 갈등 상황이 발생했을 때 그것을 제대로 해결하기가 힘들다. 특히 까다롭고 예민한 아이를 키우다 보면 부모는 아이를 어떻게 다뤄야 할지 어려움을 느끼게 되고 유난스럽게 구는 아이 때문에 화를 내는 일도 잦아진다. 그런 상황이 지속되면 부모는 양육 효능감(스스로가 자녀를 잘 양육하고 있다는 느낌)이 떨어지고, 심하면 우울감이 느껴지기도 한다. 아이는 나쁜 아이, 부모는 부족한 부모가 되어버리고 마는 것이다.

더디거나 느린 아이를 키우고 있는데 이런 기질에 대한 이해가 없으면 역시나 육아가 힘들어진다. 다른 집 애들은 끼리끼리 다 잘 어울리는데 늘 쭈뼛대고 겉돌기만 하는 아이 때문에 답답해서 속상하기도 하고, 무슨 일을 할 때 제대로 신속하게 하질 못하는 아이를 보며 속에서 짜증이 치밀어오를 수도 있다.

순한 기질의 아이를 키우고 있다고 해서 부모 마음이 늘 편안한 것은 아니다. 키우기는 편하겠지만, 너무 순해 여기저기 양보하고 배려하느라 제 잇속을 차리지 못하는 부분이 부모의 애간장을 태울 수 있다. 또한 순한 기질의 아이 같은 경우는 자신의 감정이나 욕구를 적극적으로 표현하지 않고 시키는 대로 말을 잘 듣는 편이기 때문에 자칫하면 부모의 관심을 상대적으로 덜 받을 수 있다. 부모 입장에서는 알아서 잘하니 믿고 맡기는 것인데 아이 입장에서는 오히려 그것이 마음의 상처로 남을 수 있다.

아이의 기질로 인한 갈등 상황은 부모와 아이가 기질적으로 다를 때 더 크게 확대된다. 예를 들어 순한 기질의 엄마가 까다로운 기질의 아이를 키우는 것은 정말 고역이다. 아이가 왜 그러는지 도저히 이해하기 힘들고, 그렇다고 아이가 원하는 대로 다 해주다 보면 버릇이 나빠질까 걱정이 된다. 반면에 까다로운 기질의 엄마가 순한 기질의 아이를 키우면, 엄마의 예민함과 자신만의 규칙에 아이는 부담을 느끼고 위축되기 쉽다.

세상에 좋은 기질도 없고 나쁜 기질도 없다. 그저 다를 뿐이다. 기질마다 장단점이 공존하는 것이다. 그러므로 우리 아이는 왜 이럴까 한탄할 것이 아니라 아이가 갖고 있는 기질적 장점을 발휘할 수 있도록 지원하고 지지해주는 것이 중요하다. 아이의 기질적 특성과 아이의 기질을 고려한 부모의 적절한 양육 태도가 조화를 이루면, 아이는 무한한 잠재능력을 발휘할 수 있고 부모와도 좋은 관계를 맺을 수 있다.

정서 발달 불변의 법칙 07

정서 발달은 자존감의 뿌리가 된다

자기 스스로를 존중하는 힘, 자존감

아이가 친구들 사이에서 자신의 의견을 내세우지 못하고 친구들이 하자는 대로만 하는 걸 보면 부모로서 속상하고 답답한 마음이 들 수밖에 없다. 그래서 "왜 네 생각은 없어. 네가 하고 싶은 걸 얘기해." 라고 다그치는 상황도 발생한다.

무슨 일을 하든 해보려는 의욕이 없고 안 될 것부터 걱정하는 아이, 작은 실패에도 금방 의기소침해지며 자신을 탓하는 아이……. 부모를 한숨 짓게 만드는 아이들의 이런 모습들은 모두 낮은 자존감이 만들어내는 것이다. 자존감, 즉 자아존중감은 말 그대로 '자기 스스로를 존중하는 힘'이다. 나는 사랑받기 위해 태어났으며 나 자체로도 충분히 가치가 있다고 느끼는 '자기 가치감', 어려운 일도 해낼 수 있는 능력이 있다고 생각하는 '유능감', 힘든 상황에도 자신에 대해 실망하지 않고 자기 스스로를 믿는 '자신에 대한 호감'이 모여 자존감을 형성한다.

정서 발달은 자존감의 뿌리가 된다. 자신의 감정을 제대로 이해하고 표현할 수 있는 정서 이해 능력은 자신에 대해 긍정적인 평가를 하게 하여 자기 가치감을 높이고, 부정적인 정서를 잘 조절하고 극복하는 정서 조절 능력은 유능감과 자신에 대한 호감을 형성하기 때문이다.

우리나라에서 자존감에 주목하고 그것의 중요성에 대해 깨닫기 시작한 것은 EBS 다큐멘터리 〈아이의 사생활〉이 방영된 이후부터였다. 〈아이의 사생활〉에서는 126명의 초등학생을 대상으로 자존감 지수를 측정하고, 그중 자존감 지수가 높은 아이 6명, 낮은 아이 6명을 대상으로 자존감의 영향력을 알아보는 실험을 했다. 첫 번째는 자신의 신체적 만족도를 알아보기 위해 자신의 모습을 직접 그리게 했다. 두 번째는 자아상을 알아보기 위해 상자 안쪽에는 내가 생각하는 나의 모습을, 바깥쪽에는 남들에게 보여지는 나를 표현하게 했다. 세 번째는 게임을 하다 엄마한테 혼나는 내용의 마임 공연을 보여주며 다른 사람의 마음을 읽는 공감 능력을 측정했다. 네 번째는 자존감이 높은 아이와 낮은 아이를 섞어 3개 조로 나눈 다음,

텐트를 설치하게 하면서 누가 리더 역할을 하는지 확인했다. 마지막 다섯 번째는 유능감과 성취도를 알아보기 위해 2인 1조로 물 나르기 게임을 하게 했는데, 게임 전 아이들에게 이길 것 같은지 물어본 뒤 게임을 진행했다.

결과는 예상대로였다. 자존감 지수가 높은 아이들이 낮은 아이들보다 모든 부분에서 높은 점수를 받은 것이다. 자존감이 높은 아이는 낮은 아이보다 스스로의 모습에 더 만족하고 자신을 괜찮은 사람으로 인식했다. 남을 이해하는 능력도 뛰어났고, 리더십을 발휘하여 다른 친구들을 이끌었으며, 어려운 일을 만나도 할 수 있다는 긍정적인 마인드로 결국 해내고 말았다.

〈아이의 사생활〉을 통해 자존감의 중요성이 알려진 뒤, 자존감은 아이 미래의 성패를 좌우하는 핵심 능력으로 급부상했다. 미국의 심리학자 나다니엘 브랜든Nathaniel Branden은 《자존감의 여섯 기둥Six pillars of self-esteem》이라는 저서에서 자존감을 '의식의 면역 체계'라고 말했다. 면역력이 약하면 우리 몸은 질병에 쉽게 걸리고 회복하기도 힘들다. 반대로 면역력이 강하면 병에 잘 걸리지도 않고, 걸리더라도 좀 더 쉽게 나을 수 있다. 자존감도 그와 같다는 것이다.

자존감이 낮으면 어려운 일을 당했을 때 다시 일어나게 해주는 회복 탄력성이 떨어져 좌절감과 우울감에 빠지기 쉽다. 또 자신은 아무것도 할 수 없을 거라는 생각에 아예 도전하지 않거나 포기해 버리기도 한다. 그러나 자존감이 높으면 스스로를 믿고 끈기 있게 도전하며, 실패하더라도 회복 탄력성이 좋아 금방 다시 일어날 수 있다. 한마디로 자존감은 스스로를 일으켜 세우는 힘이며 스스로를 삶의 주인공으로 만드는 힘이다. 단지 성공한 인생을 위해 필요한 능력이 아닌, 행복한 삶을 위한 기본 바탕이다.

흔히들 자존감을 '세상을 보는 안경'에 비유한다. 같은 풍경도 빨간색 렌즈의 안경으로 보면 온통 빨간색으로 보이고 파란색 렌즈의 안경으로 보면 파란색으로 보이는 것처럼, 자존감에 따라 세상이 달라 보인다. 그래서 같은 조건에서도 자존감에 따라 접근 방식과 해결 방식이 완전히 달라진다.

자존감이 높은 아이는 리더십이 강해서 또래 아이들 사이에서 리더 역할을 한다.

자존감의 기반은 아동기에 완성된다

그렇다면 자존감은 언제 어떻게 만들어지는 것일까? 연구자들마다 조금씩 다르지만 빠르면 만 2세부터 시작해 7세까지 기초적인 뿌리가 만들어지고, 아동기에 그 기반이 완성된다는 것이 일반적인 견해다. 대체로 초등학교를 졸업할 때쯤이면 아이들의 자존감은 그 기반이 완성된다고 보면 된다.

아이들은 성장하면서 점차 스스로 할 수 있는 것들, 또 스스로 해야만 하는 것들이 늘어난다. 일어나 걷고 뛰고, 대소변을 가리고, 혼자 먹고, 혼자 놀고, 또 형제나 친구와 어울려 노는 등 엄마의 도움에서 벗어나 점차 자신의 능력을 키우기 시작한다. 이때 중요한 것이 바로 '성공의 경험'이다.

처음 스스로 숟가락을 잡고 밥을 먹기 시작하면서, 처음 스스로 신발을 신으면서, 처음 스스로 옷을 입으면서, 처음 스스로 장난감을 정리하면서 아이들은 성공의 경험을 할 기회를 갖는다. 그리고 이를 통해 자존감이 형성되기 시작한다. 그런데 마음 급한 부모는 참고 기다리지 못한다. 처음 숟가락을 잡으면 이리저리 흘리고 쏟게 마련이다. 그 모습이 안쓰럽기도 하고 답답하기도 하고 또 치울 걱정이 앞서 결국 아이의 숟가락을 빼앗아 먹여주고 만다. 아이가 혼자 신발을 신으려고 할 때도 옷을 입으려고 할 때도, 부모는 세월아 네월아 하고 있는 모습이 답답해서 대신 손발이 되어주는 선택을 해버린다.

그렇게 되면 아이들은 성공의 경험이 아닌 실패의 경험을 하게 된다. 성공의 경험은 부모의 인내심과 격려에서 나온다. 아이는 부모의 태도로 자신의 성공과 실패 여부를 판단한다. 실패의 경험이 누적되면 아이는 스스로 '나는 못하는 아이', '해도 안 되는 아이'로 결정해버린다. 만약 당장 미숙하고 느린 아이의 모습이 답답해서 계속 대신해준다면 아이가 초등학생이 되고 중학생이 된 다음에 "너는 왜 혼자 아무것도 못하니. 너 뒤치다꺼리 하느라 엄마가 너무 힘들어."라고 푸념을 할 일이 매우 많아질 것이다.

자존감에서 성공의 경험이 중요하다는 것은 뇌의 변화로도 확인할 수 있다. 아이는 스스로 하고자 하는 일을 성취하면서 만족감과 희열을 느끼게 된다. 이때 뇌에서는 도파민이 분비된다. 도파민은 뇌가 새로운 경험을 하며 쾌감을 느낄 때 분비되는 신경 전달 물질로, 사람의 기분이나 쾌감, 의욕, 학습과 기억 등을 조절한다.

도파민이 분비되면 우리 뇌는 그것을 좋은 기억으로 저장하고, 그 행동을 계속하도록 자극한다. 그리고 그때 다시 도파민이 분비된다. 이러한 일련의 순환과정이 계속 반복되면 아이는 자신감을 갖게 되고 자기 효능감, 즉 자신이 어떤 일을 성공적으로 수행할 수 있는 능력이 있다는 믿음이 생긴다. 그렇게 자존감이 다져지는 것이다.

물론 유치원이나 학교에 가게 되면 선생님이나 친구들의 평가도 자존감에 상당한 영향을 미친다. 하지만 부모의 격려와 지지로 다양한 성공의 경험을 한 아이들은 선생님이나 친구들의 평가에 크게 흔들리지 않는다. 아직 작은 나무라도 뿌리를 잘 내린 나무는 거센 비바람을 잘 견뎌내는 것과 같다.

자존감 역시 대물림된다

자존감 역시 부모에게서 아이로 대물림된다는 사실도 잊지 말아야 한다. EBS에서 방송된 다큐멘터리 〈아이의 사생활〉에서는 126명의 아이들과 그 부모들을 대상으로 부모와 자녀의 자존감 비교 연구를 했다. 먼저 부모들의 자존감을 분석한 결과 아동기의 경험이 그대로 자존감 지수로 이어졌다. 부모와 함께 좋은 경험을 했던 경우는 성인이 되어서도 자존감이 높았다. 그리고 그러한 부모들의 자녀들도 역시 자존감이 높았다. 자존감 역시 끊을 수 없는 연결고리로 이어져 있었다.

만약 우리 아이가 자존감이 낮은 것 같아 걱정이라면 부모가 먼저 자신의 모습부터 돌아볼 필요가 있다. 주변 사람들과 이야기를 나누다 보면 늘 부족한 나를 발견하는지, 나에 대한 가치를 나 자신에서 찾는 것이 아니라 주변에 보여줄 뭔가에서 찾는지 생각해봐야 한다.

다른 집의 공부 잘하는 아이에, 다재다능한 남편에, 부유한 시댁을 보며 기가 죽고 내가 사는 꼴에 화가 난다면 자존감이 낮은 탓일 가능성이 크다. 열심히 아이를 키우고는 있지만 잘 키우고 있는 건지 자신이 없고, 아무것도 잘하는 게 없는 자신이 한심하고 답답해서 행복하지 않게 느껴진다면 이 또한 낮은 자존감 탓이다.

자존감이 높은 사람은 경제적으로 풍요롭지 않아도, 아이들이 공부를 잘하지 못해도, 남편이 내로라하는 직업을 갖고 있지 않아도 자기 자신과 아이들의 가치를 높이 평가한다. 주변과 비교하기보다는, 현재의 상황을 긍정적으로 바라보면서 앞으로 더 나아질 거라고 믿으니 불행해하고 불안해할 이유가 없다.

이쯤 되면 아이가 자존감이 낮은 이유가 나 때문인가, 우리 아이는 이미 가망이 없는 것인가 하는 생각에 가슴이 철렁 내려앉는 부모도 있을지 모르겠다. 하지만 절망할 필요가 없다. 자존감이 대물림되는 것도 맞고 자존감이 아동기 때 거의 다 완성되는 것도 맞지만 극복할 수 있는 방법이 분명 있다.

아동기에 형성된 자존감은 절대로 변하지 않는다?

튼튼한 자존감의 뿌리를 가지고 있으면 상황에 따라 조금씩 낮아졌다 높아졌다 할 수는 있어도 크게 흔들리지는 않는다. 만 2세부터 자존감의 뿌리가 만들어지고 아동기에 자존감의 기반이 대체로 완성되므로, 이 시기에 아이의 자존감을 잘 다져놓는 일은 부모가 해줄 수 있는 최고의 선물이라 해도 과언이 아닐 것이다.

그렇다면 이 시기에 한 번 형성된 자존감은 일생 동안 쭉 그대로

일까? 그렇지 않다. 어린 시절 형성된 자존감은 이후 삶의 환경과 경험을 통해 변화되기도 한다. 일반적으로 자존감은 유아기에 가장 높은 편이라고 한다. 이후 현실을 알아가고 경험하면서, 그리고 또래와의 비교를 통해 자신을 평가하면서 낮아지기도 하고 또 높아지기도 한다. 2007년 EBS에서 초·중·고 아이들 약 880여 명을 대상으로 실시한 '시기별 자존감과 스트레스 비교'에 따르면, 중학교 아이들의 평균 자존감 지수가 가장 낮았다. 그 원인으로 '다른 아이와의 비교'와 함께 '학업 스트레스'가 가장 큰 영향을 미치는 것으로 나타났다. 이를 증명하듯 학업 스트레스를 측정한 지수 역시 중학교 시기에 가장 높았다.

물론 현재 시점에서는 또 다른 결과가 나올지도 모르겠다. 이미 대학 입시의 부담감이 초등학생에게까지 전해진 지 오래이기 때문이다. 취업하기가 무척 힘들다는 요즘은 취업 준비생들의 자존감도 우려할 만하다. 한 취업 사이트에서 10대에서 20대 1,648명을 대상으로 설문조사를 실시했는데(2018년) 10명 중 절반 정도인 47.9퍼센트가 현재 자신의 자존감 상태에 대해 낮거나 매우 낮다고 대답했다. 그리고 자존감이 낮아지는 상황으로 '행복해 보이는 지인들의 SNS를 볼 때'가 26.8퍼센트였고 '가족들의 기대에 부응하지 못할 때'가 22.6퍼센트였다.

이처럼 자신이 처한 상황에 따라 자존감이 낮아질 때도 있고 높아질 때도 있다. 하지만 앞에서 이야기한 것처럼 튼튼한 자존감의 뿌리를 가지고 있으면 때에 따라 조금씩 변할 수는 있어도 크게 흔들리지는 않는다. 그래서 부모는 아이의 자존감의 뿌리를 튼튼하게 만들기 위해 부단한 노력을 기울여야 한다.

그렇다면 어떻게 해야 자존감의 뿌리를 튼튼하게 만들어줄 수 있을까? 첫 번째는 욕심을 줄여야 한다. 자존감이라는 용어를 처음 사용한 미국의 의사이자 철학자 윌리엄 제임스William James는 "자존감의 공식은 성공 나누기 욕심이다."라고 말했다. 자존감은 성공과 비례하고, 욕심과는 반비례한다는 것이다. 쉽게 말해 성공의 경험이 많을수록 자존감이 높아지고 욕심을 많이 부릴수록 자존감이 낮아진다.

자존감의 공식에 의하면 아무리 성공의 경험이 많아도 욕심이 커지면 자존감은 낮아질 수밖에 없다. 아이가 90점짜리 시험지를 가지고 와서 2개밖에 틀리지 않은 것에 뿌듯해하고 있을 때 아빠가 왜 100점 맞지 못했느냐고 실망스러워하면 자존감이 곤두박질친다. 아이가 100점을 받아 의기양양하게 집에 돌아왔는데 엄마가 칭찬은커녕 "그래? 몇 명이나 100점 받았는데?"라고 물으면 역시나 자존감에 상처를 입는다.

그러므로 아이의 자존감을 키워주기 위해서는 아이에 대한 기대치를 조금 낮출 필요가 있다. 아이의 성공적인 삶이 아닌, 행복한 삶을 목적으로 삼으면 그것이 충분히 가능해진다. 작고 사소한 성공이라도 칭찬과 격려를 받을 때 아이는 스스로를 괜찮은 사람, 능력 있는 사람으로 생각하게 된다.

두 번째는 아이의 실수를 성공의 기회로 전환시켜줄 수 있어야 한다. 아이가 실수했을 때 부모가 어떤 평가를 하는지는 아이의 자존감에 큰 영향을 미친다. 잘못한 부분보다 잘한 부분에 초점을 맞춰 긍정적인 평가를 해주면, 아이는 그것을 발판 삼아 재도전할 용기를 갖게 된다. 그것이 바로 자존감을 키워나가는 과정이다. 용기를 내어 도전하는 것을 주저하지 않는다면 그 속에서 많은 것을 배울 수 있고 성공의 기쁨을 맛볼 수도 있을 것이다.

세 번째는 진짜 칭찬을 해줘야 한다. 긍정적인 평가를 하라고 하면 부모들은 무조건 칭찬을 많이 해야 한다고 생각한다. 그래서 별것 아닌 것 가지고도 너무 자주, 너무 과한 칭찬을 한다. 칭찬을 많이 해주면 자존감이 절로 쑥쑥 커질 거라고 생각하는데, 자존감이 육아의 핵심 키워드가 되고 나서 부모들이 가장 많이 하는 실수가 바로 이 부분이다.

과한 칭찬은 자존감이 아닌 자만심만 높인다. 항상 자신만 잘하고 옳다는 생각에 빠져 다른 사람의 의견은 받아들이지 못하는 아이가 될 수 있다. 아니면 작은 꾸지람에도 크게 상처받는 아이가 되어 칭찬받는 행동만 하려는 모습을 보일 수도 있다.

바람직한 칭찬법은 아이가 노력한 부분에 대해 구체적으로 칭찬하는 것이다. "100점을 맞았다니 정말 대단하네."가 아닌 "시험을 잘 보기 위해 핸드폰도 꺼놓고 열심히 공부하더니 결국 좋은 결실을 맺었구나."라고 칭찬하는 식이다. 또 "우와!" "어머나!"와 같이 과도하게 놀라는 감탄사는 줄이고, "어려운데 끝까지 해내느라 애썼네.", "잘 해내니까 기분이 좋지?"와 같이 아이의 마음을 읽어주는 칭찬을 해줘야 한다.

네 번째는 비교하지 말아야 한다. 비교는 자존감을 낮추는 가장 큰 원인 중 하나다. 물론 혼자 사는 세상이 아니니 아예 다른 사람과 비교 당하지 않을 수는 없다. 또한 적당한 비교는 아이의 발전에도 도움이 된다. 하지만 자존감이 형성되는 시기의 아이들에게 지나친 비교는 독이다. 자신의 능력을 깨닫고 자신감을 얻기도 전에 나는 남보다 못한 아이라고 단정지어버릴 수 있기 때문이다.

그래서 자존감이 형성되는 시기의 아이들은 남과 비교를 하면 안 된다. 남과 비교 당했을 때도 나빠진 감정을 잘 추스르고 긍정적인 방향으로 받아들이는 능력은 자존감이 높은 사람에게나 존재한다. 그러므로 남들과 비교되는 상황을 나를 발전시키는 계기로 삼을 수 있는 것은 자존감이 튼튼하게 다져진 다음이다. 다시 말해 아이들에게 비교는 그냥 상처만 줄 뿐이다.

다섯 번째는 공감의 말과 행동을 많이 해야 한다. 아이가 곤란한 상황에 처하면 대다수의 부모들은 비판부터 한다. 일단 화난 마음에 "네가 제대로 안 하니까 그렇지.", "내가 너 그럴 줄 알았어."라는 말로 아이의 가슴에 비수를 꽂는다. 그러고 나서 현명한 방법을 제시해준다는 명목 하에 "더 열심히 하면 잘할 거야.", "네가 한번 나서봐. 그럼 친구들도 인정해줄 거야."라고 부모의 뜻을 강요한다. 하지만 아이들은 부모가 제시하는 그러한 방법들이 와닿지를 않는다. 먼저 받은 상처가 아직 아물지 않았기 때문이다.

곤란한 상황에 처했을 때 아이들에게 가장 먼저 필요한 것은 가장 신뢰하고 사랑하는 사람들의 공감이다. "화날 만도 하네.", "정말 속상하겠구나."라는 말로 아이의 마음을 먼저 어루만져주면 아이는 부정적인 감정을 가라앉히고 이성을 찾게 된다. 그 다음 아이에게 어떻게 하면 좋을지 차분히 물어보고 함께 대안을 찾아봐야 한다. 이렇게 하면 아이는 상처받은 마음을 극복하고 문제를 해결할 자신만의 방법을 찾을 수 있으며, 다시 한번 잘해보겠다는 의지를 다지게 된다.

아이의 자존감의 뿌리가 튼튼하게 자리 잡으려면 이 다섯 가지 방법들을 평소에 꾸준히 실천해야 한다. 어쩌다 한 번 한다고 절대로 효과를 볼 수 없으며, 평소에 아이의 말을 주의 깊게 들어주고 허심탄회하게 대화하는 분위기가 조성되어 있어야 비로소 효과를 발휘할 수 있다. 잘 키워보겠다고 어쩌다 한 번 물을 듬뿍 준다고 나무가 잘 자라지 않는 것과 같다. 매일 적당한 물을 주고 햇빛을 쪼여주고, 또 가끔은 영양제까지 챙겨줘야 나무는 튼튼하게 뿌리를 내리고 가지를 뻗는다. 자존감도 부모의 지속적이고 한결같은 관심과 노력이 있어야 자리를 잡고 쑥쑥 성장할 수 있다.

정서는 사람이 태어난 순간부터 죽을 때까지
모든 감정과 행동의 이유가 된다.
그런데 정서는 영유아기 때 이루어진 것이 평생을 좌우한다.
자신의 정서를 조절하는 능력은 현재도,
미래도 삶에 가장 많은 영향을 끼치는 요소다.

2장

인지 발달 불변의 법칙

‘인간은 어떻게 배울까?’는 과학자들뿐 아니라, 심리학자와 아동발달 연구자들에게도 오랜 연구 주제였다. 특히 태어나 처음 몇 년 동안 이루어지는 아이의 인지 발달은 놀라운 속도로 진행되며 전 생애에 걸쳐 영향을 미친다. 많은 연구자들이 아이가 어떻게 세상을 탐색하고 배워나가는지를 연구했는데, 그중 대표적인 학자가 바로 스위스의 발달심리학자인 장 피아제Jean Piaget다. 그는 아동의 인지가 4단계의 발달 과정을 거쳐 성장한다고 주장했다.

피아제에 따르면 출생부터 2세까지는 ‘감각 운동기’로, 이 시기 아이들은 감각과 운동 기술을 이용해 주변 세계를 경험하고, 대상 영속성을 습득한다. 2세부터 7세까지는 ‘전조작기’로, 언어능력이 점차 완벽해지고 기억력과 상상력이 발달한다. 또 사고의 영역이 다양해지지만 아직은 자기중심적 사고에 집중되어 있다. 7세부터 11세까지는 ‘구체적 조작기’로, 논리적이고 구체적인 추론을 할 수 있게 되고 서열화와 분류화가 가능해진다. 또 자기중심적 사고에서 빠져나오게 되지만 아직까지는 구체적인 사물과 행위에 대해서만 체계적인 사고가 가능하다. 마지막 11세부터 청년기까지는 '형식적 조작기'로, 추상적 사고와 이성적 사고가 발달하여 가설을 설정하고 검증할 수 있게 된다.

이러한 피아제의 인지 발달 이론은 아동 발달 분야가 보다 체계적으로 발전하는 데 원동력이 되었으며 많은 연구가들에게 영감을 주었다. 물론 이후 피아제의 발달 이론에 대해 일부가 수정되거나 삭제되어야 한다고 주장하는 연구가들도 등장했지만, 아직까지는 인지 발달 이론을 거론하는 데 빼놓을 수 없는 기본 이론으로 인정받고 있다.

인지 발달 연구가 비약적으로 발전할 수 있었던 또 하나의 비결은 과학기술의 발전으로 인간의 뇌를 들여다보고 변화를 측정할 수 있게 되었기 때문이다. 뇌파 측정 장치EGG나 기능성 자기공명영상fMRI을 이용해 뇌의 구조와 각 부위의 역할을 밝혀냄으로써 뇌 발달 정도가 아이의 연령, 그리고 인지 발달과 면밀하게 연결되어 있음이 확인된 것이다.

이와 같은 과정을 통해 밝혀진 인지 발달과 관련된 여러 결과들 중에서 우리가 꼭 알아야 할 법칙들을 소개하려고 한다. 바로 '인지 발달 불변의 법칙'이다.

인지 발달 불변의 법칙 01

인지 발달은 모방에서 시작된다

아기는 모방을 통해 학습한다

미국 워싱턴대학교 심리학과 앤드류 멜조프Andrew N. Meltzoff 교수는 1979년, 태어난 지 42분 된 신생아가 어른의 행동을 모방할 수 있는지 실험했다. 아기를 향해 혀를 쑥 내밀었다 집어넣고 아기가 그 행동을 따라 하는지 관찰했는데, 놀랍게도 아기는 몇 번의 시도와 실패 끝에 천천히 혀를 내밀었다. 멜조프가 다시 혀를 내밀자 이번에는 아기도 조금 더 쉽게 혀를 내밀었다.

멜조프는 이러한 반응이 아기들이 모방 능력을 가지고 태어난다는 증거라며, "신생아의 뇌 안에는 기본적으로 모방 행동을 가능하게 하는 기제가 있는 것이 틀림없다."고 주장했다. 하버드대학교 심리학과 펠릭스 바르네켄Felix Warneken 교수 역시 "인간은 생존을 위한 모든 능력을 선천적으로 갖추기가 불가능하기 때문에 모방과 같은 사회적 학습을 통해 배우고 적응하려고 노력한다. 이런 본능을 가지고 있는 것은 다행인 동시에 인간으로서의 특혜에 가깝다."라는 의견을 내세웠다.

다시 말해 인간은 모방을 통해 학습한다는 것이다. 바로 이것이 인간을 만물의 영장으로 만들어놓은 특별한 능력이라고 보면 된다. 사실 아기들이 무언가를 따라 하는 행동은 아주 쉽게 관찰할 수 있다. 이유식을 먹일 때 엄마가 숟가락을 가져가서 "아!" 하며 입을 크게 벌리는 행동을 하면 아기도 엄마를 따라서 입을 벌린다. 또 엄마가 냠냠 소리를 내며 씹는 시늉을 하면 아기도 똑같이 따라서 음식물을 씹는다. 말을 배울 때도 아기는 엄마의 입 모양을 관찰하고 그것을 따라 하면서 배워나간다. 엄마 역시 아기가 자신의 행동을 따라 하는 것으로 뭔가를 배울 수 있다는 사실을 알고 있다. 그래서 아이에게 열심히 말과 행동으로 보여주며 가르쳐준다.

조금 더 크면 아이는 텔레비전에 나오는 노래와 춤을 보고 배운다. 좋아하는 노래가 나오면 연기자나 캐릭터들의 행동을 유심히 관찰하며 따라 하는데, 아직 손과 발을 마음대로 움직일 수 없어 완벽하진 않아도 똑같이 따라 하려고 노력한다. 또 손위 형제가 있는 경우는 형이나 언니의 뒤를 열심히 따라다니며 말이나 행동을 모방한다. 또래 친구를 만났을 때는 친구의 행동을 따라 하기도 한다. 이렇게 아이들은 모방을 통해 말과 행동을 배우게 된다.

어른의 행동을 흉내 내는 것은 의도가 있을까?

이쯤 되면 의문이 생긴다. 과연 아이들은 그 행동이 뭔지 알고 따라 하는 것일까? 그저 단순히 흉내 내기를 좋아하는 습성이 있고 그래서 따라 하다 보니 배우게 되는 것은 아닐까?

모방의 사전적 의미는 '다른 것을 본뜨거나 본받음'이다. 반면에 흉내는 '남이 하는 말이나 행동을 그대로 옮기는 짓'이다. 모방은 '일부러' 하는 행동이고 흉내는 '무심코' 하는 행동이다. 한마디로 의도가 있느냐 없느냐의 차이다. 모방은 분명한 의도와 목적을 갖고 따라 하는 것이다. 그럼 아기들의 따라 하기는 과연 모방일까, 흉내일까?

1998년, 멜초프는 14개월 된 아이들을 데리고 새로운 실험을 했다. 아이들의 모방 행동이 과연 어른들의 의도를 파악하고 이루어지는 것인지 알아보기 위한 실험이었다. 먼저 실험자가 아이들에게 상자 윗면에 이마를 대면 상자의 불이 켜지는 특이한 행동을 보여주었다. 그리고 일주일 뒤, 다시 아이들을 실험실로 불러 상자를 주고는 이전에 본 것을 기억하고 모방할 수 있는지 관찰했다. 그러자 아이들은 바로 상자 윗면에 이마를 갖다 댔다. 그렇게 하면 상자에

아이들은 모방을 통해 말과 행동을 배우게 된다.

불이 켜지는 것을 기억하고 따라 한 것이다.

EBS 다큐멘터리 〈퍼펙트 베이비〉에서도 연세대학교 심리학과 송현주 교수와 함께 같은 실험을 재현해보았다. 손을 대면 불이 들어오는 전등을 만들어 14개월 된 아이에게 보여주었다. 이렇게 아이의 주의를 끈 다음, 연구원이 전등에 이마를 갖다 대어 불을 켜는 행동을 반복해 보여주었다. 그리고 아이에게 전등을 내밀었더니 아이는 처음에는 전등을 만지며 어리둥절한 표정을 짓다가 이내 머리를 전등에 갖다 대어 불을 켰다.

다음은 실험을 더 확장시켜보았다. 연구원의 손이 보이지 않게 몸에 담요를 두른 다음 이마로 불을 켰다. 그런데 이번에는 아기들이 이마로 불을 켜는 행동을 따라 하지 않고 모두 손으로 불을 켰다. 왜 그랬을까?

송현주 교수는 아이들의 이러한 행동을 아이들이 어른의 행동을 볼 때 의도를 추론하기 때문이라고 해석했다. 담요를 두른 상태에서 머리로 전등을 켜는 것은 손이 자유롭지 못한 탓이라는 사실을 알아차렸기 때문이라고 보았다. 반면 손이 자유로운 상태에서 머리로 전등을 켜는 것은 그만한 이유가 있을 것이라 생각하고 그대로 따라 했다는 것이다. 14개월밖에 안 된 아이도 다른 사람이 행동하는 의도를 추론해 모방할 수 있음을 알려주는 실험이었다.

아이가 따라 하는 행동은 그저 흉내 내는 것이 아니라 분명한 의도를 갖고 모방하는 것이다. 그렇기 때문에 모방을 통한 학습이 가능한 것이다.

원숭이 실험을 통해 거울뉴런을 발견하다

그렇다면 우리 뇌의 어떤 부분이 모방 행동을 가능하게 할까? 1996년, 이탈리아의 신경과학자 자코모 리촐라티Giacomo Rizzolatti는 원숭이가 특정 행동을 할 때 어떤 신경세포가 반응하는지 실험을 하다가 재미있는 사실을 발견했다. 원숭이의 전두엽 활동을 기록하는데, 원숭이가 손으로 매우 정교한 행동을 할 때 활성화되는 특정 세포들을 발견한 것이다. 땅콩을 잡아당길 때, 움켜쥘 때, 또 입에 넣을 때마다 각각 서로 다른 신경세포가 활성화되었다.

실험 도중 연구원이 장난으로 원숭이의 땅콩을 하나 집어먹었는데 이때 더 놀라운 상황이 벌어졌다. 그 장면을 본 원숭이의 특정한 신경세포가 활성화된 것이다. 그것은 원숭이가 땅콩이 담긴 접시로 손을 뻗었을 때 활성화되는, 다시 말해 원숭이의 뇌에서 땅콩을 잡으라고 명령을 내리는 신경세포였다. 원숭이가 직접 땅콩으로 손을 뻗지 않았는데도 남이 하는 행동만 보고 신경세포가 활성화되었다. 뿐만 아니라 다른 원숭이가 땅콩을 먹는 모습을 보거나 땅콩을 까는 소리만 들어도 이 신경세포는 활성화됐다.

이 실험을 근거로 리촐라티는 타인의 행동을 보는 것만으로도 자신이 그 행동을 할 때와 똑같이 반응하는 신경세포가 있다며 이를 '거울뉴런Mirror Neuron'이라 불렀다. 멜초프가 주장한 뇌 안의 모방 행동을 가능하게 하는 기제가 무엇인지 찾아낸 것이다.

이 실험 결과를 바탕으로 여러 연구가들은 사람의 뇌를 자기공명영상MRI으로 촬영하며 비슷한 실험을 했다. 사람도 다른 사람의 움직임을 보는 것만으로 신경세포가 활성화되는지 알아보기 위해서였다. 그 결과 사람 역시 다른 사람의 손동작이나 표정을 보는 것만으로도 마치 자신의 손을 움직이고 표정을 짓는 것처럼 뇌의 특정 신경세포가 활성화된다는 사실을 확인했다.

하지만 원숭이와 분명 다른 점이 있었다. 원숭이는 거울뉴런이 주로 운동을 담당하고 있는 뇌에서만 발견됐는데 사람은 전두엽과 두정엽, 측두엽 세 곳에 분포되어 있고 이 세 영역이 서로 협동하여 작용했다. 그래서 이를 '거울뉴런 체계Mirror Neuron System'라 부른다.

이런 이유로 원숭이는 단순한 행동만 따라 하고 높은 차원의 행동은 모방할 수 없지만, 인간은 수많은 행동을 모방할 수 있다. 예를 들어 다른 사람이 어떤 동작을 하면 그 동작의 의도를 짐작하고 다음에 이어질 동작을 알아낼 수 있는 것, 행동이나 표정만으로도 그 사람의 기분을 파악할 수 있는 것은 사람의 거울뉴런만이 할 수 있는 일이다.

타인이 하는 말과 행동을 유심히 관찰을 할 때 거울뉴런은 열심히 반응한다. 그러면서 자신도 그 말이나 행동을 하는 것처럼 느끼게 되고, 실제로 해보지는 않았지만 어떤 마음인지, 어떤 느낌인지, 무슨 의도인지를 학습하고 배울 수 있다. 그래서 모방은 인간의 인지 발달에서 없어서는 안 될 중요한 학습 방식이다.

이런 이유로 어렸을 때 모방놀이를 많이 하는 것은 당연히 아이들의 인지 발달에 좋은 영향을 미친다. 발달심리학자인 캐럴 에커만Carol Eckerman도 "모방놀이를 많이 하는 유아일수록 한두 해가 지난 뒤 더 유창하게 말을 한다."고 주장했다.

다행히 어린아이들은 모방놀이를 참 좋아한다. TV를 보며 노래와 춤을 따라 하는 것은 물론이고, 엄마가 청소기를 돌리면 비슷한 모양의 장난감을 들고 따라 한다. 소꿉놀이를 할 때면 엄마 아빠가 평소에 했던 행동이나 말투를 그대로 따라 하고, 동물을 보면 소리나 행동을 곧잘 따라 한다.

하지만 아이들의 놀라운 모방 능력은 좋은 방향으로만 발휘되지는 않는다. 안 좋은 것을 보면 그 또한 그대로 모방한다. 부모의 부정적인 말투나 거친 행동을 그대로 따라 하는 것을 보면서 뜨끔했던 적이 있지 않은가. 그럴 때마다 부모는 아이의 거울이라는 말을 다시 한번 깨닫는다.

아이를 바르게 키우고 싶다면 부모가 먼저 바른 모습을 보여줘야 한다. 정리정돈을 잘하는 아이로 키우고 싶다면 부모가 먼저 정리정돈을 잘하는 모습을 보여주면 된다. 책을 좋아하는 아이, 인사를 잘하는 아이, 질서를 잘 지키는 아이로 키우고 싶다면 부모가 먼저 그런 모습을 보여줘야 한다. 왜냐하면 아이들은 모방의 명수이기 때문이다.

인지 발달 불변의 법칙 02

아이는 학습 능력을 가지고 태어난다

생후 5개월 된 아기가 덧셈과 뺄셈을 이해할 수 있을까?

과학자들은 인간의 유전자에 인류가 수억 년간 배우고 익혀왔던 수많은 지식과 능력들이 내재되어 있다고 주장한다. 그래서 아기는 태어날 때부터 엄청난 학습 능력을 가지고 태어난다고 한다. 이러한 학습 능력은 아기가 주변에서 일어나는 여러 가지 일들을 탐색하고 관찰하도록 해주기 때문에 인간의 아기는 세상의 그 어떤 동물의 아기보다 더 빨리, 더 많은 것을 배울 수 있다.

1992년, 예일대학교 심리학과 카렌 윈Karen Wynn 교수는 생후 5개월 된 아기들에게 수 개념이 있는지 알아보기 위한 실험을 했다. 인형 극장과 같은 무대를 만들고 옆쪽에는 인형이 드나들 수 있는 구멍을, 앞쪽에는 올렸다 내렸다 할 수 있는 스크린을 만들었다.

우선 덧셈을 이해하는지 알아보기 위한 실험부터 진행됐다. 먼저 옆에서 손 하나가 나와 무대에 인형 한 개를 놓고 나갔다. 그다음 스크린을 올리고 손이 나타나 인형을 하나 더 넣었다. 인형이 두 개가 된 것이다. 그러고 나서 스크린을 내려 아기의 반응을 살펴보았는데 아기는 5초 정도 인형을 쳐다보더니 주의를 다른 데로 돌렸다. 인형 한 개에 또 한 개가 더해지면 두 개가 된다는 사실이 별로 놀랍지 않다는 반응이었다.

두 번째 실험에서는 일부러 수학적 오류를 만들었다. 인형이 두 개가 되었을 때 뒤에 몰래 뚫어놓은 구멍으로 한 개를 뺐다. 스크린을 내리자 아기는 무려 12초 이상 인형을 쳐다봤다. 아기들은 친숙하고 예측할 수 있는 상황보다 새롭고 예측할 수 없는 상황을 더 오래 본다고 한다. 그러니 첫 번째 실험 때보다 더 오래 쳐다봤다는 것은 현재의 상황이 낯설고 이상하다고 생각한다는 뜻이다. 인형이 두 개여야 하는데 하나밖에 없는 상황이 낯설고 이상한 것이다. 이는 아기가 덧셈을 이해하고 있다고 볼 수 있다.

세 번째는 뺄셈을 이해하는지에 대한 실험이었다. 인형 한 개를 놓고, 다시 인형 한 개를 더 넣은 다음 스크린을 올렸다. 그리고 다시 옆으로 인형 한 개를 빼냈다. 당연히 인형은 한 개가 남아야 했지만 두 번째 실험처럼 이번에도 뒤의 구멍으로 인형을 하나 더 추가하여 수학적 오류를 만들었다. 그랬더니 아기는 세 배나 더 오래 인형을 쳐다봤다. 인형이 한 개여야 하는데 두 개인 상황이 이상했던 것이다. 아기가 뺄셈도 이해하고 있다는 것을 의미한다.

이로써 아기들이 양에 대한 기초적인 감각을 가지고 있다는 사실을 알 수 있었다. 그래서 정확한 수를 계산할 수는 없지만, 원래보다 더 있거나 덜 있거나 하는 것이 이상함을 인식할 수 있다. 이것은 아기들이 기본적인 수리 능력을 갖고 있기 때문에 가능한 일이다.

놀랍게도 생후 5개월 된 아기는 숫자 2와 3을 구분할 줄 안다고 한다. 그 이상의 숫자는 한참 후에나 구분하는 것이 가능해지지만, 5개월만 되어도 작은 수와 양에 대한 추상적 이해 능력을 갖춘다는 사실이 놀랍기만 하다.

생후 3개월이면 인과관계를 파악하기 시작한다

EBS에서 방영된 다큐멘터리 〈아기 성장 보고서〉에서는 미국의 심리학자 캐럴린 로비콜리어Carolyn Rovee-Collier 교수가 고안해낸 조건 모빌 실험을 재현했다. 아기의 발과 모빌을 연결해 아기들이 인과관계(원인과 결과를 이해하고 그 둘의 상관관계를 파악하는 능력)를 인식하는지 알아보는 실험이었다.

먼저 생후 3개월의 아기를 침대에 눕히고 천장에 모빌을 달았다.

아기들은 한 번 가르쳐준 것을 일정 기간 동안 기억한다.

그리고 아기 발에 리본을 묶은 뒤 모빌과 연결시켜 아기가 발을 움직이면 모빌이 움직이도록 만들었다. 시간을 두고 지켜보았더니 아기는 점차 발차기를 하면 모빌이 움직인다는 사실을 알아차린 듯 행동했다. 그리고 잠시 후, 발에 묶었던 리본을 풀었을 때도 아기는 발차기를 계속 했다. 평소 발차기 횟수는 평균 5~6회였는데, 실험 이후 아기의 발차기 횟수는 평균 17~20회로 늘었다. 이는 아기가 발차기를 하면 모빌이 움직인다는 인과관계를 파악했다는 뜻이다.

인지능력에 있어서 인과관계를 파악하는 능력은 기본 중의 기본이라 할 수 있다. 세상 모든 일이 원인과 결과로 이루어져 돌아가기 때문이다. 원인이 없는 결과는 없고, 원인이 있으면 결과가 있게 마련이다.

학습에 있어서도 인과관계를 파악하는 능력은 매우 중요하다. 과학적 지식을 이해하고 탐구하는 과정도 그렇고, 수학적 논리를 이해하는 것도 그렇다. 사회현상을 관찰하고 이해하는 데도, 글을 읽.

고 논리 구조를 파악하는 데도, 또 글을 쓰는 데도 인과관계는 기본이다.

아이의 발달 과정에서도 인과관계는 끊임없이 작용한다. 아이는 자신이 울면 엄마가 달려올 것을 안다. 웃으면 엄마가 좋아할 것도 알고, 잘못하면 혼나는 것도 안다. 또 이미 3세가 되기 전부터 아이들은 어떤 사건이 어떤 결과를 초래했는지 제대로 설명할 수 있다. 예를 들어 "공이 날아가서 책이 쓰러졌어.", "엄마가 화내서 내가 우는 거야." 하는 식으로 원인과 결과를 정확하게 판단하여 연결시킬 수 있다. 그렇게 아이는 생활 속의 인과관계를 몸소 배우고 익히며 사물의 원리를 파악하고, 그러면서 사람들과의 관계도 이해할 수 있게 된다.

아기가 개와 고양이를 구별할 수 있는 시기는?

세상은 셀 수 없을 만큼 많은 생물과 무생물이 뒤섞여 존재한다. 그것들을 모두 다 각각 파악하고 기억하기는 좀처럼 쉬운 일이 아니다. 하지만 걱정할 필요가 없다. 다행히 사람은 범주화categorization라는 능력을 이용해 비슷한 성질을 가진 것을 일정한 기준에 따라 묶을 수 있기 때문이다.

그래서 사물의 공통성이나 유사성을 알아낼 수 있고, 그것끼리 따로 묶어서 기억함으로써 보다 효율적으로 세상을 파악할 수 있다. 또 새로운 사물을 만나면 이전 기억 속의 경험에 비추어 그 사물이 기존의 어떤 사물과 같은 종류의 것인지 파악하고, 그것과 같은 이름이나 중요한 속성을 추측할 수 있다. 이렇게 범주화는 정보의 저장과 검색, 그리고 학습을 보다 쉽게 수행하도록 해주기 때문에 인지 발달에 상당히 중요한 기제로 작용한다.

그렇다면 과연 사람은 언제부터 범주화할 수 있을까? 미국의 심리학자 피터 에이마스Peter D. Eimas와 동료들은 3개월 된 아기들을 대상으로 과연 아기들도 범주화하는 것이 가능한지 실험했다. 스크린에 고양이 두 마리의 사진을 붙여 아기에게 보여주었는데 아기는 잠시 보더니 바로 시선을 돌렸다. 다음은 처음 사진과는 다른 고양이 두 마리의 사진을 붙여 보여주었다. 이번에도 아기는 좌우를 번갈아보더니 금방 시선을 돌렸다.

세 번째는 한쪽에는 고양이 사진을 다른 한쪽에는 말 사진을 붙여 보여주었다. 그러자 아기는 고양이 사진보다 말 사진을 훨씬 더 오래 응시했다. 이전에 봤던 사진과는 다르다는 사실을 알아차린 것이다. 이는 고양이와 말이 다르다는 것을 구분할 수 있다는 뜻으로, 아기는 생애 초기부터 사물의 범주를 구분하는 능력을 갖고 있다는 사실을 알려준다.

일본 도호쿠대학과 주오대학 공동 연구팀은 생후 5개월에서 7개월 사이의 아기들이 색깔을 분류하는 능력이 있는지 실험했다. 아기들의 뇌가 서로 다른 범주에 속하는 색깔들을 볼 때 어떻게 활성화되는지 관찰해보았는데 실험 결과 컴퓨터 스크린에서 파란색이 녹색으로 변할 때 아기들의 뇌 활성도가 크게 증가한 반면, 녹색에서 색조 차이가 있는 또 다른 녹색을 보여줬을 때는 뇌 활성도가 약했다. 파란색과 녹색이 다르다는 것을 알고 있다는 의미이다. 이것은 곧 아기도 색깔을 범주화하는 능력이 있다는 뜻이다.

물론 갓 태어난 아기의 범주화 능력은 아주 초보적인 수준이다. 3~4개월이면 동물에 대한 범주를 형성하고 12개월쯤에는 동물과 탈것을 범주화한다. 또 18개월쯤에는 개와 고양이를, 3세가 되면 고양이의 서로 다른 품종을 범주화할 수 있다고 알려져 있다. 아이는 이렇게 생애 초기부터 여러 가지 사물을 보고 사건을 경험하면서 범주화 능력을 발달시켜나가는데, 이는 인지 발달에 있어서 꼭 필요한 과정이다.

아기의 기억 능력은 뱃속에서부터 시작된다

그럼 아기의 기억 능력은 어떨까? 앞의 모빌 실험을 진행했던 로비 콜리어 교수는 실험이 끝나고 3일, 8일, 그리고 13일 간격으로 아기들을 모빌 실험을 했던 장소로 다시 불렀다. 그리고 모빌과 발을 연결하지 않은 채 3분 동안 아기들이 발차기를 몇 번 하는지 기록했다. 아기들이 발차기를 하면 모빌이 움직인다는 인과관계를 얼마나 오랫동안 기억하고 있는지 알아보기 위해서였다.

그 결과 3일이 지난 뒤에는 아기들의 발차기 횟수가 거의 변하지 않았다. 8일 뒤에는 조금 줄었고, 13일 뒤에는 모빌 실험을 하기 전의 상태로 돌아갔다. 이것은 아기들이 적어도 8일이 지난 시점까지는 기억을 간직하고 있다는 것을 뜻한다. 시간이 지날수록 기억이 점점 희미해지기는 했지만 말이다.

앞에서 멜초프가 14개월 아기를 대상으로 한 불이 들어오는 상자 실험에서도 아기들의 기억 능력을 확인할 수 있었다. 일주일 뒤 다시 상자를 보았을 때 이전에 봤던 행동을 똑똑히 기억해내고는 이마를 상자에 갖다 대어 불을 켰기 때문이다.

미네소타대학교의 찰스 넬슨Charles A. Nelson 연구실에서는 그보다 더 어린 신생아들의 기억 능력을 실험했다. 신생아를 대상으로 ERPEvent-Related Potentials 실험을 했는데, 이는 특정한 자극이 지속적으로 제시됐을 때 나타나는 뇌파의 변화를 측정하는 것이다.

태어난 지 하루 된 신생아들의 머리에 뇌파를 측정할 수 있는 장치를 씌우고, 아기가 엄마의 목소리를 기억하는지 관찰했다. 이를 위해 엄마와 낯선 사람이 "아가!"라고 부르는 목소리를 50번씩 반복해 들려주었다. 그러자 아기는 각각의 목소리에 전혀 다른 뇌파 반응을 보였다. 엄마 목소리를 들을 때 아기는 이미 저장된 기억을 되살리는 반응을 보였다. 반면에 낯선 사람의 목소리를 들을 때는 새로운 기억을 저장하려는 반응을 보였다. 갓 태어난 아기가 엄마 목소리를 기억하기 때문에 벌어지는 일이었다.

넬슨 박사는 "임신 마지막 6주 동안은 태아의 청력이 급격하게 발달한다. 이때 태아가 엄마 목소리를 듣고 뇌가 그 소리에 대한 기억을 형성한다. 그래서 태어난 지 24시간이 안 된 신생아도 엄마의 목소리를 기억할 수 있다."고 설명했다.

인간이 하는 거의 모든 학습은 기억 능력에 의존한다. 기억 능력이 없으면 그 어떤 것도 배울 수 없으므로 기억 능력은 인지 발달에 없어서는 안 될 중요한 능력이다. 다행히 아기들은 선천적으로 기억 능력을 가지고 태어난다. 게다가 기억 능력은 영아기 때 급격하게 발달한다. 생후 3, 4개월에 몇 초 동안 본 그림을 몇 분 동안 기억할 수 있다면, 생후 5개월에는 2주 정도까지 그 그림을 기억할 수 있다. 생후 4개월에는 과거에 한 행동뿐 아니라 보고 들은 것도 기억하는 능력이 생기고, 생후 7~10개월이 되면 회상도 가능해진다.

그렇게 기억 능력을 발달시키며 아기들은 세상의 더 많은 것들을 배우고 익힌다. 지구상에서 인간만큼 복잡한 환경에서 살아야 하는 동물은 없는데, 다행히 인간들은 이런 놀라운 능력을 갖고 태어난다. 그리고 유전자에 내재되어 있는 수많은 지식과 능력들을 유감없이 발휘하며 성장해나간다.

인지 발달 불변의 법칙 03

뇌는 경험을 통해 끊임없이 진화한다

뇌 가소성이 학습의 효율성을 결정한다

영국의 인지 신경과학자 휴고 스피어스Hugo Spiers는 런던의 복잡한 길을 거의 다 외우고 있는 택시 운전사들이 신기했다. 그래서 신경 촬영 기술을 이용해 그들의 뇌를 찍어 다른 사람들과 비교해봤다. 그랬더니 택시 운전사들의 뇌가 일반인들의 뇌보다 해마 뒷부분의 회색질gray matter 밀도가 훨씬 높게 나타나는 것을 발견했다. 이 부분은 공간 탐색과 관련되어 있는 영역이다. 택시 운전사들이 수년에 걸쳐 길을 암기한 것이 뇌의 변화를 가져온 것일까?

이를 확인하기 위해 스피어스는 두 번째 실험을 했다. 택시 운전사를 준비하는 훈련생 79명의 뇌를 수시로 찍어 다른 사람과 비교했다. 그중 택시 운전사에 최종 합격한 사람은 39명이었는데, 합격자들은 회색질이 늘었지만 불합격자들은 다른 사람들과 큰 차이가 없었다. 기억 훈련이 뇌의 구조에 특정한 변화를 유도한다는 사실을 알 수 있는, 또한 성인의 뇌도 변할 수 있다는 사실을 알 수 있는 실험이었다.

뇌는 수많은 자극으로 진화한다. 우리가 새로운 생각을 하거나 새로운 것을 배울 때 신경이 새롭게 연결되고 강화된다. 그러면서 물리적 구조도 새롭게 짜여진다. 이렇게 뇌가 화학적, 또는 구조적으로 변하는 성질을 '뇌 가소성Brain Plasticity'이라고 한다.

초기의 뇌과학자들은 뇌의 구조와 기능이 출생 직후 거의 모두 결정된다고 생각했다. 그 이후의 뇌 발달은 구조와 기능에 큰 변화 없이 뇌 자체의 크기가 확대되는 과정이라고 생각했다. 하지만 최근 대부분의 인지과학자들은 뇌가 환경이나 경험의 영향을 받으면 무게와 크기, 생화학적 특성 등이 변할 수 있다고 주장한다.

갓 태어난 아이들의 뇌는 천억 개 정도의 신경세포(뉴런neuron)로 이루어져 있다. 이는 어른들의 신경세포의 수와 비슷하다. 신경세포의 수는 일생 동안 거의 변화가 없다. 하지만 신생아의 뇌는 세포와 세포가 거의 연결되지 않은 미완성의 상태, 즉 신경세포들을 연결하는 신경회로 시냅스synapse가 발달하지 않은 매우 엉성한 구조를 가지고 있다.

그래서 영유아기는 신경교세포glia의 지시로 시냅스 형성이 집중적으로 일어난다. 출생 직후에는 하나의 뇌세포에 2천 5백 개의 시냅스가 연결되어 있다. 그러다가 1세에서 2세 정도가 되면 시냅스의 수가 최고치에 달하는데, 각각의 뉴런이 약 1만 5천 개의 시냅스를 갖게 된다. 이 숫자는 어른 뇌보다 훨씬 많은 것이다.

그렇다고 뇌가 지속적으로 연결을 늘려가는 것은 아니다. 뇌는 일단 필요한 것보다 훨씬 더 많은 연결을 만든 다음 상당 부분을 제거해버린다. 이는 나무의 가지치기와 같은 원리다. 나무가 더 튼튼하게 자라게 하기 위해 가지치기를 해주는 것처럼 뇌도 그렇다. 사용되지 않는 연결들은 잘라버리고 자주 사용하는 연결들은 강화시킨다. 어떤 것을 제거하고 어떤 것을 강화시킬지는 환경적 경험으로 결정된다.

영유아기에 이렇게 시냅스가 과잉생산되고, 또 환경적 경험에 의해 가지치기가 활발히 이루어지는 것은 그만큼 뇌 가소성이 크다

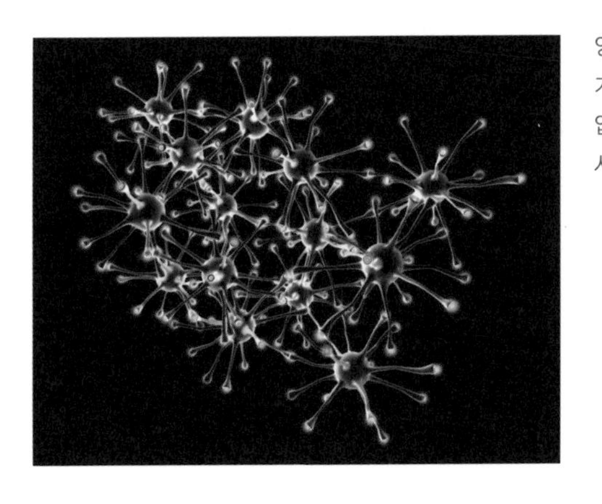

영유아기에는 시냅스 형성이 가장 활발한 시기다. 이후 필요 없는 시냅스는 없애고 자주 사용하는 시냅스는 강화한다.

는 뜻이다. 이는 영유아기가 생물학적으로 가장 효율적인 학습을 할 수 있는 최적기라는 의미다.

그렇다고 한글 공부, 영어 공부, 수학 공부를 해야 한다는 의미는 절대 아니다. 아이들의 뇌는 일정한 발달 순서를 가진다. 뇌의 각각의 영역은 각기 다른 시기에 다른 강도로 적극적으로 형성된다. 이는 특정 경험이 뇌 발달에 영향을 미치는 민감기sensitive period가 있다는 뜻이다. 민감기는 뇌가 각 영역별로 활성화되는 시기에 따라 여러 번 존재하기 때문에 뇌의 발달 수준에 맞는 적절한 학습이 필요하다. 즉 영유아기의 학습은 뇌 발달 수준에 맞게 민감기를 고려해 진행되어야 한다.

그럼 아이들의 뇌는 언제 어떻게 발달될까? 생후 1년간 아기들의 뇌는 놀랍도록 성장한다. 태어날 때 평균 400그램 정도 됐던 뇌가 1년 만에 두 배가량 커져 1킬로그램 정도가 된다. 이때 아기들이 오감을 통해 받아들인 정보는 바로 뇌로 전달된다. 앞에서 스킨십의 중요성에 대해 설명하며 언급했지만, 이 시기 아기들은 피부로 전달된 정보가 가장 빠르게 뇌로 전달된다. 그러므로 스킨십은 부모와 아이의 애착 형성에 중요한 역할을 할 뿐만 아니라, 뇌를 발달시키는 데도 좋은 영향을 미친다.

만 1세에서 2세 사이는 시냅스 수가 최고에 달하는 시기다. 평생 동안 뇌가 가장 급격하게 발달하는 시기라고 할 수 있다. 미국의 교육심리학자 벤저민 블룸Benjamin S. Bloom은 만 17세에 측정한 지능을 기준으로 연령별 뇌 발달의 변화를 측정했는데, 약 50퍼센트가 태아기부터 4세 사이에 일어난다는 것을 확인했다. 또한 이 시기는 창의적인 기능과 종합적 사고 기능이 가장 많이 몰려 있는 전두엽, 인지 기능과 기억 기능을 조절하는 측두엽, 사물을 보고 이해하도록 돕는 후두엽 등이 골고루 발달한다.

그래서 이 시기 아이들이 하는 다양한 활동은 시냅스 형성에 좋은 영향을 미친다. 보통 부모들은 인지적 학습을 해야만 시냅스가 형성될 거라 생각하는데 사실은 그렇지 않다. 공놀이나 자전거 타기와 같이 대근육을 움직이는 놀이, 소꿉놀이나 탑 쌓기 같은 소근육을 이용하는 놀이와 단추 채우기 같은 경험도 모두 시냅스 형성에 도움이 된다. 특히 뇌에서 인체 각 부위의 기능을 관장하는 운동중추 중 30퍼센트나 되는 영역이 손을 담당하는 부위이므로, 소근육 놀이는 뇌를 발달시키는 데 꼭 필요한 활동이다.

만 3세에서 6세 사이의 아이들은 대뇌피질의 전두엽이 집중적으로 발달한다. 인간이 생각하고 말하고 문자를 사용할 수 있는 것은 대뇌피질의 뛰어난 능력 때문이다. 그중 전두엽은 종합적인 사고 기능, 인간성, 도덕성 등 인간을 인간답게 해주는 중요한 역할을 한다. 그러므로 이 시기에 지식을 주입하는 교육에 집중하면 인간을 인간답게 해주는 여러 가지 요소들을 갖추지 못하게 된다.

만 7세에서 12세 사이는 대뇌피질 중 두정엽과 측두엽이 집중적으로 발달하는 시기다. 두정엽은 수학적, 물리적 사고를 담당하고 측두엽은 언어와 청각 기능을 담당한다. 뇌 발달 순서를 고려하면 이때가 언어와 수학을 공부하는 데 적합한 시기인 셈이다. 한글 공부, 영어 공부, 수학 공부는 이때부터 시작해야 한다는 의미다.

이는 과도한 선행학습은 오히려 화를 부른다는 뜻이기도 하다. 부모의 욕심에 아직 측두엽이 제대로 발달하지도 않은 3세짜리한테 한글을 가르치고, 전두엽을 집중적으로 발달시켜야 할 유아기에 무리하게 덧셈 뺄셈을 가르치면 당연히 효과도 떨어질 뿐만 아니라 그 시기에 발달해야 하는 영역들의 활동을 방해하는 부작용을 초래한다.

또 발달 과정에 맞지 않는 학습은 아이의 능력을 벗어나는 일이 되기 때문에 아이에게 좌절감을 준다. 이러한 경험이 지속되면 결국 아이는 자신은 부족하고 모자란 사람이라는 부정적인 자아상을 갖게 될 수도 있다.

뇌 가소성에 결정적인 영향을 끼치는 것은 '좋은 경험'

보통 지능은 유전적 영향이 크다고 생각하여 머리 좋은 부모 밑에서 머리 좋은 아이가 나온다고 여긴다. 그래서 아이들이 공부를 못하면 부부끼리 누구 머리 닮았느냐를 가지고 티격태격하기도 하고, 내 머리 닮아 공부를 못하는 거라고 자책하기도 한다.

물론 많은 연구가들이 선천적 지능은 유전적 영향이 크다고 말한다. 하지만 지능이 뇌의 모든 능력을 대표하는 것은 아니다. 또한 뇌는 환경적 경험에 의해 변할 수 있다는 뇌 가소성은 유전의 한계를 뛰어넘을 수 있는 희망이기도 하다.

특히 영유아들이 발달 과정에서 겪는 수많은 경험들은 뇌 발달에 결정적인 영향을 미친다. 미국 버클리대학교의 마크 로젠즈웨이그Mark Rosenzweig와 매리언 다이아몬드Marian Diamond 박사는 쥐를 두 그룹으로 나눈 다음, 첫 번째 그룹은 12마리의 쥐에게 쳇바퀴나 사다리 같은 장난감을 주고 함께 어울리며 지낼 수 있도록 했다. 그러나 두 번째 그룹의 쥐는 장난감도 없이 홀로 지내도록 했다. 쥐를 이용해 환경과 경험이 뇌를 변화시키는지를 알아보고자 한 것이다.

예상대로 풍요로운 장난감을 가지고 다른 쥐들과 함께 다양한 경험을 하며 성장한 첫 번째 그룹 쥐의 뇌가 홀로 지낸 쥐의 뇌보다 더 두텁다는 사실이 관찰됐다. 쥐는 뇌가 두터울수록 더 영리하다. 얇은 뇌를 가진 쥐보다 미로 찾기나 음식 찾기를 더 빨리 수행할 수 있다.

뿐만 아니라 홀로 고립된 환경에서 아무런 경험을 하지 못하고 성장한 쥐의 뇌는 점점 더 작아졌고, 풍요로운 환경에서 지낸 쥐가 낳은 새끼보다 더 얇은 대뇌피질을 가진 새끼를 낳았다. 어떤 환경에서 어떤 경험을 하며 성장하느냐가 뇌 가소성에 지대한 영향을 미친다는 사실을 알 수 있는 실험이었다. 그 말인즉슨 좋은 경험이 뇌를 좋은 쪽으로 발달시킨다는 뜻이다. 그렇다면 어떤 경험이 뇌를 좋은 쪽으로 발달시킬까? 이에 대한 답은 우리 뇌가 어떤 것을 좋아하는지 살펴보면 금방 찾을 수 있다.

첫째, 뇌는 기분 좋을 때 더 잘 저장한다. 우리가 기분이 좋을 때 뇌의 신경회로는 뻥 뚫린 고속도로와 같다. 막힘없이 잘 흐르기 때문에 기억 속에 보관한 모든 정보를 꺼내 올 수 있고 한 가지 일에 집중할 수 있다. 이는 후뇌에서 시작해 상부의 중뇌, 전뇌에 이어져 있는 거미줄 구조의 신경다발 '망상활성화계reticular activating system' 때문이다.

외부에서 들어오는 정보들은 대뇌피질에서 최종적인 판단을 거친 뒤 망상활성화계를 통해 온몸으로 전파된다. 기분이 좋으면 망상활성화계가 제 기능을 다해 대뇌 신경세포에 계속 자극을 보내기 때문에 정신이 맑아지고 오랫동안 집중할 수 있다. 그러나 기분이 나쁘거나 감정이 복잡해지면 망상활성화계의 기능이 떨어져서 주의력이 산만해지고 기억력도 떨어진다.

그러므로 아이들은 즐거운 경험을 많이 해야 한다. 그래야 뇌도 잘 기억한다. 아이에게 체험학습을 시켜주겠다고 힘들게 박물관을 돌아다녔는데 막상 아이는 박물관 앞뜰에서 친구랑 뛰어놀았던 일이나 매점에서 사먹은 아이스크림만 뚜렷하게 기억해서 허탈했던 경험이 있을 것이다. 하지만 억지로 머리에 구겨 넣은 경험은 과감하게 잊어버리는 것이 뇌의 본성이니 어쩔 수 없는 일이다. 뇌는 즐겁고 행복했던 경험을 오랫동안 담아둔다.

둘째, 뇌는 특별한 것에 집중한다. 대뇌피질에는 항상 수많은 자극이 몰려 들어온다. 그 많은 것들을 다 기억할 수는 없기 때문에 대뇌피질의 신경세포는 그중 강하고 중요한 자극, 즉 특별한 것에 뚜렷한 반응을 보인다. 그리고 약하고 별로 중요하지 않은 자극에는 별 반응을 보이지 않는다.

그래서 아이의 뇌를 자극하기 위해서는 아이가 하는 그 무언가가 아이에게 특별한 경험이어야 한다. 특별하다고 해서 요란스러운 활동이나 값비싼 물건을 떠올리면 안 된다. 아이가 좋아하는 것이나 아이가 관심 있어 하는 것이 가장 특별한 경험이 된다. 백화점 매장에서 비싼 명품 옷을 사서 입는 것보다 가격은 저렴하지만 자신이 좋아하는 캐릭터가 그려진 옷을 입는 것이 아이에게는 더 특별한 경험이 될 수 있다. 그러므로 아이에게 특별한 경험을 선사하고 싶다면 아이가 무엇을 좋아하는지를 파악하는 것에서부터 시작해야 한다.

셋째, 뇌는 많이 쓰는 것을 남긴다. 뇌의 가지치기 원칙은 사용되지 않는 연결들을 잘라냄으로써 자주 사용하는 연결들을 강화시키는 것이다. 빈번하게 활성화되는 연결은 보존되고 드물게 활성화되는 연결은 제거된다. 그래서 반복적인 경험만이 치밀한 신경회로로 구축되어 제거되지 않고 지속될 수 있다.

아이가 아직 뭘 잘하는지 모르니 일단 이것저것 배워봐야 한다는 명목으로, 혹은 다른 아이들도 많이 하니 우리 아이도 많이 해야 마음이 놓인다는 명목으로, 또 많이 배워놓으면 그중 하나는 건질 수 있지 않겠냐는 명목으로 아이에게 너무 많은 것들을 가르치고 있지는 않은지 생각해보자. 뇌의 가지치기 관점에서 보면, 이렇게 너무 많은 경험을 하는 것은 결국 어느 것도 제대로 남길 수 없는 결과를 초래한다. 가지치기를 하지 않은 나무와 같은 상황이 되는 것이다.

제때 가지치기를 하지 않은 나무는 튼튼하고 곧게 자랄 수 없다. 우리 뇌도 마찬가지다. 뇌를 최적으로 발달시키기 위해서는 선택과 집중을 할 필요가 있다. 그리고 선택과 집중에 있어 가장 우선적으로 고려되어야 하는 점은 당연히 아이가 좋아하는 것, 아이가 관심 있어 하는 것이다.

스트레스를 잡아야 똑똑한 아이로 성장한다

타고난 유전적 영향을 최소화하고 더 발달된 뇌를 가능하게 하는 뇌 가소성은 환경적 경험에 의해 좌우되며 영유아기 때 가장 큰 변화를 이룬다. 그렇게 만들어지는 뇌로 우리는 평생을 살아간다. 성인이 되어서도 변할 수 있지만 기초는 당연히 영유아기에 형성된다. 그러므로 영유아기에는 뇌 발달에 각별히 신경을 써야 한다. 가장 중요한 것은 스트레스를 받지 않는 환경을 만드는 일이다. 뇌 발달을 저해하는 주범이 바로 스트레스이기 때문이다.

미국 위스콘신매디슨대학교 연구진은 뇌 기능에 문제가 발생해 또래보다 지능이 낮은 것으로 의심되는 9세에서 14세 사이의 아이들 61명을 대상으로, 어린 시절 스트레스가 뇌 발달에 어떤 영향을 미치는지에 대해 연구하고자 했다. 그리하여 아이들의 자기공명영상MRI 사진을 분석하고, 그들의 부모들을 인터뷰해 스트레스 상황을 겪은 적이 있는지 조사했다. 여러 개의 상자 중 한곳에 동전을 넣고 잠시 뒤 다시 찾게 하는 간단한 단기기억 테스트도 했다.

그 결과 아이들이 모두 과거에 극심한 스트레스를 경험한 적이 있다는 사실을 밝혀냈다. 또 아이들이 단기기억 테스트를 통과하는 데 많은 어려움을 겪는다는 사실도 관찰할 수 있었다. 뇌의 전전두엽이 수행해야 할 '공간 작업 기억spatial working memory'에 문제가 있었던 것이다.

공간 작업 기억은 뇌에 담긴 기억 정보를 바탕으로 특정 위치를 찾는 능력을 가리키는데, 논리적인 사고에도 관여한다. 실제로 아이들의 뇌 사진을 분석한 결과, 전전두엽 한가운데 위치한 전측 대상회의 크기가 작은 것으로 나타났다. 공간 작업 기억을 담당하는 부위가 줄어들어 기능이 저하된 상태였다.

전전두엽은 중요한 정보를 저장하고 있다가 위급한 상황이 닥쳤을 때 재빨리 떠올려 더 나은 판단을 하게 도와준다. 그래서 이 기능에 문제가 생기면 전반적인 인지 능력이 둔화된다. 그런데 실험에 참여한 아이들은 극심한 스트레스를 경험하면서 전전두엽의 기능이 저하되고 말았다.

스트레스가 뇌에 일으키는 문제점은 또 있다. 1장에서도 잠깐 설명했지만, 우리 몸은 스트레스를 받으면 코르티솔이라는 호르몬이 분비된다. 그런데 이 호르몬이 과도하게 분비되면, 즉 과도한 스트레스를 지속적으로 받으면 해마의 정상적인 기능과 영양 공급을 방해해 손상을 준다. 해마는 기억력을 관장하는 부위로, 단기기억을 장기기억으로 만드는 일을 하기 때문에 해마가 손상되면 학습이나 새로운 기억을 받아들일 수 없게 된다.

더군다나 뇌가 연약한 시기인 만 3세까지는 코르티솔 분비량이 증가하면 경계와 각성을 담당하는 뇌 부위가 활성화된다. 그렇게 되면 뇌의 신경회로가 사소한 자극에도 극도로 긴장하고 경계하는 반응을 보이게 된다. 한마디로 민감하고 신경질적인 아이, 폭력적인 아이가 될 가능성이 있다. 스트레스는 뇌 발달을 저해해 인지 발달에 나쁜 영향을 미칠 뿐 아니라 정서 발달에도 문제를 일으킬 수 있다.

이런 이유로 특히나 영유아기는 스트레스 받지 않는 환경을 만들어주는 것이 중요하다. 하지만 요즘 영유아기 아이들이 처한 현실은 우려되는 점이 많다. 영유아기에 뇌 발달이 활발하게 이루어진다는 사실을 근거로 해서 지금 당장 아이들을 가르치지 않으면 낙오자가 되고 말 것이라는 분위기를 조장하는 각종 교재와 교구가 판을 치고 있기 때문이다. 이러한 상술이 조기교육으로 이어져 너무 어렸을 때부터 아이들이 학습을 강요당하며 스트레스를 받고 있다.

전문가들은 만 3세까지 오감을 통한 고른 자극이 필요한 것은 맞지만 교재나 교구가 아닌 '부모의 스킨십'이 더 중요하다고 말한다. 물론 교재나 교구가 인지 발달에 일정 부분 도움이 될 수도 있을지 모르겠다. 하지만 그로 인해 아이들이 받는 스트레스를 따져본다면 득보다 실이 훨씬 더 큰 건 명명백백하다. 집 안 가득 쌓인 교재와 교구 속에서 놀이로 위장한 학습을 하며 끊임없이 정답을 찾아야 하는 아이들, 아직 언어와 수학을 받아들일 뇌가 발달하지 않았는데 한글을 떼고 셈을 할 줄 알아야 칭찬을 받는 아이들은 당연히 스트레스를 받을 수밖에 없다.

아이들의 뇌 발달단계를 고려한 적당한 교육과 스트레스 없는 환경, 그리고 부모의 따뜻한 스킨십과 충분한 수면이 아이들의 뇌 발달에 가장 효과적임을 꼭 기억해야 한다.

조기교육으로 인해 과도한 스트레스에 노출되면 정서 발달뿐만 아니라 인지 발달에도 악영향을 미친다.

인지 발달 불변의 법칙 04

자기주도적 학습 능력은 자율성과 주도성이 키운다

아이들의 자율성과 주도성은 왜 망가졌을까?

아이들은 아주 어릴 때부터 스스로 문제를 해결하는 능력을 가지고 있다. 보통 12개월쯤 되면 아이들은 보자기 위에 놓은 장난감이 손에 닿지 않을 경우 보자기를 잡아당겨 장난감을 손에 넣는다. 보자기를 잡아당기면 장난감이 자신 쪽으로 올 것임을 알고 스스로 문제를 해결한 것이다. 15개월쯤에는 높은 곳에 올라가기 위해 의자를 가져와 밟고 올라가는 모습도 발견할 수 있다. 높은 곳에 올라가려면 뭔가 디딜 것이 필요하다는 것을 알고 스스로 문제를 해결한 것이다.

언제 어디서 봤는지는 모르지만 굳이 가르쳐주지 않아도 아이들은 스스로 문제를 해결할 능력이 있다. 이러한 능력은 자라면서 점차 자율성과 주도성으로 발전하고, 이것이 자신의 행동을 스스로 결정하고 책임지는 자기주도성으로 자리잡는다. 그런데 많은 아이들이 성장하면서 이러한 자율성과 주도성을 잃어버리게 된다.

아이가 초등학교에 들어갈 때쯤 되면 엄마는 아이가 스스로 잠자리에서 일어나고 알아서 자기 물건을 챙기고 똑 부러지게 숙제도 잘 해낼 것이라고 기대한다. 하지만 실제로 그런 아이들은 많지 않다. 오히려 초등학교 고학년이 되어서도 아침에 일어나는 것부터 시작해 세수하는 것, 옷 입는 것, 밥 먹는 것, 가방 챙기는 것까지 엄마의 손길과 잔소리가 있어야만 가능한 아이들이 많다. 부모들은 아이들이 자율성도, 주도성도 없다고 한탄하지만 사실 그것은 아이들만의 잘못이 아니다.

EBS에서 방송된 다큐멘터리 〈놀이의 반란〉에서는 유치원 아이 6명과 엄마에게 몇 가지 놀이 상황과 자유놀이를 제시하고 이를 지켜봤다. 아이에게 놀이는 세상의 축소판이다. 놀이를 통해 아이는 성공과 실패의 경험을 하고 세상의 규칙을 이해하게 된다. 그런데 아이가 세상에서 제일 먼저 만나는 놀이 상대는 바로 부모다. 당연히 부모의 반응과 행동으로 놀이의 질이 결정된다.

그럼 아이와 함께하는 엄마의 놀이 모습은 어땠을까? 6명 중 2명의 엄마는 놀이를 하면서 끊임없이 질문을 하거나 장난감의 색깔이나 모양 등을 노래로 표현해줬다. 놀이를 아이의 인지 발달이나 언어 발달을 위한 도구로 생각하는 것이다. 당연히 놀이를 주도하는 사람은 엄마였고, 정확히 말하면 놀이가 아니라 학습의 시간이었다.

6명 중 3명의 엄마는 아이가 아닌 엄마의 놀이를 했다. 어떤 놀이를 할지 엄마가 먼저 선택하고 어떻게 놀지도 엄마가 제시했다. 아이의 의견은 묻지도 않고 엄마 마음대로 빠르게 놀이를 진행했다. 엄마의 놀이에 아이는 금방 흥미를 잃었다. 6명 중 단 한 명의 엄마만이 아이에게 놀이의 선택권과 주도권을 주고 아이의 관심사를 읽어주는 진짜 놀이를 했다.

온전히 아이의 것이어야 하는 놀이에서조차 주도권을 갖지 못하는 상황이라면 일상생활에서 아이가 주도권을 갖지 못할 것이 불 보듯 뻔하다. 분명 엄마는 아이 생활의 전반을 결정하고 주도하고 있을 것이다. 이렇게 일상생활과 놀이에서 자율성과 주도권을 빼앗긴 아이가 자기주도적인 아이로 성장할 수 있을까?

이런 상황이 지속되면 스스로 아무것도 안 하려고 하고 뭐든지 부모에게 해달라고 하는 의존성이 커진다. 그런데 의존성이 커질수록 아이의 생각은 작아진다. 스스로 결정해야 할 문제가 없으니 생각할 필요도 없는 것이다. 그렇게 되면 스스로 해결해야 할 문제가 발생했을 때 아이는 뭘 어떻게 해야 할지 몰라 자꾸만 엄마의 도움과 선택을 기다리게 된다. 문제를 해결하려면 스스로 생각하고 탐색하고 방법을 찾아야 하는데, 그런 걸 해본 적이 없으니 당연히 그런 걸 할 줄 모를 수밖에 없다. 자기주도적인 아이는 저절로 만들어지는 것이 아니라 자율성과 주도성이 충분히 고려된 양육 환경에서 만들어진다.

한때 엄마들 사이에 자기주도 학습이 유행처럼 번진 적이 있었다. 자기주도 학습을 위해 자기주도적인 학습법을 알려준다는 학원을 찾는 아이러니한 일도 발생했다. 하지만 어렸을 때부터 자율성과 주도성 없이 자란 아이가 갑자기 자기주도 학습을 할 리 없다. 그것은 어떤 일류 학원에서도 가르쳐주지 못한다. 스스로 체득하는 것이기 때문이다.

발달심리학자인 에릭 에릭슨Erik Erikson은 인간의 발달을 8단계로 나누고 각 단계별로 극복해야 할 심리사회적 위기와 발달 과업을 제시했다. 그중 유아기(18개월~3세)에는 심리 사회적 위기를 잘 극복하면 자율성을, 그렇지 못하면 수치심을 얻게 된다고 했다. 또 학령 전기(3세~6세)에는 주도성을 얻게 되거나, 그렇지 않으면 죄책감을 얻게 된다고 했다. 한마디로 영유아기에 꼭 이루어야 할 발달과업으로 바로 자율성과 주도성을 꼽고 있다.

영유아기 아이들은 신체 발달이 급속도로 이루어지고 스스로 할 수 있는 것들이 많아지면서 호기심도 커지고 독립심도 강해진다. 이러한 욕구가 만족되느냐 그렇지 않느냐에 따라 아이의 자율성과 주도성이 결정된다. 그러므로 세수하기, 밥 먹기, 옷 입기, 신발 신기, 그리고 놀이를 할 때 스스로 할 수 있는 기회를 줘야 한다. 또 그것을 혼자의 힘으로 해낼 때까지 기다려줘야 한다. 그 과정은 아이들에게 자신감과 성취감을 높여주는 매우 결정적인 순간이며, 바로 그런 경험들이 자기주도성으로 이어지는 것이다.

하고 싶은 것과 해야 하는 것, 아이들의 반응은 어떻게 다를까?

그럼 아이에게 주도적으로 뭔가를 하게 하면 더 즐겁게 잘할 수 있을까? 〈놀이의 반란〉에서는 만 5세의 아이들을 세 그룹으로 나눠 각기 다른 놀이 상황을 연출해보았다. 아이들이 놀 수 있는 영역은 미술, 수과학, 쌓기 세 영역이었다.

첫 번째 그룹은 제일 하고 싶은 영역에 가서 놀라고 하면서 주도권을 줬는데, 아이들은 대부분 쌓기 놀이를 선택했다. 두 번째 그룹은 선생님이 이야기할 때까지 쌓기 놀이만 하라고 정해줬다. 그리고 세 번째 그룹은 선생님이 쌓기 영역에서 노는 게 좋을 것 같다는 제안을 했고, 아이들은 선생님의 제안을 받아들여 쌓기 놀이를 했다. 결과적으로 첫 번째 그룹, 두 번째 그룹, 세 번째 그룹 모두 같은 쌓기 놀이를 하기 시작했다.

그리고 20분 뒤, 선생님이 들어와 그만하고 싶은 친구는 나가도 되고 다른 영역에서 놀아도 되고 쌓기 놀이를 계속 해도 된다고 말했다. 아이들이 과연 어떤 선택을 할지 궁금한 순간이었다. 그런데 첫 번째 그룹 아이들은 쌓기 놀이를 계속했다. 하지만 두 번째 그룹과 세 번째 그룹의 아이들은 선생님이 나가자마자 바로 블록을 정리하고 각자 하고 싶은 놀이를 시작했다.

하고 싶은 놀이를 선택하라고 했을 때 대부분의 아이들이 쌓기 놀이를 선택한 것을 보면 아이들은 세 가지의 놀이 영역 중 쌓기 놀이를 제일 좋아한다는 사실을 짐작할 수 있다. 그런데 스스로 선택해 노는 상황이 아닌 경우는 그만큼 즐거움이 떨어지는 모양이다. 같은 것도 스스로 선택하느냐 아니냐, 즉 주도성이 즐거움과 계속하고 싶은 의지를 결정하는 것이다.

아이들이 공부를 싫어하는 것은 자율성과 주도성이 발휘되지 않기 때문이다. 스스로 좋아하고 흥미로운 것을 찾기도 전에 한글은 기본이고 영어에 수학에 피아노에 태권도까지, 심지어는 놀이학교에서 노는 방법까지 배워 오라고 하니 아이들이 배움에 대해 자율성과 주도성을 갖지 못하는 게 당연하다.

그러니 잠시 숨을 고르고 지금 아이에게 무엇이 가장 중요한지, 어떤 능력을 키워주는 것이 아이의 미래를 위한 것인지 생각해봐야 한다. 조급한 마음에 아이 스스로 뭔가를 해낼 수 있는 기회를 빼앗고 있는 것은 아닌지 점검해야 한다. 아이들은 스스로 문제를 해결할 수 있는 능력이 있다는 사실을 알았으니 이제라도 믿고 기다려주는 인내심을 발휘해야 한다.

학습된 무기력은 아이의 미래를 파괴한다

제때 숙제도 하지 않고 빈둥거리기만 하는 아이를 보면 부모로서

화가 날 수밖에 없다. 또 시험점수가 잘 나오지 않는 아이를 보면 부모로서 실망하지 않을 수 없다. 그럴 수도 있다고 스스로 마음을 다독여보기도 하고 앞으로 좋아질 수 있다고 희망을 품어보기도 하지만, 매번 달라지는 게 없을 뿐만 아니라 달라지고자 하는 의지도 없어 보이는 아이를 보면 울컥 화가 솟구쳐 오르게 마련이다.

이런 상황에 이르면 어쩔 수 없이 날카로운 지적과 강력한 경고로 아이를 몰아세우게 된다. 또 서로 지지 않으려고 신경전을 벌이다가, 더욱더 화가 난 나머지 거친 말을 쏟아내 아이의 마음에 상처를 입히기도 한다. 너는 왜 나아지는 게 없니, 누구 닮아서 그 모양이니, 너희 반 누구는 이것도 잘하고 저것도 잘한다더라, 네가 앞으로 도대체 뭐가 될지 눈앞이 캄캄하다…….

이런 과정이 되풀이되면 아이는 '학습된 무기력learned helplessness' 상태에 빠질 가능성이 크다. 공부 잘하는 아이는 이미 정해져 있고 자신은 어떻게 해도 공부를 잘할 수 없는 패배자라는 생각이 들기 때문이다.

1964년, 미국의 심리학자 마틴 셀리그만Martin Seligman은 스티브 마이어Steve Maier와 함께 24마리의 개를 세 집단으로 나눠 무엇이 무기력한 마음과 태도를 가져오는지 실험했다. 이를 위해 상자 안에 개를 한 마리씩 넣고, 5초 동안의 전기충격을 무작위로 총 64회 가했다. 조건은 세 집단이 각기 달랐다. 첫 번째 집단은 코로 조작기를 누르면 스스로 전기충격을 멈출 수 있게 했다. 두 번째 집단은 조작기를 눌러도 계속 전기충격이 가해지게 했고 몸을 묶어두

아이를 비난하고 무시하는 말을 하면 아이는 학습된 무기력에 빠져서
아무것도 하지 않으려는 모습을 보일 수 있다.

어 어떠한 대처도 할 수 없게 했다. 다만 첫 번째 집단이 조작기를 누르면 두 번째 집단도 전기충격이 멈춰지게 했기 때문에 실제로는 두 집단이 동일한 시간 동안 전기충격에 노출되고 있었다. 마지막 세 번째 집단은 상자 안에 가둬놓기만 하고 전기충격을 가하지 않았다.

24시간 뒤, 이번에는 가운데에 벽이 있고 한쪽만 전기가 흐르는 상자를 만들어 전기가 흐르는 쪽에 개를 넣었다. 벽을 넘으면 전기충격을 피할 수 있는 상황이었다. 그런데 첫 번째 집단과 세 번째 집단의 개들은 거의 대부분 벽을 넘어 전기충격을 피했으나 두 번째 집단의 개들은 대부분 피할 생각을 안 하고 웅크리고 앉아 낑낑대기만 했다. 두 번째 집단의 개들이 실제로 전기충격을 받은 시간은 첫 번째 집단과 똑같았는데 왜 두 번째 집단의 개들은 피하려고 하지 않았을까?

셀리그만은 "두 번째 집단의 개들은 자신이 어떤 일을 해도 그 상황을 극복할 수 없을 것이라는 무기력이 학습되었기 때문이다."라고 해석했다. 그리고 이를 '학습된 무기력'이라고 불렀다. 무기력은 선천적인 것이 아니라 환경에 의해 후천적으로 학습된다는 것이다.

이 실험이 시사하는 바는 크다. 어떤 일을 할 때 아무리 노력해도 제대로 된 결과가 나오지 않으면 우리는 무기력해진다. 현실을 통제할 수 없다는 생각은 인간을 무기력하게 만든다. 어차피 해도 안 되니까 굳이 잘하려고 애쓸 필요가 없다고 생각하기 때문이다.

EBS 다큐멘터리 〈공부의 왕도〉에서 진행한 낙관성 실험도 주목해볼 만하다. 낙관성은 말 그대로 잘 될 것이라고 생각하는 마음이다. 공부에서도 낙관성은 중요하다. 공부는 성공과 실패가 곧바로 눈앞에 나타난다. 공부를 하며 아이들은 매일 성공과 실패를 경험한다. 그렇기 때문에 지치지 않고 공부를 계속하려면 낙관성이 있어야 한다.

제작진은 낙관성이 높은 아이와 낮은 아이를 각각 3명씩을 불러 4컷 만화를 보여줬다. 그러고는 앞의 만화를 보고 마지막 칸에 자신의 생각과 감정을 이입해 결말을 만들어내도록 했다. 아직 일어나지 않은 일에 대한 아이들의 생각을 알아보는 실험이었다.

첫 번째 4컷 만화에서는 나만 백점을 맞았을 때 "다른 과목도 잘하겠구나."라는 선생님의 말에 어떤 대답을 할지 물었다. 낙관성이 높은 아이들은 "다른 과목도 잘할 수 있다."고 대답했지만, 낙관성이 낮은 아이들은 "잘 모르겠다."고 대답했다. 좋은 일이 생겨도 스스로를 칭찬하지 못하고 앞으로 벌어질 일에 대해서도 비관적인 예측을 했다.

두 번째 4컷 만화는 받아쓰기에서 0점을 맞았는데 축구를 하다 내가 찬 공이 골대 앞으로 날아가는 그림을 보여주었다. 그리고 그 상황에서 과연 골인시킬 수 있을지를 물었다. 낙관성이 높은 아이들은 "골인시킬 수 있다."는 대답을, 낮은 아이들은 "못 넣을 것 같다."는 대답을 했다. 낙관성이 높은 아이들은 나쁜 일이 생겨도 그 상황에만 한정하는데, 낙관성이 낮은 아이들은 다음에 일어나는 일과 연속선상에 두었다. 이렇게 같은 상황에서도 낙관성이 높은 아이와 낮은 아이들은 뚜렷한 관점의 차이를 보였다.

학습된 무기력은 아이들의 자신감과 미래에 대한 기대감을 무너뜨린다. 하면 된다고, 노력하면 잘 될 것이라고 생각을 해야 열정이 생길 텐데 학습된 무기력에 빠진 아이들은 해봤자 안 된다고 생각하기 때문에 열정은커녕 포기와 회피만 궁리한다.

그러므로 자기주도 학습을 하는 아이로 키우고 싶다면 학습된 무기력에 빠지지 않도록 매우 경계해야 한다. 무기력한 아이들은 절대 스스로 공부하지 않으며, 또 잘할 수도 없다.

자기주도성을 키워주기 위해 가장 먼저 해야 할 일은?

아이가 제 할 일을 스스로 하기는커녕 지시해도 제대로 하지 않아 지칠 대로 지친 상황이라면 주목할 만한 실험이 있다. EBS 다큐멘터리 〈공부 못하는 아이〉에서는 아이들의 마음과 기분 상태가 학습 효과에 어떤 영향을 미치는지 실험했다.

평소 수학 실력이 비슷한 초등학교 4학년 아이들을 A, B 두 그룹으로 나눈 뒤 A그룹은 문제를 풀기 전에 지난 일주일 동안 짜증나고 화났던 일 다섯 가지를 적으라고 하고 B그룹은 즐겁고 행복했던 일 다섯 가지를 적으라고 했다. 당연히 A그룹의 아이들은 그때의 일이 생각나서 기분이 나빠졌다고 했고, 반대로 B그룹의 아이들은 즐겁고 행복했던 일이 떠올라 기분이 좋아졌다고 했다.

그 상태에서 두 그룹의 아이들에게 똑같은 수학문제를 풀게 했다. 그랬더니 B그룹 아이들의 평균이 A그룹 아이들의 평균보다 5점이나 높았다. 기분 좋은 상태에서 문제를 푼 아이들이 더 좋은 점수를 받은 것이다. 이 결과에 대해 연세대학교 김주환 교수는 "공부를 하려면 뇌의 다양한 부위의 기능적 연결성이 증가돼야 하는데, 긍정적인 정서는 그런 확장적 사고를 가능하게 하지만 부정적인 정서는 뇌의 사고력을 좁힌다."고 설명했다.

하버드대학교 교육학과의 커트 피셔Kurt Fischer 교수도 "기분이 약간만 바뀌어도 문제해결 능력에 영향을 미친다. 정서와 인지는 분리되어 있지 않기 때문이다."라고 말했다. 감정의 뇌인 변연계와 이성의 뇌인 전두엽, 기억의 뇌인 해마는 서로에게 영향을 미치기 때문이다. 그래서 감정의 뇌가 활성화되면 이성과 기억의 뇌도 활성화된다.

쉽게 말해 긍정적인 정서가 뒷받침되어야 공부도 잘할 수 있다. 그렇기 때문에 숙제를 안 하고 성적이 엉망이라고 무조건 아이를 다그치기보다는 먼저 정서적으로 안정된 환경을 조성하고, 즐거운 마음을 갖도록 해줘야 한다. 이를 위해 고려해야 할 점이 있다.

첫 번째는 몸 상태가 좋을 때 공부하게 하는 것이다. 놀이터에서 몇 시간 동안 신나게 뛰어놀다 들어온 아이, 학교 끝나자마자 학원을 전전하다 돌아온 아이는 이미 에너지가 모두 방전된 상태다. 이런 상태의 아이를 책상 앞에 앉혀놓으면 공부가 잘 될 리가 만무하다.

미국의 신경과학자 폴 맥린Paul MacLean은 '삼위일체 뇌Triune Brain' 이론을 주장했다. 우리 뇌는 진화 발달 단계별로 가장 안쪽 1층은 생명 기능을 담당하는 뇌간이 있고, 그 바깥쪽 2층은 감정 작용을 하는 대뇌변연계, 그리고 가장 바깥쪽 3층이 이성과 사고 기능을 담당하는 대뇌피질로 구성된다. 그리고 각 층들은 모두 연결되어 있어 서로 많은 영향을 주고받는데, 아래층 상태가 좋아야 위층도 제

기능을 할 수 있다고 보았다. 그래서 몸 상태가 좋아야 그 위의 감정 상태도 좋아지고, 감정 상태가 좋아야 그 위의 이성과 사고 기능도 수월하게 이루어질 수 있다. 그러므로 공부는 아이가 신체적, 정신적으로 편안한 상태일 때 해야 한다.

두 번째는 아이를 믿고 선택권을 주는 것이다. 〈공부 못하는 아이〉에서는 초등학교 4학년 12명을 각각 A그룹과 B그룹으로 6명씩 나누어 A그룹은 한 시간 동안 꼼짝 말고 80개의 문제를 풀라고 하고 B그룹은 어떤 과목을 풀지, 몇 문제를 풀지에 대해 선택권을 주었다. 그 결과 B그룹 아이들이 더 오래 집중하고 더 높은 점수를 받았으며 훨씬 더 많은 문제를 기억해낸다는 사실을 밝혀냈다. 스스로 언제, 무엇을, 얼마만큼 공부할지 선택하면 책임감이 생겨 더 열심히 집중할 수밖에 없다.

세 번째는 쉬운 문제로 성공의 경험을 하게 해주는 것이다. 이는 아이들에게 낙관성을 심어주기 위함이다. 〈공부의 왕도〉에서는 초등학교 3학년 아이들 중 낙관성이 높은 아이와 낙관성이 낮은 아이를 구분하여, 낙관성이 높은 아이들에게는 어려운 문제를 줘서 실패의 경험을 하게 하고 낮은 아이들에게는 쉬운 문제를 줘서 성공의 경험을 하게 했다. 모두 5단계의 난이도로 구성된 영어단어를 외우는 활동이었는데, 3단계쯤 되자 어려운 문제를 받은 아이들이 무기력한 모습을 보이기 시작했다. 낙관성이 높은 아이들인데도 말이다. 반대로 쉬운 문제를 받은 아이들은 5단계까지도 밝은 표정을 유지했다.

문제를 다 풀고 더 어려운 문제에 도전하겠냐고 물었을 때는 낙관성이 낮은 아이들이 훨씬 더 많이 손을 들었다. 성공의 경험을 통해 도전 의지가 생긴 것이다. 공부가 재미있었다는 대답도 했다. 성공의 경험은 이렇게 중요하다.

낙관성은 바로 성공의 경험에서 나온다. 성공의 경험이 많아야 할 수 있다는 자신감이 생기고, 다시 해보고 싶은 의지도 생긴다. 지나친 선행학습이 역효과를 야기하는 이유가 여기에 있다. 아이의 수준에 비해 어려운 문제는 실패를 경험하게 함으로써 아이들의 자신감과 낙관성을 떨어뜨릴 수 있다.

인지 발달 불변의 법칙 05

내적동기가 아이를 스스로 움직이게 한다

내적동기가 외적동기보다 더 큰 힘을 발휘한다

동기는 어떤 일이나 행동을 일으키게 하는 계기를 말한다. 무슨 일을 하던 동기는 상당히 중요한 요인이 된다. 일단 그 일을 시작하게 되는 원인이 될 뿐만 아니라 일을 계속할 수 있는 원동력이 되기 때문이다.

부모들도 동기의 중요성에 대해서 잘 알고 있다. 그래서 동기를 찾아주기 위해 열심히 노력한다. 색다른 체험학습을 소개하고 다양한 독서를 시키고 수많은 학원을 보내는 것도 동기를 찾게 하기 위함일 테다.

하지만 그 동기라는 게 참 찾기가 쉽지 않다. 사람들은 누구나 배우고 싶은 욕구가 있고 잘하고 싶은 욕구가 있다고 한다. 실제로 아이들도 공부를 잘하고 싶다는 말을 많이 한다. 그런데 막상 공부를 잘하려고 열심히 노력하지는 않는다. 욕구는 있지만 목표를 달성하기 위해 최선을 다하지 않는 아이들, 왜 그런 것일까?

그것은 내적동기와 외적동기의 차이에서 답을 찾아볼 수 있다. 아이를 움직이게 하기 위해 부모나 주변 사람들이 '당근' 혹은 '채찍'을 사용하는 것은 외적동기다. 선물이나 벌, 칭찬 같은 것이 외적동기를 대표하는 요소들이다. 반대로 자기만족이나 성취욕, 흥미 등에 의해 아이의 마음속에서 스스로 우러나오는 동기는 내적동기다. 내적동기는 그 일을 하는 행위 자체가 보상이 되는 반면에, 외적동기는 그 행위로 발생하는 2차적인 이득이 보상이 된다.

EBS 다큐멘터리 〈퍼펙트 베이비〉에서는 초등학교 4학년 아이들을 대상으로 동기의 차이가 아이들의 공부 자세를 어떻게 바꾸는지 실험했다. 봉투에 난이도가 상, 중, 하로 표시되어 있는 문제를 준비한 뒤 선생님이 난이도 중인 봉투를 건네며 풀어보라고 했다.

제한 시간 5분 동안 아이들은 어렵게 문제를 풀었다. 그런데 사실 이 문제는 난이도가 상인 문제로, 대부분의 4학년 아이들은 50점을 넘기기 힘들 정도로 어려운 수준이었다. 당연히 결과는 좋지 않았다. 시험이 끝나고 선생님이 아이들 옆에서 채점을 했는데, 틀릴 때마다 아이들의 표정은 점점 어두워졌다. 결국 대부분의 아이들은 생각했던 것보다 낮은 점수를 받았다.

이때 선생님이 "이 점수로 네가 커서 어른이 됐을 때 똑똑할지 아닐지 예상할 수 있을까?"라고 물었다. 이는 자신의 능력을 어떻게 생각하는지, 그래서 앞으로 어떻게 발전할 수 있을지를 묻는 질문이었다. 과연 낮은 점수를 받은 실망감이 아이들의 대답에 어떤 영향을 미쳤을까?

어떤 아이들은 스스로를 자책하며 어른이 돼도 똑똑하지 못할 거라고 대답했다. 하지만 몇몇의 아이들은 강하게 반발했다. 어떻게 한 번의 시험으로 자신을 평가할 수 있느냐는 것이다. 또 선생님이 해설지를 보여주며 왜 점수가 낮게 나온 것 같으냐고 물었을 때 스스로를 자책했던 아이들은 자신의 능력이 부족했기 때문이라고 대답했고, 강하게 반발했던 아이들은 자신이 노력을 제대로 안 했기 때문이라고 대답했다.

마지막으로 선생님이 아이들에게 다시 봉투를 주고 난이도를 선택해보라고 했다. 한 번의 시험으로 자신을 평가하는 것에 대해 강하게 반발한 아이들은 난이도 상을 선택했다. 아까는 노력을 안 했기 때문에 낮은 점수를 받았지만, 노력하면 난이도 상인 문제도 풀 수 있을 것이라고 생각했던 것이다. 그런데 제일 높은 성적을 받았는데도 난이도 하를 선택한 의외의 아이도 있었다.

미국 스탠포드대학교 심리학과 캐럴 드웩Carol Dweck 교수는 이 같은 차이는 동기에서 나온다고 설명했다. 내적동기가 강한 아이들은 외부의 평가에 의해 쉽게 흔들리지 않고 새로운 것에 도전하는 용기를 낸다. 반면에 외적동기가 강한 아이들은 외부 평가에 영향을 많이 받고 능력은 노력에 의해 쉽게 바뀌지 않는다고 생각한다. 그래서 그에 부합하는 선택, 즉 쉽게 좋은 점수를 받을 수 있는 문제를 선택한다. 앞의 실험에서 최고점을 받고도 난이도 하를 선택했던 아이가 바로 외부 평가를 상당히 중요하게 여기는 경우였다.

인간 행동의 동기에 대해 연구한 에드워드 데시Edward L, Deci와 리차드 라이언Richard Ryan은 저서 《자기결정성 이론Self-Determination Theory》을 통해 "인간은 처벌과 보상이 없어도 스스로를 움직이게 하는 또 다른 힘이 있으며, 외적동기보다 스스로 결정한 자발적 선택이 더 큰 힘을 발휘한다."고 주장했다. 내적동기가 높아야 자신의 능력을 최대한 발휘할 수 있다는 말이다.

실제로 몰입과 열정은 내적동기에서 비롯된다. 또 위기 상황이 닥쳐도 포기하지 않고 그 일을 지속할 수 있는 끈기, 스스로 목표를 설정한 뒤 그 목표를 위해 열심히 노력하는 자기주도성도 내적동기가 핵심이다.

외적동기에서 비롯된 계획과 목표는 외적동기가 사라지거나 결과에 대해 낮은 평가를 받게 되면 금세 사그라든다. 또 작은 실패에도 주저앉고 만다. 아이들이 공부를 잘하고 싶은 마음은 있는데 공부를 열심히 하지 않는 이유도 공부를 잘하고 싶은 게 내적동기가 아닌 외적동기에서 비롯되었기 때문이다. 엄마 아빠가 잘하라고 하니, 선생님이 칭찬을 해주니, 할머니 할아버지가 선물이나 용돈을 주니 공부를 잘하고 싶을 뿐이다. 공부를 잘하고 싶은 마음이 자신의 목표와 미래를 위한 것이거나 스스로 해냈다는 만족감을 위한 것이라면 아이는 알아서 스스로 열심히 한다. 작은 실패에도 굴하지 않고, 자기주도성을 가지고 끝까지 열정과 끈기를 보이며 몰입한다. 그러므로 중요한 것은 그냥 동기가 아니라 내적동기다.

내적동기를 떨어뜨리는 첫 번째 주범, 보상

보상은 외적동기를 강화하는 대표적인 장치다. 아이가 뭔가를 하게 만들 때 가장 쉽고 빠른 방법은 그것을 하는 대신에 평소에 갖고 싶어 하던 물건을 선물해주거나 하고 싶어 하던 일을 실컷 할 수 있게 해주는 것이다. 특히나 아이가 싫어하는 일을 하게 만들 때는 보상만큼 위력을 발휘하는 게 없다. 하지만 그만큼 부작용이 따른다는 사실을 꼭 알아야 한다.

EBS 다큐멘터리 〈동기〉에서는 6세 유치원 아이들을 대상으로 보상이 동기에 어떤 영향을 미치는지 실험했다. 먼저 아이들에게 블록과 공룡 모형, 색찰흙을 주고 30분 동안 노는 모습 관찰했다. 그리고 색찰흙에 관심이 많은 아이 11명을 뽑았다. 그러고는 11명의 아이들을 다시 선물을 주는 보상 집단 6명과 선물을 주지 않는 무보상 집단 5명으로 나눴다. 보상 집단 아이들에게는 예쁜 선물을 주겠다고 약속하고 놀이가 끝난 다음 선물을 줬다. 무보상 집단 아이들에게는 색찰흙으로 좋아하는 것을 만들라는 말만 하고 선물을 주지 않았다.

그리고 일주일 뒤 아이들을 다시 불러 색찰흙에 대한 흥미가 어떻게 달라졌는지 확인했다. 먼저 놀잇감을 선택하라고 하자 아이들은 모두 색찰흙을 선택했다. 원래 색찰흙에 관심이 많은 아이들이었기 때문이다. 그러나 30분 뒤 다시 놀잇감을 선택하라고 했을 때 무보상 집단 아이들은 5명 중 4명이 계속 색찰흙 놀이를 했지만 보상 집단 아이들은 6명 모두 다른 놀이로 옮겨 갔다. 지난번에는 색찰흙을 가지고 논 다음에 분명 선물을 줬는데 이번에는 주지 않으니 흥미를 잃은 것이었다. 보상이 오히려 내적동기를 떨어뜨린 셈이다.

이에 대해 고려대학교 교육학과 김성일 교수는 "보상에 초점을 맞추면 아이들은 그 일을 하는 이유가 보상에 있다고 믿는다. 그리고 보상이 목적이 되면 과제가 주는 자체의 흥미는 떨어진다."고 설명했다. 이것이 바로 보상의 한계다.

물론 처음 뭔가를 시작할 때 아이가 좋아하는 보상으로 동기를 유발시키는 것은 호기심을 불러일으키고 해보려는 의지를 북돋을 수 있다. 하지만 적절한 순간, 반드시 내적동기를 가지도록 유도해야 한다. 스스로 재미있어서 할 수 있도록 해야 지속적으로 흥미를 잃지 않게 된다. 그 과정이 이루어지지 않는다면 아이는 결국 보상에 목매게 되고, 스스로 그것을 해야 하는 이유를 점점 찾을 수 없어져 결국 흥미를 잃고 만다.

내적동기를 떨어뜨리는 두 번째 주범, 비교

아이가 공부를 잘하고 싶은 마음에 스스로 열심히 공부를 했다. 내적동기가 생긴 것이다. 기대했던 만큼은 아니지만 성적도 좀 올랐다. 당연히 아이는 칭찬을 기대했지만 엄마는 "옆집 ○○이는 90점 맞았다더라. 좀 더 열심히 하지. 네 기준에는 열심히 했다고 생각하지만 공부 잘하는 애들은 훨씬 더 열심히 해."라고 말했다. 아이가 그동안 한 노력들을 순식간에 보잘것없게 만드는 말이었다. 이처럼 남들과 비교하는 말은 아이의 내적동기를 한순간에 무너뜨리고 만다.

그런데 대한민국 엄마들은 유독 비교 성향이 강한 편이다. EBS 다큐멘터리 〈마더쇼크〉의 실험을 통해서도 그것을 확인할 수 있었다. 제작진은 한국 엄마 11명과 미국 엄마 11명을 대상으로 15분 동안 카드 게임을 하도록 했다.

방식을 좀 독특하게 하여 카드를 한 장 선택하면 자신의 점수와 동시에 상대방의 점수도 알 수 있게 했다. 엄마들이 상대방의 점수를 얼마나 의식하는지를 살펴보는 것이 실험의 목적이었다. 그래서 기능성 자기공명영상fMRI으로 엄마들의 뇌를 관찰하여 어느 때 측핵이 활성화되는지 살펴보았다. 우리가 즐거운 일을 하거나 이익을 얻으면 쾌감 보상회로의 핵심 영역인 측핵Nucleus Accumbens이 활성화된다.

미국 엄마는 자신이 점수를 땄을 때만 측핵이 강하게 활성화됐고 상대방이 이익을 얻었을 때는 반응이 거의 없었다. 그런데 한국 엄마들은 자신의 점수는 크게 상관없고 상대방보다 많은 점수를 얻었을 때 측핵이 강하게 활성화됐다. 내 점수가 몇 점인지는 중요하지 않고 다른 사람과 비교해서 더 잘하고 이기는 것에만 집중한다는 뜻이다. 실험을 통해 한국 엄마들의 비교 성향이 얼마나 강한지를 다시 한번 확인할 수 있었다.

이러한 비교 성향은 아이를 키울 때도 고스란히 드러난다. 특히 공부에 있어서는 더욱더 두드러진다. 그런데 이런 비교 성향은 아이들의 내적동기에 상처를 입히고 만다. 아이가 스스로 선택하여 열심히 노력한 부분을 아무것도 아닌 것으로 만들어버리기 십상이기 때문이다.

그러므로 아이가 내적동기를 갖게 하고 싶다면 남들과 비교하는 건 아예 해서는 안 된다. 그 대신 아이가 스스로 열심히 해나가는 과정에 관심을 가져주고 진심으로 격려해줘야 한다. 내적동기는 어려서부터 스스로 자신이 한 노력에 대해 인정을 받은 경험이 쌓이면서 생겨난다.

시험은 성적이라는 외적동기가 작용하는 활동

시험은 누구에게나 두렵다. 성적이 나오기 때문이다. 좋은 성적을 받으려면 당연히 열심히 공부해야 한다. 그런데 시험 성적을 잘 받기 위해 하는 공부는 오래가지 못한다. 우리도 학창시절에 시험을 앞두고 달달 외웠던 교과 내용들이 시험이 끝나자마자 머릿속에서 그대로 사라지는 경험을 해보지 않았던가. 그 이유에 대해 연세대학교 심리학과 송현주 교수는 "성적과 같은 외적 보상은 단기적 학습효과를 높일 수는 있지만 깊이 있는 사고의 과정을 거치지 않기 때문에 장기기억으로 전환될 확률이 낮다."고 설명한다.

이를 뒷받침하는 실험도 있다. 〈퍼펙트 베이비〉에서는 초등학교 5학년 아이들에게 교과서에 없는 짧은 글이 담긴 문제지를 나눠주고 나서, 한쪽 반 아이들에게는 시험이 아니니 부담 갖지 말라고 하고 다른 반 아이들에게는 시험이라고 했다. 시험이라는 말에 아이들은 즉각적으로 민감한 반응을 쏟아냈다. 시험이 어려운지, 커닝하면 빵점인지 물으며 이미 시작하기도 전에 점수에 대해 민감한 반응을 보였다.

그런데 이 실험의 핵심은 시험 점수가 아니었다. 아이들이 공부한 내용을 얼마나 기억하고 있느냐 하는 것이었다. 일주일 뒤, 아이들은 똑같은 시험을 한 번 더 치렀다. 그런데 시험이 아니라고 했던 반 아이들은 일주일 사이에 평균이 7점 떨어졌는데 시험이라고 했던 반 아이들은 14점이나 떨어졌다. 시험 때문에 한 공부는 장기기억으로 전환될 확률이 낮다는 사실이 확인됐다.

이 실험에서는 또 하나의 특별한 결과를 얻을 수 있었다. 시험문제가 암기 평가 4문제와 개념이해 평가 6문제로 구성되어 있었는데, 시험이라는 조건 없이 자율적으로 공부한 아이들은 개념 평가 문제에서 더 높은 점수를 얻었으며 주관식 문제에서도 2배나 높은 점수를 받았다. 암기가 아닌 창의적인 문제나 사고력을 요하는 문제에서 더 확연한 차이를 보인 것이다.

이 실험을 설계한 미국의 사회심리학자 웬디 그롤닉Wendy Grolnick 교수는 "평가를 위해 학습한 아동들은 세부적인 것은 얻었지만 숲은 보지 못한 것이다."라고 분석했다. 그러므로 숲을 볼 줄 아는 아이로 키우려면 시험이나 성적, 평가라는 압박감에서 벗어나게 해줘야 한다. 아이들에게 내적동기를 찾으라고 하면서 부모들은 외적동기, 특히 시험 점수 같은 것에 목을 매고 있는 것은 아닌지 생각해봐야 한다.

내적동기를 키우기 위해 가장 주의를 기울여야 할 점은?

우리는 TV 드라마나 영화 같은 데서 아이 성적에 지나치게 집착한 나머지 아이에게 시키는 대로 따를 것을 강요하는 엄마들을 종종 보게 된다. 이런 엄마들은 아이가 몇 시부터 몇 시까지 어디에서 무엇을 할지 빡빡하게 일정을 짜놓은 다음, 아이가 일방적으로 그것을 따르게 만든다. 최종목표는 일류대 의대에 가서 의사가 되거나 법대에 가서 판검사가 되는 것이다. 하지만 어찌어찌 해서 그 목표를 이루더라도 내적동기가 아닌 외적동기에 의해 이루어진 목표는 금세 허물어지고 만다. TV 드라마나 영화의 결말에서도 우리는 그런 비극을 자주 목격했다.

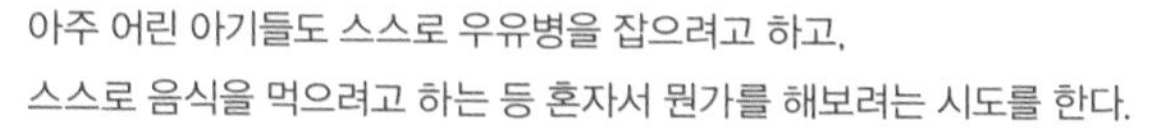

아주 어린 아기들도 스스로 우유병을 잡으려고 하고,
스스로 음식을 먹으려고 하는 등 혼자서 뭔가를 해보려는 시도를 한다.

아이가 내적동기를 찾으려면 기본적으로 자율성이 갖춰져 있어야 한다. 자율성은 외부의 구속이나 제약을 받지 않고 스스로의 행위를 제어하는 것을 말한다. 앞서 다큐멘터리 〈공부 못하는 아이〉에서 아이들에게 선택권을 주었을 때, 강요에 의해 공부한 아이들보다 더 높은 성취를 이뤘다는 사실을 언급한 바 있다.

더 어린 아이들도 다를 바 없다. EBS 다큐멘터리 〈동기〉에서는 돌 지난 아기에게 몇 가지 장난감을 주고 놀게 하며 엄마가 놀이방법을 알려주도록 했다. 대부분의 엄마들은 적극적으로 나서서 아기에게 놀이 방법을 가르쳐줬다. 아기 스스로 방법을 깨우칠 시간을 주고 기다려준 엄마는 딱 한 명이었다. 아기가 혼자 하려고 하자 엄마는 물러서서 지켜보며 자율성을 보장해주었다.

그다음 아기들에게 새로운 장난감을 주고 혼자 노는 모습을 관찰했다. 엄마가 자율성을 보장해준 아기는 다른 아기들에 비해 가장 많은 흥미를 보였을 뿐만 아니라 더 오래 집중했다. 엄마의 지나친 간섭은 오히려 아이들의 흥미와 동기를 떨어뜨렸다.

아주 어린 아기들도 스스로 뭔가 해보려고 하는 내적동기가 있다. 우유병을 가까이 가져가면 자기가 붙잡고 먹으려고 하고, 숟가락으로 밥을 먹이면 숟가락을 달라고 해 어떻게든 자기 입에 떠 넣어보려고 안간힘을 쓴다. 아직 야물지 않은 손으로 물건을 만지고 흔들고 던지며 그것이 무엇인지 탐색해보려는 시도도 하고, 나동그라질 것이 분명한데도 혼자 앉고 혼자 일어서고 혼자 걸으려는 노력을 게을리하지 않는다.

이 모든 시도에 대해 충분한 자율성을 줘야 한다. 드웩 교수는 "아이가 마음껏 실험해볼 수 있도록 내버려두는 것은 아이에게 인내심과 몰입, 도전하는 방법을 가르치고 있는 것이다."라고 말했다. 그러므로 아이가 내적동기를 가지고 목표를 향해 나아가도록 하기 위해서는 아이에게 자율성을 주고 부모는 조언자의 위치에 머물러야 한다.

인지 발달 불변의 법칙 06

강점 지능은 약점 지능을 보완할 수 있다

누구에게나 강점 지능이 있다

우리가 학교에 다닐 때만 해도 IQ(지능지수)는 절대적인 것이었다. 초등학교에 가면 한 번쯤 지능검사를 실시했는데, 그 결과에 따라 머리 좋은 사람과 머리 나쁜 사람으로 나뉘었다. 또한 IQ가 좋으면 뭐든지 빨리 배우고 잘한다고 생각하고, IQ가 나쁘면 뭐든지 느리게 배우고 제대로 못한다고 생각하는 경향이 뚜렷했다.

EQ(감성지수)의 중요성이 대두되면서 EQ와 교육을 접목한 상품들이 불티나게 팔릴 때도 있었다. 하지만 최근에는 단지 IQ가 좋

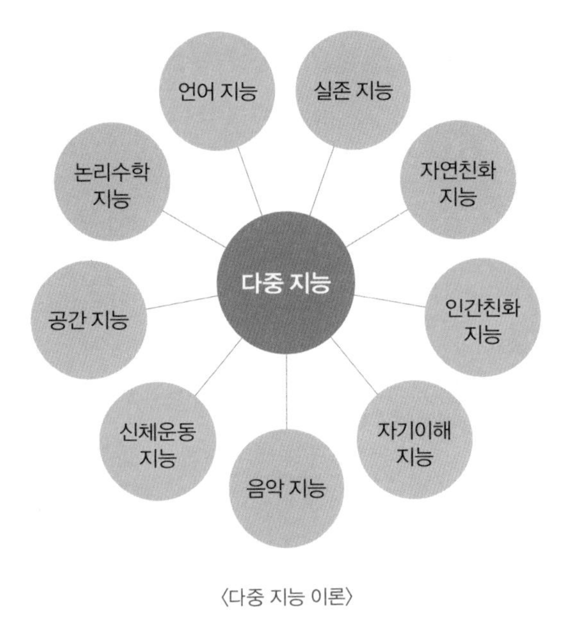

〈다중 지능 이론〉

다고, 혹은 EQ가 좋다고 그 사람을 무조건 똑똑하고 잘하는 사람이라고 판단하지 않는다. 바로 '다중 지능 이론Multiple Intelligence Theory'이 대두되고 있기 때문이다.

1983년, 미국 하버드대학교 심리학과 교수이자 인지과학과 교육심리학 분야의 세계적인 석학 하워드 가드너Howard E. Gardner는 IQ가 인간의 지적 능력 중 극히 일부분만을 체크할 수 있다는 단점을 지적했다. 그리고 IQ와 EQ의 개념을 아우르고 단점을 극복하는 새로운 지능 이론을 만들었는데, 이것이 바로 다중 지능 이론이다.

가드너는 지능을 '한 문화권 혹은 여러 문화권에서 가치 있게 인정되는 문제를 해결하고 산물을 창조하는 능력'으로 정의하고, 인간에게는 아홉 개의 다양한 지능이 있다고 주장했다. 언어 지능, 논리수학 지능, 공간 지능, 신체운동 지능, 음악 지능, 자기이해 지능, 인간친화 지능, 자연친화 지능, 그리고 새롭게 추가된 실존 지능이 바로 그것이다.

또 모든 사람은 아홉 개의 지능을 모두 갖고 있는데 누구나 한 개 이상의 우수한 지능, 즉 강점 지능을 갖고 있다고 보았다. 이는 누구나 다 약점 지능을 갖고 있다는 의미도 된다. 다중 지능 이론으로 분석하자면 천재 과학자 아인슈타인은 논리수학 지능은 뛰어났지만 언어 지능은 떨어졌다고 봐야 한다. 어린 시절 말이 늦되어 병원 상담을 받았을 정도였다니 말이다.

가드너가 다중 지능을 발견할 수 있었던 것은 신경과학의 발전으로 우리 뇌가 영역에 따라 각기 다른 역할을 담당하고 있음이 밝혀졌기 때문이다. 예를 들면 논리수학적 기능은 전두-측두엽과 두정엽 부위가 담당하고, 대인 관계와 자기 이해에 관련된 기능은 전두엽이 담당한다. 그런데 앞서 뇌 가소성에서 설명했듯이 우리 뇌는 환경적 경험에 따라 변할 수 있으며, 각 영역마다 발달 순서와 정도가 다 다르다. 그리고 각 영역마다 발달 정도가 다른 것이 능력의 차이를 만든다. 사람마다 강점 지능과 약점 지능이 다를 수밖에 없는 이유가 여기에 있다.

그렇다면 아홉 개의 다양한 지능 중에서 특정한 지능이 높게 측정된 아이는 실제생활에서도 그 분야에서 뛰어난 능력을 발휘할까? EBS 다큐멘터리 〈아이의 사생활〉에서는 400명의 초등학생을 대상으로 다중 지능을 체크했다. 그리고 그중 언어 지능이 높게 나온 20명과 음악 지능이 높게 나온 20명을 불러 기억력 테스트를 했다. 테스트는 모두 네 가지였는데, 두 가지는 음악에 관련된 문제였고 나머지 두 가지는 언어에 관련된 문제였다.

실험 결과 언어 지능이 높은 아이들은 음악 지능이 높은 아이들보다 언어에 대한 기억력 점수가 12점 더 높았다. 반면에 음악 지능이 높은 아이들은 언어 지능이 높은 아이들보다 음악에 대한 기억력 점수가 4점 더 높았다. 기억력만을 테스트한 것이긴 하지만 아이들은 자신의 강점 지능 분야에서 더 큰 능력을 발휘한다는 것을 확인할 수 있었다.

가드너는 각각의 지능은 서로 영향을 미치며 발달하고, 또 모두 똑같이 중요하다고 주장했다. 이는 지능을 선천적이고 변할 수 없는 것이라 여겼던 기존의 주장을 뒤집으며, IQ와 성적으로만 성공과 실패를 가늠하는 획일화된 교육 방식에 큰 변화의 바람을 일으켰다. 그리하여 누구나 강점 지능을 잘 찾아내 계발하면 그 분야의 뛰어난 인재가 될 수 있으며, 그것이 바로 교육의 목표가 되어야 한다는 인식이 넓게 퍼지기 시작했다.

누구나 강점 지능을 갖고 있다는 것은 누구나 성공할 잠재력을 갖고 있다는 뜻이다. 매우 희망적이고 긍정적인 메시지가 아닐 수 없다. 그래서 요즘은 오로지 공부에만 매달리기보다 아이의 특기적성을 찾아 그것을 키워주는 쪽으로 교육의 방향을 잡은 부모들이 꽤 많다. IQ로 성공하는 시대가 아니라, 스스로 좋아하는 일을 해야 성공하는 시대인 것을 잘 알고 있기 때문이다. 또 성공하는 방식도 상당히 다양해져 부와 명예를 얻는 과정이 획일화되어 있지 않다는 것, 진정한 성공의 척도가 부와 명예의 크기가 아닌 스스로의 만족도에 따라 결정된다는 것도 잘 알기 때문이다.

우리 아이의 강점 지능을 찾아라!

그렇다면 아마 우리 아이의 강점 지능은 무엇일지 궁금해질 것이다. 아이가 어떤 지능에 강점이 있을지 알아보려면 다중 지능 검사를 따로 받아야 하는 것일까? 아니다. 일상생활 속에서 아이에게 깊은 관심을 기울이며 세심하게 관찰만 해도 부모가 아이의 강점 지능을 충분히 찾아낼 수 있다.

일단 아이를 잘 관찰해 흥미 포인트를 찾아야 한다. 아이들 중에는 유난히 자동차를 좋아하는 아이가 있다. 이런 아이들은 매일같이 장난감 자동차를 갖고 놀고, 길에 세워진 자동차의 앞뒤 모양만 봐도 이름을 척척 알아맞힌다. 자동차와 같은 기계에 대해 관심이 많고 좋아하는 아이는 논리수학 지능이 높을 가능성이 크다.

또 친구들을 좋아하고 새로운 친구도 금세 잘 사귀며, 어른들한테 인사를 잘하며 살갑게 구는 아이는 인간친화 지능이 높다고 보면 된다. 다른 아이들보다 좀 일찍 걷기 시작했고, 뛰거나 움직이는 것을 좋아해 하루 종일 밖에서 뛰어 놀아도 잘 지치지 않는 아이는 신체운동 지능이 높은 아이다. 이처럼 아이들이 무엇을 즐기는지, 무엇을 좋아하는지 잘 관찰하면 아이의 강점 지능이 보인다.

아이가 어디에 몰입하고 집중하는지를 찾는 것도 중요하다. 헝가리의 심리학자 미하이 칙센트미하이Mihaly Csikzentmihalyi는 몰입을 '어떤 행위에 깊게 빠져 있어서 그 순간에 개인이 시간의 흐름과 자아를 잊게 되어버리는 상태'라고 정의했다. 그런데 아이들은 놀이에 몰입한 나머지 엄마가 불러도 듣지 못하는 경우가 자주 있다. 블록 쌓기나 만들기, 그림 그리기, 동식물 관찰하기와 같은 특정한 활동에 아이가 자주 몰입한다면 그 분야에 강점 지능이 높을 가능성이 크다. 단, 게임이나 TV 보기처럼 뇌를 강하게 자극하여 어쩔 수 없이 빠져들게끔 만드는 활동들은 제외다.

칙센트미하이는 "아이들이 호기심을 갖게 되고 몰입한다면 결국 창의적인 사람이 될 수 있다."고 주장했다. 이는 아이가 강점 지능을 가지고 있는 분야에 몰입하는 것이 창의력과 직결된다는 사실을 시사하고 있다.

그런데 강점 지능도 갈고 닦지 않으면 약화될 수밖에 없다. 그러므로 아이가 자신이 흥미 있어 하는 분야에 몰입할 수 있도록 도와줘야 한다. 아이를 몰입하게 만드는 가장 좋은 방법은 딱 한 단계만 높은 수준으로 도전하게 하는 것이다. 너무 높은 수준의 도전은 실패할 확률이 높기 때문에 오히려 아이들의 의욕을 꺾고 포기하게 만든다. 자연스럽게 흥미도 잃게 된다. 반면에 아이들이 노력하면 성공할 수 있을 정도의 도전은 아이들을 계속 몰입하게 만들고, 성공의 기쁨을 통해 자신감을 갖게 한다. 또한 탐구정신을 계속 유지하게 하여 창의적인 사고를 가능케 한다.

어떤 부모는 아이가 흥미로워하는 분야도 몰입하는 분야도 전혀 없다고 절망스러워한다. 하지만 그럴 리가 없다. 다만 특별하게 두드러져 보이지 않을 뿐이다. 다른 아이들보다 조금 늦게 나타나는 경우일 수도 있다. 가드너 역시 "사람에 따라 두뇌계발 활동에 대한 흥미도나 적극성이 다르기 때문에 강점 지능이 나타나는 시기나 향상 속도가 다를 수 있다."고 말했다.

특히 유아기는 뇌 전반이 활발하게 발달하기 때문에 여러 영역에 관심을 갖는 시기다. 그래서 특별히 한 분야에 흥미를 보이거나 재능이 드러나지 않을 수도 있다. 대부분의 아이들은 초등학교에 가고 나서야 자신의 재능과 적성에 눈을 뜨게 된다. 그러니 너무 빨리 아이의 강점 지능에 대해 단정 짓지 말고, 여유로운 마음으로 아이를 관찰하며 적절한 수준의 자극과 경험을 주면 된다.

강점 지능으로 약점 지능을 보완하라!

가드너는 강점 지능과 약점 지능을 나눈 이유를 "이를 파악함으로써 사회문화적 경험 속에서 약점을 극복해나갈 수 있기 때문이다."라고 설명했다. 강점 지능은 아이가 재능이 있는 분야를 알려주지만, 약점 지능은 스스로 노력해야 할 부분을 알려준다. 가드너는 어린 아이들이 못하는 부분을 잘할 수 있도록 발달시켜주는 것이 중요하다고 강조했다. 약한 근육을 운동을 통해 단련시키는 것과 같은 맥락이다. 강점 지능을 파악해 계발시켜주는 것도 중요하지만 약점 지능을 알아내 그것을 보완해야 아이의 뇌가 보다 균형 잡힌 발달을 이룰 수 있다.

다행히 강점 지능을 이용해 약점 지능을 보완할 수 있다. 민디 콘하버Mindy Kornhaber를 주축으로 한 하버드대학교 연구팀은 '다중 지능 이론을 활용하는 학교SUMIT, School Using Multiple Intelligence Theory'라는 프로젝트를 수행했다. 1997년부터 3년 이상 다중 지능 이론을 응용해 교육해온 42개의 학교를 대상으로 학생들의 학업 성취도를 분석한 것이다.

이들 학교는 일정 기간 동안 하나의 주제를 정해서 모든 과목을 그 주제와 연관시켜 수업하는 프로젝트 수업, 학생들 스스로 자신의 강점 영역이나 관심 영역과 관련된 수업을 선택하는 파드 수업, 자신이 좋아하는 것에 집중해 완벽한 몰입 상태에 도달할 수 있도록 돕는 플로 수업 등이 실시되었다. 이들 학교의 학업 성취도를 측정한 결과, 78퍼센트의 학교에서 학생들의 성적이 향상되었고 학습 부진을 겪던 학생들의 수업 태도도 향상되었다. 강점 지능을 북돋우고 다양하게 활용하는 수업 방식이 오히려 학업 성취도를 높이고 전인적 발달을 도왔다는 사실을 알 수 있는 실험이었다.

강점 지능을 잘 활용하면 얼마든지 약점 지능을 보완할 수 있다. 예를 들어 아이가 신체운동 지능이 높아 운동을 잘하지만 언어

지능이 약하다면, 아이가 좋아하는 스포츠 종목에 대한 책이나 선수와 관련된 신문 기사를 읽게 함으로써 자연스럽게 약점 지능인 언어 지능을 높일 수 있다. 또 공간 지능이 높은 아이들은 시각적 자극을 잘 받아들이므로 학습할 때 되도록 시각 자료를 많이 제공해주면 학습에 더 흥미를 가질 수 있다.

다중 지능 이론의 핵심은 바로 인간은 누구나 무한한 잠재력을 가지고 있다는 것이다. 하지만 그 잠재력이 발현되는 시기는 각자 다 다르다. 성공한 사람들이 모두 태어나면서부터 천재의 면모를 보이지 않았음을 기억하자. 가드너는 "어느 부모도 아이를 포기해서는 안 된다."고 강조한다. 누구나 강점 지능을 갖고 있고, 그래서 누구나 성공할 수 있는 잠재력을 갖고 있기 때문이다.

인지 발달 불변의 법칙 07

인지 발달을 촉진하는 가장 좋은 방법은 칭찬이다

칭찬을 받았을 때 우리 뇌는 어떤 변화가 일어날까?

다큐멘터리 〈퍼펙트 베이비〉에서는 9개월 된 아기들을 대상으로 엄마의 친밀한 행동이 아기의 옹알이에 어떤 영향을 미치는지 알아보기 위한 실험을 했다. 이 실험은 코넬대학교의 마이클 골드스타인Michael Goldstein 교수가 고안한 것으로, 먼저 엄마는 아기와 함께 장난감이 있는 방 안에 들어와 10분 동안 평소처럼 놀아준다. 그 다음 10분 동안은 헤드폰을 쓰고 아기가 소리를 낼 때마다 연구원의 지시를 받아 아기의 등을 토닥여주거나 입을 맞추는 등의 친밀한 행동을 한다. 그리고 이 과정을 언어심리학자인 서강대학교 조숙환 교수가 분석해 엄마의 친밀한 행동이 아기의 발성에 어떤 영향을 주는지 살펴봤다. 그 결과 엄마가 친밀한 행동을 했을 때 아기들의 발성 수가 처음 10분에 비해 약 12퍼센트에서 15퍼센트 정도 증가한 사실을 발견했다. 또 실험이 다 끝난 뒤 10분 동안 발성 수가 계속 높은 상태를 유지했다.

뿐만 아니라 아기의 소리에 질적인 변화도 생겼다. 아기는 1~2개월쯤에는 아아, 오오와 같이 목구멍을 울리는 소리인 쿠잉cooing을 시작하고, 6개월이 지나면 자음과 모음으로 이루어진 옹알이를 시작한다. 그런데 엄마가 쓰다듬어줬을 때 아기의 쿠잉은 줄어들고 옹알이가 크게 늘었다.

엄마는 헤드폰을 쓰고 있는 동안 아무 말도 하지 않았기 때문에 아기가 엄마의 소리를 흉내 낸 것은 아니었다. 엄마는 그저 아기가 소리를 낼 때마다 연구원의 지시에 따라 아기에게 친밀한 행동을 했을 뿐이었다.

이에 대해 조숙환 교수는 "아기의 입장에서 엄마가 쓰다듬어준 행동은 칭찬과 같은 보상의 역할을 한 것이다."라고 분석했다. 9개월밖에 안 된 아기도 엄마가 자신을 칭찬하고 있다는 것을 느끼고 열심히 옹알이를 한 것이라니, 칭찬의 효과는 역시 대단하다.

게다가 9개월 된 아기들이 진짜 칭찬과 가짜 칭찬을 구분해내기도 했다. 옹알이를 하는 것과 전혀 상관없이 아기를 어루만져주거나 쓰다듬어주었을 때는 아기들의 옹알이에 변화가 거의 없었다. 오히려 줄어든 아기도 있었다. 9개월 아기들도 진짜 칭찬과 가짜 칭찬을 구별할 수 있다는 뜻이다.

꼭 말로 하는 칭찬이 아니더라도 부모의 눈빛이나 웃는 표정, 따뜻한 손길도 아이에게는 칭찬으로 받아들여진다. 부모에게 칭찬을 받으면 아이는 자신이 해낸 일에 대한 보상으로 여기고 기뻐한다. 그리고 뭔가를 시도하고자 하는 동기가 생기기도 하고 더 열심히 노력하려는 마음도 깃든다.

칭찬을 받으면 도파민이 분비돼 기분이 좋아지고 의욕이 넘친다.
그러므로 칭찬은 아이에게 동기를 부여하는 가장 좋은 방법이다.

이는 칭찬을 받았을 때 우리 뇌에서 벌어지는 변화 때문이다. 칭찬은 우리 뇌에서 보상 회로라 불리는 측핵을 자극해 도파민을 분비시킨다. 도파민은 우리를 기분 좋게 하고 의욕 넘치게 한다. 이렇게 보상 회로가 활성화되면 우리 뇌는 그것을 기억했다가 다시 같은 상황을 재현하려고 한다. 칭찬받는 행동을 또 하게 만드는 것이다. 한마디로 칭찬은 아이에게 동기를 부여하는 가장 좋은 방법이라고 할 수 있다. 그러므로 스스로 공부하는 자기주도적 아이로 만드는 데 칭찬만큼 좋은 도구가 없다.

어떻게 칭찬할 것인가? ❶ 과도한 칭찬은 금물!

옛날 부모들은 칭찬에 인색한 편이었지만 요즘 부모들은 아주 작은 일에도 아낌없이 칭찬을 해주는 편이다. 잘했다, 똑똑하다, 역시 멋지다, 최고다! 라고 끊임없이 칭찬하며 아이의 사소한 행동 하나하나에도 큰 의미를 부여한다. 이렇게 똑똑하고 멋지다는 칭찬을 듬뿍 받은 아이들은 어떤 기분이 들까?

이에 대한 답은 EBS 다큐멘터리 〈학교란 무엇인가〉에서 찾아볼 수 있다. 제작진은 부모와 아이를 초대해 부모에게 아이를 칭찬해주라고 했다. 부모들은 아이가 블록을 쌓거나 줄넘기를 하거나 그림을 그리는 것을 보며 칭찬을 해주었다.

아이들이 한 행동도 다르고 그걸 본 부모도 다른데 칭찬하는 말은 별반 차이가 없었다. 엄지손가락을 치켜세우고 아이의 머리를 쓰다듬으며 잘했다, 똑똑하다, 역시 멋지다, 최고다! 라고 말하는 정도였다. 제작진이 좀 다른 칭찬을 해보라고 하자 오히려 부모들은 당황했다. 그리고 한참을 생각하더니 어떤 말을 해야 할지 모르겠다며 어색해했다. 이제껏 아이들에게 한 칭찬들이 대부분 그런 것이었기 때문이다.

그런데 이것은 진짜 칭찬이 아니다. 이렇게 아이들의 능력만을 칭찬하는 말은 아이를 기쁘게 하고 노력하게 만드는 것이 아니라 오히려 부담감을 느끼게 한다. 칭찬을 들으려면 계속 잘해야 한다는 생각이 들기 때문이다. 자신이 그렇게 뛰어나지 않다고 생각하는 아이들은 자신의 능력이 탄로날까 봐 불안해지기도 한다.

〈학교란 무엇인가〉에서는 초등학교 5학년 아이들 20명에게 기억력 테스트를 해보기도 했다. 3분 동안 카드에 써진 단어를 외우게 한 다음 기억나는 대로 칠판에 써보라고 했다. 그리고 선생님이 옆에서 능력을 칭찬하는 말을 계속 했다.

잠시 뒤, 선생님이 답안지를 두고 잠시 자리를 비우자 능력 칭찬을 받은 아이들 중 70퍼센트는 답안지를 힐끗거리며 고민하더니 결국 답안지를 훔쳐봤다. 똑똑하다, 잘한다는 칭찬에 부합하는 아이가 되고 싶었던 것이다. 반면에 "잠깐인데도 열심히 했구나.", "역시 노력이 제일 중요해."와 같이 노력 칭찬을 받은 아이들은 부정행위를 거의 하지 않았다.

아이들도 자신이 칭찬을 들을 만한지 그렇지 않은지 잘 안다. 과도한 칭찬인지 아닌지도 안다. 자신의 능력 이상으로 받은 과도한 칭찬은 아이들을 불안하게 만든다. 칭찬 받은 것에 못 미칠까 두려워 부정행위까지도 서슴지 않게 만든다.

〈학교란 무엇인가〉에서는 칭찬 스티커의 효과에 대해서도 실험했다. 스튜디오에 도서관을 만들고 초등학교 2학년 아이들 10명을 초대한 뒤, 100분 동안 원하는 책을 골라 읽으라고 했다. 그리고 책을 한 권 읽을 때마다 칭찬 스티커를 주겠다고 약속했다.

아이들은 칭찬 스티커를 한 개라도 더 받기 위해 열심히 책을 읽었다. 급한 마음에 이리저리 뛰어다니며 책을 읽는 아이들도 있었다. 100분 동안 대부분의 아이들이 20권 이상의 책을 읽어냈다. 스티커가 뭐라고 이렇게 열심인지, 정말 대단한 효과였다.

그런데 사실 이 실험의 목적은 얼마나 많은 책을 읽는지를 측정하는 것이 아니었다. 책장에 꽂혀 있는 책은 모두 300권이었는데, 그중 초등학교 2학년 수준의 책은 150권이었고 나머지 150권은 유치원생 수준의 책이었다. 유치원생 수준의 책은 글보다 그림이 훨씬 많고 쪽수도 얼마 안 되는 것들이었다.

10명의 아이들이 100분 동안 읽어낸 책은 무려 192권이었다. 그런데 그중 초등학교 2학년 수준의 책은 22권뿐이었다. 더 많은 칭찬 스티커를 받기 위해 아이들은 되도록 짧고 쉬운 책을, 그것도 대강 훑어만 보았다.

10명 중 단 2명의 형제만이 천천히 읽고 싶은 책을 고르더니 책 속에 푹 빠져 책을 읽었다. 형제는 칭찬 스티커는 많이 받지 못했지만 진짜 독서를 했다. 어떤 것이 더 바람직한 독서 자세인지는 굳이 말하지 않아도 판단할 수 있을 것이다.

과도한 칭찬은 역효과가 난다. 칭찬 받는 것이 목적이 되어버리기 때문이다. 이것 역시 도파민의 분비와 관련이 있다. 도파민이 과도하게 분비되면 중독적이고 충동적인 욕구가 나타날 수 있다. 그래서 칭찬 받고 싶어 칭찬 받으려는 행동만 하게 되거나, 칭찬 받지 않으면 의욕이 뚝 떨어지고 동기를 찾지 못하는 일이 발생한다.

미국의 정신의학자 로버트 클로닌저C. Robert Cloninger 박사는 "지속적인 칭찬은 항상 성공할 것이라는 자만심을 키워주고 쉽게 포기하게 한다."고 경고한다. 그래서 무작정 칭찬하기보다는 아이와 어떤 부분이 잘되고 잘못됐는지 의견을 주고받고, 미래에 더 잘할 수 있는 방향을 함께 이야기 나눠야 한다고 조언하고 있다. 그렇지 않으면 아이는 잘했을 때나 못했을 때나 항상 칭찬 받기를 원하게 되기 때문이다.

미국의 사회학자이자 심리학자인 알피 콘Alfie Kohn은 "가끔은 아무 말도 필요 없다. 그냥 보기만 하면 된다."고 주장하기도 했다. 그러면서 꼭 말하고 싶다면 차라리 보는 대로 이야기해주는 것이 좋다고 제안했다. "네가 좋아하는 꽃을 그렸구나.", "친구에게 과자를 나누어주었구나."와 같이 부모가 아이의 행동을 보는 그대로 말해주면 아이 스스로 자신의 행동이 잘한 것인지 아닌지 느낄 수 있다는 것이다. 또 질문도 좋은 방법이라고 제안했다. "네가 좋아하는 색이니?", "왜 과자를 나누어 먹기로 했니?"와 같이 질문하면서 아이가 반응하도록 만들면 된다. 이것만으로도 아이들은 자신의 행동을 즐길 수 있다.

칭찬은 그 횟수가 중요한 것이 아니라 어떻게 하느냐가 핵심이다. 아이를 진심으로 사랑하고 이해하는 마음은 기본이다. 거기에 결과는 비록 좋지 않지만 그래도 열심히 노력한 부분에 대해 대견하게 생각하는 마음, 지금은 부족하지만 작은 것들이 모여 의미있는 결실을 맺을 수 있을 것이라고 믿는 마음, 내 아이는 다른 아이들과는 다른 고유한 특성과 장점이 있다고 인정하는 마음까지 곁들여져야 진짜 칭찬을 할 수 있게 된다. 그러한 마음이 바탕이 된다면 굳이 말로 하지 않아도 부모의 따뜻한 눈빛, 사랑의 표정만으로도 아이는 부모가 나를 지지하고 칭찬하고 있다는 사실을 충분히 느낄 수 있을 것이다.

어떻게 칭찬할 것인가? ❷ 결과가 아닌 과정을 칭찬하기

앞에서 〈마더쇼크〉의 실험 사례를 통해 한국 엄마들의 못 말리는 비교 성향에 대해 언급한 바 있다. 이어서 한국 엄마들이 얼마나 결과나 점수에 신경을 쓰는지 미국 엄마들과의 비교 실험을 통해 알아보기도 했다. 〈마더쇼크〉 제작진은 한국 엄마 10명과 미국 엄마 10명에게 단어 퍼즐 게임을 주면서 어휘 테스트라고 말하고 그것을 초등학교 3, 4학년 자녀들에게 맞춰보도록 하는 실험을 진행했다.

그리고 아이들이 문제를 잘 풀지 못할 때 엄마들이 어떤 반응을 보이는지 관찰했다.

먼저 한국 엄마들은 아이가 모르는 상태를 기다리지 못했다. 답답해하며 곧바로 힌트를 주거나 대신 풀어주기도 했다. 아이들도 맞았는지 틀렸는지 계속 엄마 눈치를 보며 도움을 받으려 했다. 반면에 미국 엄마들은 아이가 문제를 푸는 동안 거의 말을 하지 않고 아이가 스스로 정답을 찾을 때까지 기다려줬다. 계속 어려워하자 그제야 도움을 줬는데, 못 풀더라도 격려만 하고 직접적인 도움은 주지 않았다.

가톨릭대학교 심리학과 정윤경 교수는 이런 한국 엄마들이 모습을 성취의 과정보다 결과를 중요하게 여기기 때문이라고 분석했다. 한국 엄마들도 인터뷰를 통해 테스트이기 때문에 아이가 꼭 통과했으면 하는 마음이 들었고, 아이가 모르는 것이 안쓰러워 도와줬다고 속내를 털어놨다.

그렇다면 과정이 아닌 결과만을 중요하게 생각하는 이유는 무엇일까? 인터뷰 결과 엄마들은 대부분 자녀의 성공 여부를 자신의 성공 여부와 동일시하는 경향을 보였다. 엄마들이 아이에게 지나치게 몰입하며 자신과 아이를 분리시키지 못하고 있었다. 또한 동일화하는 정도가 강할수록 엄마들은 아이들에게 더 지시적인 언어와 강압적인 태도를 보였다.

결과만을 중요하게 여기는 부모의 생각과 태도는 아이의 내적동기가 유지되고 성장하는 것을 방해한다. 무언가를 하다 보면 항상 좋은 결과만 얻을 수 없기 때문이다. 좋지 않은 결과를 얻으면 좋지 않은 평가로 이어질 것임이 분명한 상황에서 아이는 새로운 시도를 주저할 것이며 더 큰 목표에 도전하는 것을 두려워할 것이다. 그래서 자기 스스로의 동기를 내세우기보다는 부모가 세워놓은 동기를 열심히 좇게 될 것이다. 왜냐하면 남이 하라고 시켜서 한 일은 잘못돼도 남탓을 할 충분한 핑곗거리가 있기 때문이다. 내적동기도 없고 책임감도 없는 아이로 키우기 딱 좋은 조건이다.

숙명여대 사회교육대학원 이영애 교수는 "결과에 대한 칭찬이 아닌 노력에 대한 칭찬, 즉 과정에 대한 칭찬을 해야 한다."고 강조한다. "어려웠는데 끝까지 포기하지 않아서 잘했어.", "네가 열심히 한 것을 칭찬해."와 같이 노력에 대한 칭찬을 해줘야 아이들은 내가 열심히 하는 것 자체가 중요하다는 사실을 깨닫고 자신의 내적동기에 집중할 수 있게 된다. 내적동기에 집중해야 아이는 자기 인생의 진짜 주인이 될 수 있다.

인간의 뇌는 고도화되어 있기 때문에 아기 때부터 스스로 배울 것을 찾고
배운 정도를 판단하며 심지어 더 많이 배우기 위해 노력한다.
특히 태어나서 처음 몇 년 동안 이루어지는 아이들의 인지 발달 속도는
매우 놀라울 정도로 진행되며, 또한 전 생애에 걸쳐 영향을 미친다.
그래서 생애 초기의 인지 발달이 매우 중요하다.

3장

사회성 발달 불변의 법칙

인간은 사회적 동물이다. 태어나는 순간부터 죽을 때까지 가족이나 학교, 회사, 국가, 기타 등등의 조직에 속해 구성원으로서 자기 역할을 하며 살아가게 된다.

그래서 자신이 속한 사회에서 다른 구성원들과 원만하게 어우러져 살아가는 능력, 즉 사회성은 매우 중요하다. 사회성은 사회생활을 하려고 하는 인간의 근본 성질로써 얼마나 사회에 잘 적응하는지, 그리고 다른 구성원들과 얼마나 잘 어우러지는지를 나타내는 척도다.

부모라면 누구나 아이가 자신이 속한 사회 속에서 구성원들과 원만하게 잘 지내길 바란다. 그래서 아이를 유치원이나 학교에 보내면 아이가 친구들이랑 잘 어울리는지, 왕따나 폭행, 언어폭력을 당하지는 않는지 늘 관심을 갖고 걱정하게 된다. 하지만 안타깝게도 현실은 녹록지가 않다. 집에서는 말도 잘하고 살갑게 구는 아이가 친구들과는 어울리지 못하고 겉돌기만 할 수도 있고, 몇몇 아이들의 잘못된 행동으로 따돌림 피해를 당하는 경우도 많기 때문이다.

이러한 문제는 실태조사를 통해서도 확인할 수 있다. 2019년 교육부가 초등학교 4학년부터 고등학교 3학년을 대상으로 진행한 '학교폭력 실태조사'에 따르면, 전체 학생 410만 명 중 무려 6만 명의 학생이 학교폭력을 경험한 적이 있다고 대답했다. 이는 조사를 시작한 2017년, 2018년에 이어 연속적으로 증가하고 있는 수치다. 피해 유형으로는 집단 따돌림(76.2%), 심부름 강요(70.4%), 맞은 경험(64.5%), 금품을 빼앗긴 경험(60.8%) 순이었다.

이런 사회적 현상 속에서 아이를 지키는 가장 기본적인 방법은 아이의 사회성을 더욱 견고하게 키워주는 일이 될 것이다. 사회성이 높은 아이는 위기와 갈등 상황이 닥쳐도 그것을 현명하게 풀어갈 수 있는 힘이 있기 때문이다. 또한 사회성이 높은 아이는 절대로 남을 괴롭히거나 남에게 해를 끼칠 리가 없다. 서로에게 상처 입히지 않고 건전하고 조화로운 사회를 만들기 위해서는 구성원들 각자의 사회성이 기반이 되어야 한다.

그럼 어떻게 하면 아이의 사회성을 키워줄 수 있을까? 이제부터 '사회성 발달 불변의 법칙'에 대해 알아보자.

사회성 발달 불변의 법칙 01

인간에게는 이타성이 내재되어 있다

아기도 착한 존재와 나쁜 존재를 구분할 수 있을까?

이타성은 자신에게 이익이 되지 않더라도 다른 사람에게 도움을 주려고 하는 심리적 성향을 말한다. 길을 가다 무거운 걸 들고 가는 할머니가 계시면 얼른 달려가 같이 들어주는 마음, 아픈 친구가 있으면 그리 친하지 않아도 보건실에 데려다주거나 괜찮냐고 물어보는 마음, 불쌍한 사람을 보면 어떻게든 도와주고 싶은 마음처럼 도움을 필요로 하는 사람을 만났을 때 저절로 우러나오는 그런 마음이다.

철학자들은 인간의 그런 행동이 정말 순수하게 타인을 위한 것인지에 대해 질문해왔다. 17세기 영국의 정치 사상가 토머스 홉스Thomas Hobbes는 인간의 모든 행위는 자신의 이익에 따라 행해지는 것이라는 '심리적 이기주의'를 주장했다. 겉으로 보기에는 이타적으로 보이는 행위도 그 동기를 분석하면 사실상 이기적인 행동이라고 보았다. 예를 들면 자선은 남을 도움으로써 자신에게 남을 도울 수 있는 여유가 있음을 과시하고 희열을 느끼기 위해 하는 행동이라고 보았다.

반면에 18세기 프랑스의 철학자 장 자크 루소Jean-Jacques Rousseau는 사람은 근본적으로 선하기 때문에 타인에 대한 선천적 민감성을 갖고 있다고 주장했다. 이타성이 인간의 착한 본성에서 나온다는 의견이다.

과학자들 역시 왜 인간이 아무런 대가를 바라지 않고, 때로는 자신과 상관이 없는 사람들까지 도와주는 이타적인 행동을 할까 궁금해했다. 그런데 최근 여러 실험을 통해 이타성이 상당 부분 생득적인 것이며, 인간에게만 유일하게 나타나는 강력한 특징임이 밝혀지고 있다. 그중 대표적인 실험 중 하나가 '착한 장난감 실험'이다.

미국 예일대학교의 킬리 햄린Kiley Hamlin 교수 연구팀은 생후 6개월과 10개월 아이들을 대상으로 재미있는 실험을 했다. 커다란 눈이 달린 동그라미, 세모, 네모 모양의 나무 장난감을 만들고 언덕길 무대도 만들었다. 그리고 뒤에서 장난감을 조종해 움직이며 아기들에게 특별한 상황을 보여줬다.

먼저 동그라미가 언덕길을 힘겹게 올라가는데 네모가 나타나 밑에서 밀어주는 장면을 보여주었다. 다음은 똑같이 동그라미가 언덕을 힘겹게 올라가는데 위에서 세모가 나타나 동그라미를 밀어버리는 장면을 보여주었다. 네모는 동그라미를 도와주었고 세모는 동그라미를 방해한 것이다.

그러고 나서 아기들에게 네모 장난감과 세모 장난감을 보여주었더니 대부분의 아기들이 동그라미를 도와준 네모 장난감을 집었다. 혹시 아기들이 네모를 좋아해서 그럴 수도 있으므로 도형의 모양과 색깔을 달리해서 실험해도 결과에는 변함이 없었다. 이는 아기들도 남을 돕는 착한 존재와 남을 괴롭히는 나쁜 존재를 구별할 수 있다는 뜻이다. 이에 대해 햄린 교수는 "인간은 그리 뚜렷한 가르침이 없어도 핵심적인 사회성 기술을 갖고 있음을 보여주는 것이다."라고 설명했다.

미국 하버드대학교 펠릭스 바르네켄Felix Warneken 교수와 독일 막스플랑크연구소 마이클 토마셀로Michael Tomasello의 실험에서도 인간에게는 이타성이 내재되어 있음을 알 수 있는 결과가 도출됐다. 연구자가 14개월에서 18개월 사이의 아이들 앞에서 수건을 빨래집게로 집다가 떨어뜨리거나 책을 책꽂이에 꽂다가 떨어뜨리거나 잡지 더미를 들고 있어 캐비닛 문을 열지 못하거나 하는 도움이 필요한 열 가지 상황을 연출했을 때, 24명의 아이들 중 22명의 아이들이 적어도 한 번 이상 연구자들을 도왔다.

더 놀라운 것은 연구자들이 지금 하고 있는 일을 마무리하기 위해 그 물체가 필요한 경우에는 도움을 주었지만, 일부러 물체를 던져버리는 경우에는 도움을 주지 않았다는 사실이다. 이는 아이들이 연구자들이 하는 행위의 의도를 명확하게 파악할 수 있으며, 도움이 필요할 때는 머뭇거리지 않고 바로 상대방을 도와주는 행동을 한다는 뜻이었다. 이에 대해 바르네켄은 "아기의 돕기 행동이 흥미로운 이유는 상대가 문제를 겪을 때 그 사람의 의도가 무엇인지 추론할 수 있어야 하기 때문이다. 그와 동시에 남에게 도움을 주려는 이타적인 마음을 가지고 있어야 한다."라고 분석했다.

보상이 이타성을 떨어뜨린다

이타성의 전제는 '자신에게 이익이 되지 않더라도'이다. 보상을 바라고 행동한다면 그것은 이타적인 행동이 아니다. 바르네켄과 토마셀로는 보상을 바라지 않고 한 이타적인 행동에 보상이 주어지면 어떤 결과가 초래되는지에 대해서도 실험했다.

20개월 된 아이들을 두 팀으로 나누어 한쪽 팀 아이들에게는 도울 때마다 매번 보상으로 작은 장난감을 주었다. 그리고 다른 팀 아이들에게는 전혀 보상을 하지 않았다. 도움 받은 어른이 감사의 인사를 하거나 미소를 짓는 행동조차 하지 않았다. 그래도 아이들은 도움 행동을 했다.

다음에는 두 팀 모두 보상을 하지 않았다. 그런데 도움의 대가로 보상을 받았던 아이들의 도움 행동의 횟수가 전혀 보상을 받지 못했던 아이들보다 더 적었다. 보상이 오히려 이타성을 떨어뜨린 셈이다.

바르네켄과 토마셀로는 아이들이 왜 도움 행동을 하는지에 대해서도 실험했다. 18개월에서 24개월 아이들에게 어른1이 방금 전까지 그리고 있던 그림을 어른2가 잡아채서 일부러 찢는 모습을 지켜보게 했다. 그림을 찢는 순간, 아이들은 염려하는 표정으로 어른1을 바라봤다. 열심히 그림을 그렸는데 그것을 다른 사람이 찢었을 때 어른1이 느꼈을 속상한 마음을 이해했기 때문이다.

그리고 비교를 위해 어른2가 또 다른 어른3 앞에 있는 백지를 들고 찢는 상황을 보여줬는데, 이때 아이들의 표정은 첫 번째 실험 상황보다 그리 염려하는 표정이 아니었다. 그냥 백지를 찢기는 것이 직접 그린 그림을 빼앗겨 찢기는 것보다 덜 속상한 일이라고 생각한 것이다.

그리고 나서 마지막으로 도움 상황을 연출했는데, 아이들은 어른1을 어른3보다 더 많이 도와줬다. 피해를 많이 입은 사람을 더 적극적으로 도와준 것이다. 또 그림을 빼앗겼을 때 어른1을 염려했던 아이들이 그를 더 많이 도우려 했다. 이는 아이들의 도움 행동이 외재적인 보상이 아닌, 선천적으로 생겨나는 공감과 동정에 의한 염려 때문임을 알려준다.

이러한 실험들을 바탕으로 토마셀로는 자신의 저서 《인간은 왜 협력하는가Why We Cooperate》를 통해 "이타성이 인간의 타고난 본성이며, 이타성에 따른 협력의 반복이 사회를 구성하고 제도를 만들어내어 결국 인간 종의 성공을 가져왔다."고 주장했다. 그동안 많은 철학자나 경제학자들이 인간은 본성적으로 생존과 이익을 위해 투쟁하는 존재이며, 이러한 이기적 본성을 제어하기 위해서 제도와 관습이 생겨난다고 주장한 것과는 상반되는 내용이다.

그럼 왜 사람들은 이타적인 행동을 하는 것일까? 미국 국립보건원의 신경과학자 조던 그래프먼Jordan Grafman과 호르헤 몰Jorge Moll은 실험을 통해 이타심을 발휘하는 순간 쾌감에 반응하는 대뇌변연계 부위가 활성화되는 것을 확인했다. 이타적인 행동을 하면 기분이 좋아지는 이유다. 자원봉사를 열심히 하는 사람들에게 그 이유를 물으면 처음에는 남을 돕겠다는 마음으로 갔지만, 가다 보니

다른 이들을 대가 없이 돕고 싶어 하는 이타성은 인간의 타고난 본성이다.

오히려 자신이 더 많은 기쁨과 행복을 느낀다는 말을 많이 한다. 이는 이타심을 발휘하는 사람에게 뇌가 기쁨을 보상으로 주기 때문이다.

토마셀로의 말처럼 인간에게 내재되어 있는 이타성은 세상에 선한 영향력으로 작동해 협력하는 세상, 살 만한 세상을 만들어준다. 그러므로 행복한 세상, 따뜻한 세상을 만들기 위해서는 각자의 안에 잠재되어 있는 이타성을 끄집어내야 된다. 또한 아이들에게도 이타성을 발휘할 수 있는 기회를 많이 주어야 한다. 그래야 사회 구성원으로서 더불어 사는 기쁨을 느끼고 배우게 된다.

사회성 발달 불변의 법칙 02

사회성 발달은 마음 읽기에서 시작된다

마음 읽기는 인간만이 할 수 있는 특별한 능력이다

우리는 굳이 심각하게 고민하지 않아도 다른 사람들의 의도나 욕구를 직관적으로 알아낼 수 있다. 예를 들어 같이 가던 친구가 갑자기 놀란 표정으로 멈춰 서서 주머니를 뒤진다면 우리는 친구의 표정과 행동을 보는 것만으로도 마음을 읽고 친구가 뭔가를 잃어버렸다는 것을 눈치 챈다.

이렇게 의식적인 판단 이전에 느낌으로 상대방의 감정과 의도를 알아내는 능력을 '마음 읽기'라고 한다. 이는 다른 사람의 내적 심리 상태를 이해하고 추론하는 고도의 사고 능력이 필요한 일이다. 그래서 마음 읽기는 인간만이 할 수 있는 특별한 능력이다.

마음 읽기는 원만한 사회적 관계를 형성하는 데 꼭 필요하다. 마음 읽기가 가능해야 다른 사람과 대화를 할 때도 이야기가 어떻게 전개될지 감지할 수 있고, 농담을 해도 그것이 농담임을 알아차리고 적절히 대처할 수 있다. 또 다른 사람의 마음 상태를 읽어야 그 사람의 행동도 예측할 수 있으며, 다른 사람이 같은 문제에 대해 나와는 다른 관점을 가지고 있음을 수용할 수 있다. 다른 사람의 욕구에 민감하기 때문에 더 친밀해질 수 있고, 의사소통도 더 원활하게 할 수 있다.

EBS 다큐멘터리 〈퍼펙트 베이비〉에서는 이화여대 심리학과 이승연 교수팀과 함께 중학생 500여 명을 대상으로 어떤 아이들이 인기가 많은지 조사했다. 설문조사를 통해 인기 평가를 하고 마음 읽기 테스트를 진행했는데, 마음 읽기 테스트에서는 상황을 주고 아이들에게 질문을 한 뒤 어떤 대답을 하는지 관찰했다.

제작진이 "친구가 우스꽝스러운 새 목도리를 하고 왔는데, 친구가 예쁘냐고 묻자 예쁘다고 대답했다. 속마음과 다른 말을 한 이유는 무엇일까?"라고 묻자 아이들은 대부분 친구의 기분을 상하지 않게 하기 위해 거짓말을 했다고 대답했다. 그런데 예상치 못한 대답도 있었다. '예쁘니까', '보는 눈이 낮아서'와 같은 대답을 한 것이다. 중학생인데도 아직 상대방의 마음을 읽는 능력이 부족한 상태였다. 당연히 인기가 높다고 지목된 아이들은 마음 읽기 능력도 뛰어났다. 역시나 마음 읽기 능력이 대인 관계를 형성하는 데 중요한 역할을 하는 것이 분명했다.

그럼 마음 읽기 능력은 언제 어떻게 발달하는 것일까? 2장에서 설명했듯이 피아제는 만 2세부터 7세까지를 '전조작기'로 구분하고, 이 시기의 가장 큰 특징을 '자아중심적 사고'라고 했다. 그래서 자신과 다른 관점이나 시선이 있다는 사실을 모르기 때문에 다른 사람의 입장을 이해하지 못한다고 보았다.

그러나 최근의 많은 연구들에서는 만 5세 정도가 되면 다른 사람의 마음을 읽는 능력이 발달한다고 발표하고 있다. 아이가 다른 사람의 마음 상태를 추론할 수 있는 능력이 있는지 없는지 검사하는 실험도 실시했는데, 그중 대표적인 것이 바로 '틀린 믿음 과제false-belief test'이다. '샐리-앤 과제Sally-Anne Task'는 틀린 믿음 과제 중에서도 가장 고전적인 방법에 속한다. 아이에게 이런 질문을 해보는 것이다.

> 샐리와 앤이 있다. 샐리가 공을 바구니에 넣었다. 샐리가 방을 나갔다. 그 사이에 앤이 공을 상자에 옮겨 놓았다. 샐리가 방으로 다시 들어왔다. 샐리가 공을 찾기 위해 어디를 살펴볼까?

이 질문에 아이가 "상자에서 공을 찾는다."라고 대답하면 아이는 아직 마음 읽기가 안 되는 상태다. 샐리가 방을 나간 뒤에 앤이 공을 상자에 옮겨놓았는데, 그걸 자신이 아는 것처럼 샐리도 알고 있다고 생각하는 '틀린 믿음'을 갖고 있는 상태이기 때문이다. 반면에 아이가 "바구니에서 공을 찾는다."라고 대답하면 이는 마음 읽기가 된다는 뜻이다. 자신은 공이 상자로 옮겨진 걸 알지만, 샐리는 그 상황을 보지 못했으므로 바구니에 공이 있을 거라고 생각할 것임을 알고 있는 것이다. 즉 샐리의 입장에서 생각할 수 있는 능력이 있는 상태다.

'샐리-앤 과제'는 많은 연구자들에 의해 초콜릿 등의 여러 가지 재료로 바꿔어 실행됐다. 그 결과 만 3세 이하의 아이들은 거의 다 성공하지 못했으나 만 4세는 우연히 맞히는 정도로 성공했고, 만 5세가 되면 거의 대부분의 아이들이 성공했다. 그러므로 마음 읽기 능력은 만 5세를 전후로 형성된다고 볼 수 있다.

이 실험은 만 5세가 안 되는 아이에게 형이나 언니라는 이유로 무조건 동생에게 양보하라고 하는 게 아이를 얼마나 억울하게 하는지 알려준다. 아직 아이는 마음 읽기가 안 돼 다른 사람의 입장에서 생각할 수 있는 능력이 없는데 무조건 양보하라고 하니 당연히 억울하고 화나고 슬플 수밖에 없다.

마음 읽기를 하기 위해서는 내 마음과 남의 마음을 구별할 수 있어야 하고, 남들이 행동과 다른 내적 과정을 가지고 있다는 사실을 인식해야 한다. 다른 사람의 마음이 있다는 것을 인식해야 그 의도와 믿음을 예측할 수 있으며 공감할 수 있기 때문에 마음 읽기가 가능해진다.

그래서 마음 읽기 능력을 길러주려면 아이에게 다른 사람의 마음과 감정을 이해하고 남을 배려하는 경험을 많이 하게 해줘야 한다. 이를 위해 아이의 마음을 잘 읽어주고 인정해주는 것도 중요하지만, 다양한 상황에서 엄마나 아빠의 마음을 잘 설명해주면서 아이가 이해할 수 있게 하는 것도 중요하다. 또 책을 읽을 때 등장인물의 마음이 어땠을지, 본인이라면 어떻게 도와주고 싶은지 물어보는 것도 좋은 방법이다.

거짓말하는 것은 다른 사람의 마음을 읽을 수 있다는 증거다

아이들과 함께 '사탕 숨기기 놀이'를 해보자. 한쪽 손에 사탕을 놓고 아이에게 보여준 다음, 두 손을 뒤로 감춰 사탕을 한쪽 손에 숨기고 다시 손을 앞으로 내밀어 어느 손에 사탕이 들어 있는지 알아맞히는 놀이다. 아이들과 한 번쯤은 해봤을 것이다. 아이들이 꽤 좋아하는 놀이다.

그런데 부모가 아닌 아이에게 사탕을 숨기는 역할을 맡기면 어떻게 될까? 만 3세의 아이들은 사탕이 다 보이도록 손을 내밀고 맞혀보라고 하거나 부모가 맞히기도 전에 제 손을 활짝 펴며 여기 있다고 공개해버리기도 한다. 이 놀이의 핵심은 마치 다른 손에 사탕을 숨기고 있는 것처럼 시치미를 뚝 떼는 것이다. 이를 위해서는 상대방의 입장에서 생각하고 상대방의 감정을 추론해내는 능력이 필요하다. 즉 마음 읽기가 발달해야 할 수 있다. 그러나 만 3세의 아이들은 아직 그 능력이 충분히 발달하지 못했기 때문에 사탕 숨기기 놀이를 제대로 하지 못한다.

똑같은 활동을 만 4세의 아이들에게 시키면 좀 다를까? 겨우 한 살 차이인데도 아이들은 주먹 속에 사탕을 꼭꼭 숨기고 제법 잘 속인다. 사탕을 쥔 손을 가리키며 여기 있다고 정답을 말해도 아니라고 우기기도 한다. 마음 읽기 능력이 조금씩 발달하면서 거짓말을 할 수 있게 된 것이다. 그러므로 아이가 거짓말을 시작했다는 것은 다른 사람의 마음을 읽을 수 있는 능력이 발달했다는 것을 의미한다.

보통 만 4세쯤 되면 아이들은 슬슬 거짓말을 하기 시작한다. 그런

만 4세만 되어도 사탕 찾기 놀이를 할 때 치밀하게 사탕을 숨길 줄 안다. 다른 사람의 마음을 읽을 수 있다는 증거다.

데 이때의 거짓말은 큰 걱정을 하지 않아도 된다. 사악한 의도를 가지고 하는 것이 아니라 당장의 곤란한 상황을 넘기기 위해서 하는 게 대부분이기 때문이다. 자신이 뭘 잘못했는지 정확하게 이해하지 못하는 아이를 과하게 야단치면 오히려 역효과가 날 수도 있다. 혼나지 않기 위해 더 큰 거짓말을 할 수도 있고, 스스로 나쁜 아이라는 생각을 가질 수도 있다.

이 시기 아이들의 거짓말을 고쳐주고 싶다면 오히려 마음 읽기를 해주는 것이 좋다. "너 거짓말했지!"라고 다그치지 말고 "손 씻기가 싫었구나.", "너도 장난감이 갖고 싶었구나."와 같이 아이의 마음을 읽어주는 말을 한 다음, 왜 손을 씻어야 하는지, 왜 장난감을 빼앗으면 안 되는지, 왜 거짓말을 하면 안 되는지 차분하게 설명해주는 것이 훨씬 효율적인 해결방식이 된다.

또한 거짓말을 했을 때 무작정 벌을 주는 것보다 솔직하게 말하는 게 더 용기 있고 정의로운 일이라는 사실을 일깨워주는 것도 중요하다. 토론토대학교 응용심리학과 강리Kang Lee 교수팀이 3세에서 7세 아이 268명을 대상으로 한 실험에서 아이들이 거짓말을 한 직후 거짓말을 하면 벌을 받는다는 내용의 《피노키오》나 《양치기 소년》을 읽었을 때보다 거짓말을 고백한 뒤 오히려 칭찬을 받는다는 내용의 《조지 워싱턴과 체리나무》를 읽었을 때 더 많은 아이들이 정직하게 자신의 거짓말을 털어놓는 것을 관찰할 수 있었다. 아이들이 거짓말을 했을 때는 벌을 받을 것이라는 두려움을 가르치기보다 솔직하게 말하도록 가르치는 게 더 효과적이다.

그보다 더 좋은 방법은 아이가 거짓말할 상황을 만들지 않는 것이다. 손을 씻지 않은 줄 알면서도 "손 씻었니?"라고 물으면, 아이들은 혼날 것이 두려워 씻었다는 거짓말을 하게 된다. 그러니 손 씻었냐고 묻는 것은 거짓말을 하게끔 만드는 질문이 된다. 그럴 때는 "손이 더러운 것을 보니 아직 손을 안 씻었구나. 빨리 가서 씻고 오렴."이라고 말하는 게 더 좋다.

거짓말에 과한 반응을 하지 않고 차분하게 원인이 되는 문제를 해결해주면 아이의 순간적이고 즉흥적인 거짓말은 뇌가 성숙해지고 발달하면서 점차 사라진다. 하지만 아이가 습관적으로 거짓말을 한다면 이것은 단호하게 대처해야 한다.

보통 습관적인 거짓말을 하는 아이들은 정서적으로 문제를 안고 있을 확률이 높다. 엄한 부모 밑에서 행동에 많은 제한을 받는 경우 아이들은 숨 쉴 틈을 마련하기 위해 거짓말을 하기도 한다. 무관심한 부모의 아이들은 부모의 관심을 얻기 위해 일부러 거짓말을 할 수도 있다. 이유야 어찌됐든 초등학교에 가서도 아이가 습관적으로 거짓말을 하면 원만한 친구 관계를 형성할 수 없다.

그러므로 아이가 습관적으로 거짓말을 한다면 빨리 방법을 찾아야 한다. 먼저 아이가 정서적으로 어떤 문제가 있는지 살펴보고 해결해줘야 한다. "넌 거짓말쟁이야! 이제 네 말은 절대 안 믿어."와 같이 아이의 인격을 모독하는 말을 하거나, 버릇을 단단히 고쳐주겠다며 체벌을 가하는 것은 오히려 반항심만 더 키운다. 친구들 간에 문제가 있는 건 아닌지, 부모한테 불만이 있는 건 아닌지, 애정 결핍에 의한 것은 아닌지 면밀히 살펴보고 그 원인부터 제거해야 한다. 그래야 거짓말이라는 잘못된 방법으로 자신의 마음을 표현하거나 보상받으려는 행동을 멈출 수 있다.

또한 평소에 부모가 약속을 잘 지키는 것도 중요하다. 부모는 아이와 한 소소한 약속 정도는 그냥 좀 어겨도 된다고 생각하지만, 그것이 아이에게는 아주 소중한 약속이었을 수도 있다. 그런데 부모가 약속을 번번이 어기면 아이는 실망감을 넘어 부모를 믿지 못하게 된다. 또 엄마 아빠도 거짓말을 하니까 나도 해도 괜찮다는 생각을 하게 된다. 그러니 특별한 사정이 없으면 아이와의 약속을 꼭 지키도록 노력하고, 피치 못할 사정으로 지키지 못하게 되었다면 그 이유를 솔직하게 이야기해주는 과정이 필요하다.

거짓말은 아이의 발달과정에서 나타나는 자연스러운 행동이지만 적절한 반응을 통해 반드시 교정해줘야 하는 부분이기도 하다. 또한 그것을 통해 아이가 갖고 있는 문제 상황을 제대로 파악하는 계기가 되어야 한다.

사회성 발달 불변의 법칙 03

사회성은 부모와의 상호작용에 의해 결정된다

사회성의 핵심요소 공감은 모방에서 시작된다

아동심리학자들은 아이가 떼를 쓰거나 공격적인 성향을 보일 때 부모가 가장 먼저 해야 할 행동으로 공감을 꼽는다. “이게 꼭 갖고 싶구나.”, “네가 그래서 화가 났구나.”와 같이 아이의 현재 감정을 그대로 인정해주는 것만으로도 아이는 금방 화를 가라앉힌다. 그리고 아이가 안정적인 상태가 됐을 때 훈육을 시작해야 효과가 있다.

공감은 다른 사람과 감정을 공유하는 것이다. 우리 속담에 ‘기쁨은 나누면 배가 되고 슬픔은 나누면 반이 된다.’는 말이 있다. 기쁜 일이든 슬픈 일이든 다른 사람의 공감을 받으면 큰 힘이 된다는 뜻이다. 공감의 말과 행동은 늘 좋은 기운을 가져온다. 마음을 가라앉게 하고 분위기를 밝게 만들고 새로운 시작을 가능하게 한다. 그래서 공감 능력은 다른 사람과 원만한 관계를 유지하고 더 나아가 좀 더 친밀한 관계로 발전하는 데 필수적인 요소다.

신경과학자들은 거울뉴런이 없다면 사람들 사이에서 공감은 불가능하다고 주장한다. 거울뉴런은 다른 사람의 행동을 보는 것만으로도 뇌가 자신이 그 행동을 할 때와 똑같이 반응하게 하는 신경세포다. 타인의 행동을 보고 따라 할 수 있다는 것은 그 사람의 마음도 느낄 수 있다는 뜻이다. 그래서 인간은 모방을 통해 다른 사람과 공감한다고 주장하고 있다.

세계적인 신경과학자인 이탈리아의 마르코 야코보니Marco Iacoboni는 거울뉴런을 담고 있는 뇌 영역이 감정과 관련된 변연계와 어떻게 연결되어 있는지 궁금했다. 그래서 거울뉴런과 공감 능력 사이에 관계가 있을지도 모른다는 가설을 세우고 실험 대상자들에게 두려움, 슬픔, 성남, 기쁨, 놀라움과 같이 기본 감정을 표현하는 얼굴 사진을 보게 하거나 모방하게 하면서 기능성 자기공명영상fMRI으로 뇌의 활동을 측정했다. 그 결과 거울뉴런 영역과 뇌섬엽, 그리고 변연계가 동시에 활성화되는 것을 발견했다. 변연계는 감정을 주관하는 곳이고, 뇌섬엽은 외부 세계를 경험하고 인식하는 데 핵심적 역할을 하는 부위다.

만약 우리가 다른 사람이 웃는 모습을 보면, 우리 뇌 속의 거울뉴런은 마치 자신이 웃는 것과 똑같이 활성화된다. 그리고 거울뉴런은 우리의 감정을 주관하는 변연계에 신호를 보낸다. 그럼 우리도 같이 웃는 표정을 짓게 되고 즐거움을 느끼게 된다.

이는 엄마가 아기의 감정에 공감할 때 하는 행동을 보면 더 확실히 이해할 수 있다. 야코보니는 생후 6개월에서 12개월 사이 아기들의 엄마들을 대상으로 엄마가 아기들의 표현을 모방하고 있을 때 엄마들이 보이는 신경적 반응을 연구했다. 그러자 거울뉴런 영역과 뇌섬엽, 그리고 변연계 영역에서 강력한 반응이 관찰됐다. 이는 엄마들은 아기의 얼굴 표정을 모방하며 공감을 통해 아기의 감정 상태를 이해하고 있다는 것을 의미한다.

엄마가 우는 아기를 달랠 때는 "어, 그랬어? 슬펐어?" 하면서 아기의 슬픈 표정을 그대로 따라 하고, 아기가 웃을 때는 "아유, 좋아!" 하면서 아기의 웃는 표정을 그대로 따라 한다. 엄마는 모방을 통해 아기와 공감하고 있는 것이다.

이것은 아이들도 마찬가지다. 야코보니는 그의 아내이자 발달심리학자인 미렐라 다프레토Mirella Dapretto와 함께 10세 아이들을 대상으로 거울뉴런 영역에서 일어나는 활동에 대해 실험했다. 먼저 아이들의 대인 관계 반응지수를 이용해 공감 능력을 측정한 뒤 아이들이 감정 표현이 담긴 얼굴 사진을 관찰하거나 모방하는 동안 기능성 자기공명영상fMRI으로 아이들의 뇌 활동을 측정해 비교했다. 그 결과 타인에게 공감을 잘하는 아이일수록 다른 사람이 감정을 표현하고 있는 것을 지켜볼 때 거울뉴런 영역이 더 많이 활성화된다는 사실을 발견했다.

이 실험을 통해 밝혀진 사실이 한 가지 더 있었다. 야코보니와 다프레토는 본격적으로 실험을 시작하기 전 부모들에게 설문을 통해 아이들이 얼마나 인기 있는지, 즉 친구는 몇 명이나 되며 얼마나 친구들과 잘 어울리는지 대인 관계 역량 척도를 측정했다. 그랬더니 대인 관계 역량, 즉 사회적 역량이 뛰어난 아이들이 모방을 하는 동안 거울뉴런 영역이 더 강하게 활성화됐다. 모방과 공감, 그리고 사회적 역량 사이에 뚜렷한 관련이 있기 때문이다.

다른 사람의 정서에 더 잘 공감할 수 있는 사람, 즉 공감 능력이 뛰어난 사람은 다른 사람의 필요나 요구가 나타나는 미묘한 감정 신호를 잘 받아들인다. 그리고 그것을 통해 더 원활하게 의사소통을 하고 더 친밀한 관계를 만든다. 한마디로 사회성이 높은 사람의 전형적인 모습이다.

애착은 사회성 발달의 기반이 된다

또래 친구들과 잘 어울리지 못하는 아이를 보면 정말 걱정이 태산이다. 옛날 엄마들은 그저 밖에 나가 뛰어놀다 보면 친구가 자연스럽게 생긴다고 생각했지만 요즘 엄마들은 아이의 친구관계에 대해서 굉장히 예민하다. 아이가 친구를 잘 사귀어서 어울려 놀 수 있도록 시간적, 환경적 여건을 마련해줘야 한다고 생각한다. 어느새 친구를 사귀는 것이 아니라 만들어주는 세태가 되고 만 것이다.

그렇게 시간을 들이고 환경을 만들면서까지 노력을 했는데도 아이의 친구 만들기 작전이 결실을 맺지 못했다면 먼저 부모와 아이 사이에 어떤 애착이 형성되어 있는지부터 살펴보는 것이 좋다. 안정 애착이 형성된 아이들은 부모에 대한 신뢰를 타인에 대한 신뢰로 전환하며 원만한 또래 관계를 형성한다. 또한 부모가 자신의 욕구에 민감하게 반응해준 경험을 거울삼아 다른 사람의 욕구와 감정에 민감하게 반응함으로써 또래들 사이에 인기가 높은 아이로 성장하게 된다.

반면에 무관심한 부모로부터 회피 애착이 형성된 아이들은 겉으로는 말 잘 듣고 얌전한 아이로 보이지만 친구들에게 쉽게 마음을 내주지 않는다. 또 부모로부터 무시를 당한 경험이 많기 때문에 친구들이 자신의 말을 들어주거나 잘해줄 거라고 별로 기대하지 않고, 반대로 친구들에게 뭔가를 해줘야 한다는 생각도 하지 않는다. 친구 관계를 유지하기 위해서는 말이든 감정이든 서로 오고가는 것이 있어야 하는데, 그런 것들을 제대로 해내지 못하게 되어 결국 또래 관계를 형성하는 데 어려움을 느끼고 점점 더 외로운 처지가 된다.

부모의 일관적이지 못한 양육으로 인해 저항 애착이 형성된 아이들은 작은 일에도 화를 자주 내고, 분노를 표출하거나 폭력을 쓰는 경우가 많다. 또 친구들과 신나게 놀다가도 금방 삐쳐 화를 내기도 하고, 자신의 의견을 굽히지 않고 고집을 피우는 통에 집단의 분위기를 흐리기도 한다. 그래서 친구들과 원만한 관계를 형성하지 못하고, 심지어는 친구들로부터 따돌림을 당하기도 한다.

EBS 다큐멘터리 〈아기 성장 보고서〉에서는 초등학교 3학년 아이들을 대상으로 부모와의 애착이 또래 관계에 어떤 영향을 미치는지 실험했다. 먼저 8명의 아이들을 무작위로 뽑은 뒤 부모와의 애착 관계를 알아보는 검사를 했다. 8명 중 5명은 안정 애착을 형성한 것으로 나타났고, 3명은 불안정 애착을 형성한 것으로 나타났다.

그러고 나서 반 아이들 전체에게 생일날 꼭 초대하고 싶은 친구 3명의 이름을 써보라고 했다. 그랬더니 2, 3명의 친구들로부터 초대받은 아이가 가장 많았고, 무려 12명의 친구로부터 초대받은 아이도 있었다. 반면에 아무에게도 초대받지 못한 아이도 5명이나 있었다. 애착 검사를 한 아이들 중 불안정 애착을 보인 아이들의 명단과 비교하자, 아무에게도 초대받지 못한 아이들 5명 중 3명이 바로 불안정 애착을 형성한 아이들이었다. 애착이 또래 관계에 직접적인 영향을 미친다는 사실을 알 수 있었다.

아이들이 초등학교에 들어가면 부모에 대한 애착이 또래에 대한 애착으로 전환된다. 이때부터 아이들은 부모보다 또래와의 관계를 더 중요하게 생각하기 때문에 또래 관계를 제대로 형성하지 못하면 생활 전반에 어려움을 겪게 된다. 학교생활이 위축될 수도 있고, 우울이나 부적응 등의 부정적인 정서가 생길 수도 있다. 그로 인해 성격 형성에 나쁜 영향을 미칠 수 있으며 학업에도 지장을 줄 수 있다. 반면에 또래 관계가 잘 형성되면 아이들은 다른 사람과 관계 맺는 방법을 터득하면서 사회적 기술이 향상되고 학교생활에도 잘 적응하며 원만한 성격을 형성할 수 있다.

이 모든 것의 시작이 바로 부모와 형성된 안정 애착이다. 안정 애착을 형성한 아이들은 다른 사람의 마음을 잘 읽고 의견 충돌을 잘 조절하며 문제를 해결하는 데도 자신감을 보이기 때문에 리더십도 강하다. 안정된 애착이 건전한 또래 관계를 만들고, 리더십을 가진 아이로 성장할 수 있는 기반이 되어주는 것이다.

공감과 애착은 부모와의 상호작용을 통해 발달한다

앞에서 EBS 다큐멘터리 〈퍼펙트 베이비〉에서 중학생 500여 명을 대상으로 한 실험을 통해 마음 읽기 능력이 뛰어난 아이들이 인기도 많다는 결과를 전했다. 그런데 이 실험에는 또 다른 반전이 숨어 있다. 인기가 많은 아이들을 분석하니 전혀 다른 두 부류가 관찰된 것이었다. 한 부류는 싸움이 일어나면 리더십을 발휘해 말리는 방어 집단이었고, 또 다른 부류는 오히려 친구를 괴롭히고 싸움을 주도하는 가해 집단이었다. 그런데 어떻게 가해 집단이 인기가 많을 수 있을까?

이 실험 결과는 인기도가 개인의 선호도가 아닌 영향력에 의한 것임을 알려준다. 실험을 주도한 이화여대 심리학과 이승연 교수는 이를 '지각된 인기'라고 설명했다. 인기라는 것은 단순히 좋아하는 개념이 아니라 영향력을 포함한다는 것이다.

그렇다면 사람의 마음을 잘 읽는 아이들이 왜 리더와 가해자로 나누어지는 것일까? 그 차이는 바로 공감이다. 이승연 교수는 "타인의 의도와 감정을 읽는 마음 읽기 능력이 공감 능력의 중요한 전제가 되기는 하지만, 그것이 곧 공감 능력은 아니다."라고 말한다. 가해자 그룹의 아이들은 사람의 마음을 잘 읽을지는 몰라도 자신의 행동으로 상대방이 얼마나 힘들어할지 공감하는 능력이 떨어지기 때문에 친구를 괴롭히고 싸움을 주도하는 일이 발생한다. 반면에 리더 그룹의 아이들은 친구들의 마음을 잘 읽고 아픔에 공감할 수 있는 능력을 가지고 있다. 게다가 학업성적도 우수하고 선생님의 지지도도 높기 때문에 갈등 상황이 일어났을 때 리더십을 발휘해 싸움을 말릴 수 있다.

연구팀은 아이들의 공감이 부모의 양육 행동과 어떤 관련이 있는지 파악하기 위해 80문항으로 이루어진 '평소 부모의 행동'을 설문조사했다. 그리고 부모의 양육 패턴을 '온정 수용형', '거부 제재형', '허용 방임형'으로 분류해보았더니 가해자 그룹과 리더 그룹 간 부모의 훈육에 상당한 차이를 발견했다.

리더 그룹 아이들의 부모들은 확실히 '온정 수용형'이 많았다. 어릴 때부터 부모와 안정된 정서를 쌓은 아이들이 마음 읽기 능력뿐 아니라 공감 능력도 뛰어나다는 것을 뜻한다. 또한 리더 그룹의 부모들은 아이와의 사이에서 갈등이 생기면 아이의 정서에 초점을 맞춰 공감하려는 노력을 많이 한다는 사실을 알아냈다. 그로 인해 아이들의 공감 능력도 발달할 수 있었던 것이다.

이승연 교수는 "어려서부터 공감 능력을 기를 수 있도록 아이의 마음을 잘 읽고 반영해주는 것이 아이를 리더로 성장시키는 데 중요하다."고 말했다. 공감 받고 자란 아이가 공감할 수 있기 때문이다. 이는 공감이 모방으로부터 시작된다는 설명과도 일맥상통한다. 부모로부터 공감을 많이 받고 자란 아이들은 부모의 행동을 그대로 모방해 다른 사람들에게 그대로 공감 능력을 발휘한다. 또 아이의 공감 능력은 책임감, 리더십과 같은 사회적 역량을 발휘하게 함으로써 인기 많은 아이, 사회성 높은 아이로 키워준다.

안정 애착도 사회성 발달에서 매우 중요한 역할을 한다. 그런데 애착 역시 부모와의 관계에서 비롯된다. 부모와 안정된 애착을 형성하면 사회성에 필요한 호르몬이 분비되어 또래 관계를 좋게 만든다는 실험 결과도 있다.

미국 위스콘신대학교 매디슨캠퍼스 아동감성연구소의 세스 폴락Seth Pollak 연구팀은 부모가 직접 키운 아이들과 아동보호시설에서 유아기를 보내다 입양된 아이들이 컴퓨터 게임을 하면서 엄마와 낯선 여자의 도움을 번갈아 30분 동안 받게 했다. 그리고 소변을 채취해 사회성과 관련된 호르몬인 옥시토신oxytocin과 바소프레신vasopressin의 변화를 측정했다. 옥시토신은 아기를 낳을 때 분비되는 자궁수축 호르몬으로, 평상시에도 분비돼 사람 사이에 친밀감을 느끼게 하는 작용을 한다. 또 바소프레신은 뇌하수체 후엽에서 분비되는 호르몬으로, 부모의 보살핌이나 친구 사이의 유대 관계 등 여러 형태의 사회적 기능에 관여한다.

실험 결과 부모가 직접 키운 아이는 부모와 접촉한 뒤에 옥시토신의 양이 증가한 반면 낯선 여자와 접촉했을 때는 거의 변화가 없었다. 하지만 입양아들은 부모를 만났을 때나 낯선 여자를 만났을 때나 옥시토신의 양이 거의 변하지 않았고 바소프레신도 낮은 수준을 유지했다. 안정 애착을 형성하지 못했기 때문이다. 연구팀은 "옥시토신과 바소프레신 수치가 크게 낮을 경우 사회적 상호작용을 피하는 경향이 있다. 안정된 애착을 갖지 못한 아이는 내성적인 성격을 가질 수 있다."고 설명했다.

이처럼 아이의 사회성은 부모와의 상호작용을 통해 발달한다. 아이들은 부모와 관계를 맺고 유지하면서 관계를 맺는 방법을 배우고, 그것을 다른 사람에게 확대 적용한다. 그러므로 아이가 또래 관계에 어려움을 느끼면 "넌 왜 친구를 못 사귀니?", "네가 바보같이 말도 못하니까 친구가 없지."라고 비난하며 꾸짖을 게 아니라 아이의 마음을 잘 공감해주고 있는지, 아이와 안정된 애착이 형성됐는지, 아이가 나를 진심으로 믿고 있는지를 잘 살펴보는 것이 가장 우선이 되어야 한다. 아이의 사회성 발달은 부모로부터 시작되기 때문이다.

사회성 발달 불변의 법칙 04

자기 조절 능력이 높은 아이가 사회성도 높다

마시멜로 실험을 통해 알 수 있는 것은 자기 조절 능력

아이들 중에는 유독 욕구를 참지 못하는 아이들이 있다. 이런 아이들은 자기가 하고 싶은 것은 곧바로 마음껏 해야 하고, 기다리게 하거나 하지 못하게 하면 바로 울음을 터뜨린다. 갖고 싶은 것을 사달라고 소리를 지르며 드러눕는 아이들도 있다.

아이들이 자신의 욕구를 통제하지 못하는 이유는 '자기 조절 능력self-control capability'이 부족하기 때문이다. 자기 조절 능력은 자신의 감정과 행동을 적절하게 조절해서 사회적 상황에 맞게 표현하는 능력을 말한다. 쉽게 말하면 자신이 하고 싶은 것이 있어도 상황에 맞춰 기다리고 조절하고 협상하는 능력이다. 자신의 감정이나 욕망을 스스로 억제하는 자제력과, 괴로움이나 어려움을 참고 견디는 인내심의 근간이 되는 것이 바로 자기 조절 능력이다.

EBS 다큐멘터리 〈동기〉에서는 4, 5세 아이들이 충동을 얼마나 자제할 수 있는지 알아보는 실험을 했다. 아이에게 사탕 한 개와 종을 주고 먹고 싶으면 종을 치라고 했다. 그러나 선생님이 돌아올 때까지 기다리면 사탕이나 초콜릿을 더 받을 수 있다고 제안했다.

아이들은 더 큰 만족을 위해 충동을 자제할 수 있을까? 하지만 아이들에게 눈앞에 사탕을 두고 먹지 않는 것은 참 어려운 일이었다. 사탕을 보자 설명이 끝나지도 않았는데 날름 먹어버리는 아이도 있었고 선생님이 나가자 바로 종을 치는 아이도 있었으며 종을 치고 기다려도 선생님이 오지 않자 그냥 먹어버리는 아이도 있었다.

이 실험은 미국의 심리학자 월터 미셸Walter Mischel이 고안한 '마시멜로 실험'을 응용한 것이다. 4세 아이들에게 마시멜로를 주고 당장의 작은 만족을 참으면 15분 뒤에 더 큰 만족을 얻을 수 있다고 제시한 그 유명한 실험 말이다.

심리학 역사상 가장 유명한 실험 중 하나인 마시멜로 실험은 아이들의 자기 조절 능력을 알아보는 실험이었다.

미셸 박사는 14년이 흘러 실험에 참가했던 아이들이 18세가 되었을

때 아이들의 SAT 점수를 분석했다. 그 결과 실험 상황에서 마시멜로를 먹지 않고 기다렸던 아이들이 기다리지 못하고 바로 먹은 아이들보다 언어와 수학 과목에서 훨씬 더 높은 점수를 받았다는 사실이 드러났다. 4세 때의 자기 조절 능력의 차이가 학업 성취도의 차이로 나타난 것이었다. 실험 결과는 곧바로 학계와 언론에 큰 주목을 받았고, 세계 곳곳에서 수많은 후속 연구가 이어졌다.

물론 추후에 종단 추적 과정에서 인원이 대폭 축소되었던 점, 실험 참가자를 스탠퍼드대학교 커뮤니티를 기반으로 모집해 편향된 인원으로 구성되었다는 점 등 여러 문제점이 제기되기도 했지만, 마시멜로 실험은 아직까지 심리학 역사상 가장 유명하고 중요한 실험 중 하나로 꼽히고 있다.

자기 조절 능력은 사회성으로 이어진다

나중에 더 큰 만족을 얻기 위해 지금 당장 참고 기다려야 할 때 필요한 능력이 바로 자기 조절 능력이다. 그런데 마시멜로 실험을 통해 4, 5세 아이들 사이에도 자기 조절 능력에 현저한 차이가 있다는 사실이 밝혀졌다. 그리고 그것이 학업 성취도에까지 영향을 미친다는 사실이 참으로 놀랍기 그지없다. 하지만 가만히 생각해보면 당연한 결과이기도 하다. 당장 친구들과 어울려 놀고 싶어도, 당장 TV를 보고 싶고 게임을 하고 싶어도 미래의 더 큰 꿈을 위해 참고 공부에 매진하는 모습이 자기 조절 능력이 높은 아이들의 모습과 딱 일치하기 때문이다.

게다가 자기 조절 능력은 아이들의 사회성 발달에도 큰 영향을 미친다고 한다. 미국 스미스칼리지의 필립 피크Philip K. Peake 교수는 "마시멜로 실험에 성공한 아이들은 사회성도 높고 비교적 매우 원만하고 친밀한 대인 관계를 형성하게 된다. 매사에 일을 능숙하게 처리하며 어떠한 문제에 직면했을 때 큰 어려움 없이 잘 대처하게 된다."고 설명한 바 있다.

집에서나 부모가 애지중지하며 원하는 대로 다 해주지, 학교나 사회에서는 누구도 내 아이에게 일방적으로 맞춰주지 않는다. 그러므로 자기 조절 능력은 사회생활을 하는 데 있어서 꼭 필요한 능력이다. 자기 조절 능력이 떨어지는 아이들은 갈등을 유발하기 쉽다. 함께 지켜야 할 약속이나 규칙을 지키지 않고 제멋대로 행동하기 때문이다. 또한 자신의 욕구가 빨리 채워지지 않으면 욕구불만을 가지게 되고, 그로 인해 부정적인 말이나 행동을 자주 하게 됨으로써 불만 많고 성질 급한 아이라는 소리를 듣게 된다.

자기 조절 능력이 부족하면 폭력을 유발하기도 한다. 화가 나고 짜증이 나는 것을 참지 못하고 주변 사람들에게 곧잘 시비를 거는 탓이다. 서로 실랑이를 하다가 거칠게 폭력을 휘두르는 일도 잦은 편이다. 반면에 자기 조절 능력이 높은 사람은 갈등 상황에서 결코 감정적으로 대처하지 않기 때문에 분노를 조절하지 못하여 난폭하게 구는 일이 없다. 그래서 원만한 대인 관계를 형성하고 사회생활에 잘 적응하는 사회성 높은 사람이 될 수 있다.

어떻게 하면 자기 조절 능력을 키울 수 있을까?

자기 조절 능력은 보통 만 3세까지 기초가 만들어지고 만 6세 정도까지 발달하는 것으로 알려져 있다. 이것은 뇌 발달과 밀접한 연관이 있다. 자기 조절 능력을 좌우하는 전두엽이 바로 3세에서 6세 사이에 가장 집중적으로 발달하기 때문이다.

전두엽은 종합적 사고 기능과 인간성, 도덕성 등을 담당하는 부위다. 자기 조절 능력을 발휘하는 데 필수적인 요소들이다. 그래서 이 시기는 사고발달과 정신발달을 촉진하는 교육에 집중하여 올바른 생활태도나 예절, 도덕 교육에 중점을 둬야 자기 조절 능력을 키울 수 있다.

자기 조절 능력을 키워주기 위해서는 허용과 통제가 적절히 조화된 훈육을 해야 한다. 아이들은 만 2세쯤 되면 스스로 할 수 있는 것들도 많아지고 하고 싶어 하는 것들도 많아진다. 이 시기에는 자율성을 길러주기 위해 되도록 스스로 할 수 있게 해주는 것이 중요하지만, 자기 조절 능력도 반드시 함께 길러줘야 한다. 아이들은 아직 어디까지 해야 되는지 경계를 잘 몰라서 쉽게 경계를 넘는 행동을 할 수 있기 때문이다. 나빠서가 아니라 몰라서 그러는 것이다. 이럴 때는 단호하고 명확하게 하면 안 되는 행동을 알려줘야 한다. 허용할 수 있는 것은 충분히 자유롭게 하게 해주고 그렇지 않은 것은 분명하게 통제하는 것이 핵심이다.

식당이나 지하철, 백화점과 같이 여러 사람이 모이는 곳에 가면 아이들의 자기 조절 능력의 차이가 확연하게 드러난다. 가만히 있지 못하고 여기저기 뛰어다니거나 계속 짜증을 내며 징징거리거나 뭐든지 자기 것처럼 마구 만지고 다니는 것은 자기 조절 능력이 약하기 때문에 나타나는 행동이다.

막무가내로 행동하는 아이들의 부모를 유심히 살펴보면 크게 두 가지 유형으로 나누어진다. 먼저 아이들이 그러든지 말든지 가만히 두는 타입이다. 주변에서 좀 조용히 시키라고 하면 오히려 기분 나빠 한다. 아이들이 그럴 수도 있지 그런 것 가지고 뭐라고 한다고 화를 내기도 한다.

또 다른 유형은 소리를 지르거나 때리면서 과도하게 혼을 내는 타입이다. 그런데 그렇게 혼이 났음에도 불구하고 아이는 계속 하거나 오히려 더 하거나 잠시 멈췄다가 다시 시작하는 모습을 보이는 경우가 있다. 자신의 욕구를 분출할 수 있는 다른 방법을 모르기 때문에 벌어지는 일이다.

첫 번째 유형은 지나치게 허용적인 부모이고 두 번째 유형은 지나치게 통제적인 부모다. 허용과 통제 사이에서 균형을 잘 잡아 훈육해야 하는데, 어느 한쪽으로 지나치게 치우쳐 있어서 아이의 행동을 바로잡아주지 못하는 상태다. 아이의 자기 조절 능력을 키워주기 위해서는 반드시 부모가 해도 되는 것과 하면 안 되는 것 사이에서 균형을 잘 잡아야 한다.

아울러 일관된 훈육이 이루어져야 한다는 사실도 기억해야 한다. 같은 행동도 부모의 기분에 따라 허용했다 통제했다 하면 아이들은 진짜 할 수 있는 것과 할 수 없는 것을 구분하지 못하게 된다. 할 수 있는 것과 할 수 없는 것을 확실하게 알아야 스스로 규범을 만들고 규칙을 지키면서 자기 조절 능력을 키울 수 있는데, 부모의 태도가 일관적이지 않다면 아이는 혼란스러움에 빠져 뭐가 맞는 건지 판단하지 못하게 된다.

학교폭력 문제 해결책은 자기 조절 능력에 있다

최근 뉴스를 통해 아이들 사이에서 벌어지는 일들을 마주하게 되면 정말로 이것이 어린 아이들이 저지른 일이 맞는지 의심이 들 정도로 잔인하고 끔찍하다. 돈을 빼앗고 폭력을 휘두르고 SNS로 집단 따돌림을 시키고, 그것도 모자라 집단 성폭행까지 저지르기도 한다. 그런 행위 자체도 너무 끔찍하지만 자신이 얼마나 나쁜 짓을 저지르고 있는지 생각조차 못하고 그런 행동을 서슴없이 반복하는 것이 더 걱정스럽다. 자기 조절 능력을 완전히 상실한 것이다.

그들 중 대부분이 부모로부터, 학교로부터, 사회로부터 받은 분노를 조절하지 못한 채 만만한 아이들을 괴롭히는 것으로 풀고 있다. 부모라면 당연히 내 아이가 그런 상황의 피해자가 되는 것을 절대로 원치 않을 것이다. 또한 부모라면 내 아이가 그런 상황의 가해자가 되는 것도 절대로 원치 않을 것이라고 생각한다.

학교폭력 문제를 해결하는 근원적인 방법은 바로 아이들의 자기 조절 능력을 길러주는 것이다. 자기 조절 능력은 단순히 지금 하고 싶은 것을 참는 능력을 말하는 것이 아니다. 그것은 다른 사람과 어우러져 살아가야 하는 사회에서 자신의 욕구와 타인의 욕구를 적절히 조화시키면서 다 함께 행복할 수 있는 수단이 된다. 다른 사람을 희생시켜 내 분노를 풀고 욕심을 채우는 그런 사람은 건전한 사회 구성원이 될 수 없다. 그래서 자기 조절 능력은 매우 중요하다.

혹시 아이가 분노를 조절하기 힘들어한다면 그것을 어떻게 조절하고 해소할 수 있는지 가르쳐줘야 한다. 화가 나면 천천히 심호흡을 하게 하거나, 100까지 세어보게 하거나, 시원한 물을 마시게 하는 등 화가 났을 때 할 수 있는 방법들을 알려주고 연습하게 하는 것이다. 이 과정을 거치다 보면 그 사이 분노가 가라앉아 다른 사람에게 폭력적인 행동을 하지 않을 수 있다.

만약 부모가 아이를 체벌하고 있다면 그것도 당장 멈춰야 한다. 아이로 하여금 폭력은 상대방을 제압할 수 있는 강력한 수단이 될 수 있다는 왜곡된 생각을 심어줄 수 있기 때문이다. 평소에 분노가 많은 아이라면 운동이나 바깥활동을 통해 분노 에너지를 분출시키는 것도 필요하다.

사회성 발달 불변의 법칙 05

긍정적인 자아상이 사회성을 발달시킨다

아기들은 언제부터 '나'를 인식하기 시작할까?

아이들은 언제부터 자신을 알아볼까? 1979년, 발달심리학자 마이클 루이스Michael Lewis와 쟌 브룩스건Jeanne BrooksGunn은 '거울 루즈 검사'라는 실험을 실시했다. 아이들의 코에 빨간 루즈를 발라준 다음 거울을 보여주는 실험이었다. 만약 아이들이 거울 속의 모습이 자신임을 알아본다면, 눈에 띄는 빨간색 루즈를 그냥 두지 않고 코를 만지거나 코에 묻은 루즈를 닦으려고 할 것이다. 그러나 아이들이 거울 속 모습이 자신임을 알지 못한다면 그것을 닦아내려는 행위를 하지 않을 것이다.

실험 결과 9개월에서 18개월 사이의 아이들은 거의 다 코를 만지거나 립스틱을 닦지 않았다. 거울 속의 자신을 마치 다른 사람인 것처럼 대했다. 그러나 빠르면 18개월부터 24개월, 즉 만 2세 정도가 되는 아이들은 대부분 코를 만지거나 립스틱을 닦으려고 문질렀다. '자기 인식self-awareness'이 가능하기에 할 수 있는 행동이다. 아이들은 대략 만 2세가 되면 자신의 모습을 인식하고 세상에서 독립된 존재로서의 자신을 이해할 수 있게 된다. 이에 대해 루이스 교수는 "아이에게 '이건 나'라는 개념이 생기면 아이의 행동에 흥미로운 변화가 일어난다. 가령 아이는 타인에 대한 공감을 보이면서 물건을 나눌 수 있게 되는데, 이것은 자기 자신을 상대방의 입장에 빗대볼 수 있기 때문이다."라는 설명을 덧붙였다.

자기 자신에 대해 이해하는 것은 내가 다른 사람과 다르다는 사실을 구별하는 중요한 과정이다. 과거에 대해 기억할 수 있는 것도 내가 나임을 알아야 가능한 일이고, 다른 사람에게 나에 대해 이야기하는 것도 타인과 나를 명확하게 구분할 수 있어야 가능한 일이다.

이렇게 타인과 다른 나를 인식하고 인정함으로써, 즉 자기 인식을 기반으로 해서 자기 스스로를 존중하는 힘인 자존감이 형성되기 시작한다. 자존감에 대해서는 1장에서 자세히 서술했으므로 여기서는 자존감이 사회성에 어떠한 영향을 미치는지 살펴보려 한다.

자존감 높은 아이가 긍정적인 자아상을 갖는다

유치원만 가도 아이들은 외모에 엄청 신경을 쓰기 시작한다. 초등학교에 들어가면 그 정도가 더 심해진다. 워낙 외모를 꾸미는 데 관심이 많아 그런 아이들도 있지만, 유독 외모에 신경을 쓰는 아이들 중에는 자신의 외모에 만족하지 못하는 경우도 있다. 왜 그렇게 외모에만 신경을 쓰냐고 하면 오히려 난 왜 이리 못생긴 거냐고 원망하기도 한다. 그 정도면 충분히 예쁘다고 해도 아이는 전혀 수긍하지 않는다. 외모에 대한 객관적인 기준을 놓고 봤을 때 그리 부족하지 않는데도 말이다.

반대로 객관적으로 외모가 뛰어나지 않더라도 자신의 외모에 크게 신경 쓰지 않는 아이들도 있다. 예쁘지는 않지만 그 정도면 충분하다고 만족한다. 자신의 다른 장점들이 더 중요하고 멋지다고 생각하는 것이다. 이런 차이는 어디에서 오는 것일까? 바로 '자아상Self Image'의 차이다. 자아상은 스스로 자기 자신을 바라보는 눈이다. 그 안에는 외모나 능력에 대한 자신의 생각도 들어 있고, 다른 사람과의 관계까지 포괄되어 있다.

심리치료에서 아이들이 자기 자신을 어떻게 생각하는지 알아보기 위해 자주 사용하는 방법이 바로 자기 자신을 그리게 하는 활동이다. 이 방법은 1949년, 미술치료학자 카렌 매코버Karen Machover의 '인물 그림에서의 성격 투사'라는 논문을 계기로 시작되었다. 자화상에는 자신의 신체상이나 자아개념이 투사될 뿐 아니라 정서적 특성도 나타난다는 것이 그에 대한 근거였다.

EBS 다큐멘터리 〈아이의 사생활〉에서는 이 방법을 통해 자존감이 신체상에 어떤 영향을 미치는지 알아보기 위해 12명의 초등학생에게 다양한 크기의 종이와 그림 도구를 주고 스스로 생각하는 자신의 모습을 그리게 했다. 아이들은 원하는 종이와 도구를 골라 그림을 그렸는데, 어떤 아이들은 아주 큰 종이 위에 자신을 아주 크게 그리고 화려한 색깔로 색칠을 했다. 반면에 어떤 아이들은 작은 종이에 자신을 아주 작게 그린 뒤 한두 가지 색깔로만 색칠을 했다. 춤추는 자신의 모습을 그린 아이도 있고 활짝 웃는 자신의 모습을 그린 아이도 있었는데, 특이하게 자신의 얼굴에 눈을 아예 그리지 않은 아이도 있었다.

제작진은 아이들이 자신의 모습을 그린 그림을 통해 자아상이 어떤지 분석을 해보았다. 먼저 그림의 크기가 너무 작으면 위축되고 소심한 아이일 확률이 높고, 반대로 너무 크게 그린 아이는 공격성이 높거나 감정 조절 능력이 부족할 가능성이 크다. 머리는 자아를 인식하는 부위로, 공격성이 많은 아이들은 지나치게 크게 그리는 경향이 있고 반대로 지나치게 작게 그리는 아이들은 열등감이 있거나 힘이 약한 경우가 많다. 또 눈의 크기도 중요한 것들을 말해주는데, 큰 눈은 외향적인 성격을 나타내고 작은 눈은 내향적인 성격을 나타낸다. 이러한 기준으로 아이들의 자아상을 분석해 자존감 지수와 비교해봤더니, 자존감이 높은 아이들은 신체 만족도가 높았고 자존감이 낮은 아이들은 신체 만족도가 낮았다.

두 번째 실험에서는 현실 자아와 이상 자아의 차이를 살펴봄으로써 자신을 긍정적으로 보는지, 그렇지 않은지 알아보았다. 다양한 크기의 상자와 그림 도구, 잡지 등을 주고 상자 안에는 내가 생각하는 나의 모습을, 상자 밖에는 남들에게 보이는 나의 모습을 표현해 보라고 했다.

아이들은 각자 다른 크기의 상자를 골랐다. 또 안과 밖을 꼼꼼하게 채운 아이들이 있는 반면, 아주 단순하게만 묘사하고 거의 채우지 않은 아이들도 있었다. 상자의 크기, 충실도, 완성도, 색깔, 메시지 등을 비교해 분석한 결과, 자존감이 높은 아이들은 현실 자아와 이상 자아의 차이가 크지 않았다. 긍정적인 자아상을 가지고 있다는 뜻이다.

무엇보다 놀라운 건 첫 번째 실험에서 신체 만족도가 높았던 아이들과 정확하게 일치했다는 점이었다. 즉 자존감이 높은 아이들은 신체 만족도도 크고 긍정적인 자아상도 갖고 있다는 사실을 확인할 수 있었다. 긍정적인 자아상은 나를 있는 그대로 보고 나는 사랑받을 만한 가치가 있다고 믿는 마음이다. 이는 자존감을 이루는 한 요소인 '자기 가치감'과 일맥상통한다. 그래서 자존감이 높으면 긍정적인 자아상이 만들어질 수밖에 없다.

긍정적인 자아상을 가진 아이들은 자기 자신을 사랑하고 스스로의 약점까지 모두 수용한다. 또 자기가 가진 것을 소중하게 생각하고 수용하는 것처럼 남들의 것도 소중히 여기며 잘 챙겨주기 때문에 다른 사람을 잘 칭찬하고 도와주는 모습을 보인다.

긍정적인 자아상이 리더를 만든다

부모들은 당연히 아이가 친구들 사이에서, 학교에서, 사회에서 리더 역할을 하기를 바란다. 물론 그냥 평범하고 무난하게 지내는 것이 최고라고 생각하는 부모도 있겠지만, 아이가 리더 자리에 오를 만한 충분한 자질이 되거나 또 리더로 선정되었는데도 불구하고 굳이 그것을 마다할 부모는 없다고 생각한다. 또 요즘은 공부만 잘하는 아이보다는 공부도 잘하고 리더십까지 갖춘 아이를 진짜 인재라고 생각한다.

리더가 되려면 남들 앞에 나서는 용기가 필요하고, 다른 아이들의 마음을 읽고 모두에게 공정한 방법을 찾기 위해 노력해야 하며, 신속하고 현명한 판단을 해 일을 추진할 수 있어야 한다. 그런데 이러한 능력들은 자신에 대한 긍정적인 자아상이 있어야만 발휘할 수 있다. 스스로를 괜찮은 사람이라 생각해야 다른 사람들 앞에 나설 용기도 생기고, 자신의 판단을 믿을 수 있어야 리더십을 가지고 일을 추진할 수 있기 때문이다. 리더십은 사회성 발달 정도를 측정하는 중요한 요소 중 하나이므로, 긍정적인 자아상은 리더십을 키우고 나아가 사회성을 발달시키는 요소가 된다.

그러므로 오늘은 시간을 내어 아이에게 이런 질문을 해보면 좋겠다. "네 안에 무한한 잠재력이 있다고 생각하니?", "이 다음에 커서 네가 이웃과 사회에 기여할 수 있는 훌륭한 사람이 될 거라고 믿고 있니?", "시련이 닥쳤을 때 그것을 극복할 수 있는 힘이 네게 있다고 생각하니?”, “너는 멋지고 소중한 사람이니?”와 같은 질문들을 던졌을 때 아이가 선뜻 “네!”라고 대답한다면 안심해도 좋다. 그 아이는 긍정적인 자아상을 가지고 있는 아이가 맞다. 자신이 속한 사회에서 제 몫을 해내며 자신의 능력을 발휘할 수 있을 것이다.

만약 아이가 자신 없어 하며 선뜻 대답하지 못하거나 아니라는 대답을 한다면 긍정적인 자아상을 갖고 있지 않다는 뜻이 된다. 아이가 긍정적인 자아상을 갖지 못한 것은 여러 이유가 있을 수 있다. 그러나 가장 큰 원인은 부모가 아이를 어떻게 보고 있느냐에 있다. 부모가 아이의 가능성을 믿고 그 믿음을 고스란히 아이에게 전한다면 아이 역시 자신을 긍정적으로 바라보게 될 것이다. 그리고 그것을 바탕으로 자존감을 높이고 긍정적인 자아상을 가지면서 리더십 있는 아이, 사회성 높은 아이로 성장하게 될 것이다. 아이에게 가장 큰 영향력을 끼치는 존재는 바로 부모라는 사실을 잊지 말아야 한다.

사회성 발달 불변의 법칙 06

도덕성이 삶의 질을 바꾼다

우리는 진짜 도덕적일까?

1961년, 미국의 사회심리학자 스탠리 밀그램Stanley Milgram은 대규모의 설문조사를 했다. "만약 누군가 나에게 비인간적인 행위를 요구한다면 따를 수 있겠는가?"라는 질문이었다. 92퍼센트의 사람들은 "그럴 수 없다."고 대답했다. 정말 그럴까? 만약 그 대가로 돈을 벌 수 있다면, 그래도 비인간적인 행위를 하지 않을까?

밀그램은 이어서 신문에 모집공고를 냈다. 공포감이 학생들의 학습능력에 어떤 영향을 미치는지 실험하려고 하는데, 이 실험에서 교사 역할을 할 사람을 뽑는다는 광고였다. 사례비는 4달러였고 신청한 사람은 모두 40명이었다. 교사 역할을 맡은 사람이 할 일은 칸막이 너머에 있어서 얼굴이 보이지 않는 학생이 답을 틀릴 때마다 벌로 전기충격기 버튼을 눌러 전기충격을 주는 것이었다. 버튼은 1부터 10단계까지 있어서 누를 때마다 전기충격의 강도가 더 세지는, 즉 학생들에게 더 큰 고통을 줄 수 있는 환경이었다. 물론 전기는 실제로 연결되어 있지 않았고 학생도 가짜였다.

만약 설문조사의 결과가 사실이라면 이 실험에서 8퍼센트 정도의 참가자만이 버튼을 누르는 행위를 해야 했다. 틀린 답을 말한 학생에게 전기충격을 가하는 끔찍한 행위는 누가 봐도 비인간적인 행위가 분명하니까 말이다. 그런데 결과는 참담했다. 무려 65퍼센트의 참가자들이 가장 높은 단계의 버튼을 눌렀다. 물론 실험 상황이 주는 중압감, 대가로 4달러를 받은 것에 대한 의무감 같은 것들이 뒤섞여 그런 행동을 했을 수도 있다. 하지만 이유야 어떻든 과반수가 훨씬 넘는 사람이 자신의 도덕성을 저버렸다.

진짜 학생이 있었던 것도 아니고 진짜 전기충격을 가했던 것도 아니지만 실험 설정이 비윤리적이라는 이유로 밀그램은 많은 비판을 받았다. 학회에서 1년간 자격 정지를 받기도 했다. 하지만 이 실험이 우리에게 건네는 질문은 제법 묵직하다. 당신은 정말 도덕적인가? 당신은 어떠한 상황에서도 도덕적일 수 있는가?

우리는 대부분 자신이 도덕적이라고 생각한다. 도덕적인 사람이 되어야 한다고 집에서든 학교에서든 늘 교육을 받아왔고, 그래서 그렇게 살고 있다고 생각한다. 그런데 한 번 더 생각하면 우리는 비교적 자주 도덕적으로 행동해야 할지, 그렇게 하지 않아도 될지를 두고 흔들린다. 여러 가지 사회적 여건과 개인의 심리적 상황이 우리를 시험에 들게 한다.

특히 자신보다 연장자나 직장상사와 같이 쉽게 거절하지 못하는 사람의 권위와 부딪쳤을 때, 우리는 어쩔 수 없다고 합리화하며 도덕성을 포기하곤 한다. EBS 다큐멘터리 〈아이의 사생활〉에서는 권위가 도덕성에 어떤 영향을 미치는지 알아보는 실험을 했다. 선생님이 아이에게 사진을 한 장 보여주며 자신이 아끼는 소중한 사진이라고 말하고는 아이에게 사진을 찢어달라고 부탁했다. 갑작스런 말에 깜짝 놀란 아이들은 갈등을 하기 시작했다. 평소 배운 대로라면 선생님 말을 들어야 하는데, 선생님이 소중하게 생각하는 사진을 찢는 것은 그리 좋은 행동이 아니라는 사실 또한 그동안의 배움으로 잘 알고 있었던 것이다.

한참을 고민하다가 13명의 아이들 중 11명의 아이들은 결국 사진을 찢었다. 선생님의 권위 앞에서 도덕적 양심을 버리고 말았다. 그러나 2명의 아이들은 찢고 싶지 않다는 자신의 생각을 분명하게 밝혔다. 고개를 절레절레 흔들며 거부하기도 했다. 선생님의 권위에 맞서 옳지 않은 일을 거부한 것이다.

밀그램의 실험에서도 65퍼센트의 사람들은 가장 높은 단계까지 버튼을 눌렀지만 35퍼센트의 사람들은 더 이상 못하겠다고 하고 중도에 포기했다. 도덕적 양심을 저버릴 수 없기 때문이었다.

하지만 권위 앞에서 도덕성을 저버린 사람들을 마냥 나무랄 수는 없다. 왜냐하면 그런 상황에서는 우리도 충분히 그런 선택을 할 수 있기 때문이다.

도덕성이 경쟁력이다

〈아이의 사생활〉에서는 서울대학교 심리학과와 공동연구를 통해 도덕성과 아이들의 행동이 어떤 연관이 있는지 알아봤다. 초등학생 300명에게 총 280개 문항의 설문지를 작성하게 하고 그 결과를 분석했는데, 도덕성이 아이의 거의 모든 행동과 연결되어 있다는 결론에 도달했다.

도덕성이 낮은 아이들은 높은 아이들에 비해 집중력이 낮았고 또래 관계에도 어려움을 겪고 있었다. 과잉행동이나 문제행동을 많이 하고 공격성 또한 높았다. 또 왕따를 당한 아이도, 반대로 가한 아이도 도덕성이 낮은 것으로 나타났다. 아이들의 거의 모든 행동이 도덕성에 의해 지배되고 있었다. 이에 대해 서울대학교 심리학과 곽금주 교수는 "도덕적이면, 너무 착하면 손해를 본다는 생각은 잘못된 것이다. 도덕성이 높으면 그 아이의 경쟁력도 높아진다."고 말했다.

도덕성 테스트를 마치고 도덕성 지수가 최상위인 아이들 6명과 평균인 아이들 6명을 뽑아 스포츠 교실에 초대했다. 도덕성이 아이들의 행동에 어떤 영향을 미치는지 직접 눈으로 관찰해보기 위함

도덕성은 아이의 거의 모든 행동과 연결되어 삶의 질을 바꾼다.

이었다. 아이들에게는 카메라가 있는 것도, 도덕성과 관련된 실험을 하는 것도 알리지 않고 여러 가지 게임을 하게 했다.

첫 번째는 반으로 가른 대나무 통을 한 개씩 나눠주고 연이어 서서 탁구공을 떨어뜨리지 않고 물그릇까지 옮기는 게임이었다. 단, 탁구공에 손을 대거나 공이 통 밖으로 떨어지면 처음부터 다시 시작해야 한다는 조건을 내걸었다. 도덕성이 규칙 준수에 어떤 영향을 미치는지 알아보려는 것이었다.

도덕성 지수가 높은 아이들 팀은 규칙을 잘 지키며 게임을 했다. 그러다 보니 손에 닿아서, 또 떨어뜨려서 처음부터 다시 하느라 성공한 공은 딱 한 개뿐이었다. 반면에 도덕성 지수가 평균인 아이들 팀은 이기겠다는 열망에 공이 떨어지면 줍고 손으로 받치는 등 반칙을 15회나 했다. 성공한 공의 개수는 무려 7개였다.

두 번째는 눈 가리고 표적 맞히기 게임을 개인전으로 진행했다. 또 보상이 도덕성과 규칙 준수에 어떤 영향을 미치는지 살펴보기 위해 성공한 개수에 따라 선물을 준다는 약속도 했다. 그런데 도덕성 지수가 높은 아이들은 규칙을 철저하게 지키느라 과녁을 하나도 맞히지 못했다. 반면 도덕성 지수가 평균인 아이들은 보상을 받기 위해 안대를 내리는 행동을 했고 당연히 훨씬 많은 공을 과녁에 맞혔다. 도덕성이 높은 아이들은 보상에 흔들리지 않고 게임의 규칙을 잘 지켰지만 평균인 아이들은 보상을 받기 위해 너무 쉽게 규칙을 어겼다.

세 번째 게임은 섬은 천 속에 들어 있는 유아용 퍼즐을 보지 않고 맞추는 것이었다. 이번에도 도덕성이 높은 아이들은 규칙대로 보지 않고 차근차근 맞춰나갔지만, 도덕성이 평균인 아이들은 아예 천 밖으로 꺼내놓고 맞추기까지 했다.

살면서 자신의 도덕성을 측정하는 일은 거의 없다. 그래서 자신의 도덕성이 부족하다거나 문제가 있다고 생각하는 경우는 별로 없다. 그러나 도덕성의 차이는 같은 상황에서도 이렇게 다른 행동을 야기한다.

그럼 도덕성이 높은 아이와 평균인 아이는 인생관에서 어떤 차이를 보일까? 아이들에게 인생관에 관련된 질문을 하고 1~6까지 생각의 정도를 표시하게 했다. 먼저 '내 삶은 정말 좋다'는 질문, 즉 삶의 만족도를 묻는 질문을 던졌다. 그러자 도덕성 지수가 평균인 아이들은 1~3을 선택한 반면, 높은 아이들은 5~6을 선택했다. 또 '나는 매일 새로운 일이 생길 거라고 생각한다'는 질문에 대해서는, 도덕성이 평균인 아이들은 주로 1~2를 선택하고 높은 아이들은 6을 많이 선택했다. 낙관적인 인생관을 가졌다는 뜻이다.

그밖에 좌절 극복, 희망을 묻는 질문에도 도덕성이 평균인 아이들은 1~3을, 높은 아이들은 6을 주로 선택했다. 도덕성이 현재의 내 삶을 어떻게 평가하고 있고 또 앞으로 어떻게 살 것인가에 대한 생각을 좌우한다는 사실이 드러나는 결과였다. 결국 도덕성이 삶의 질을 바꾼다고 봐야 한다.

살아가는 데 자신의 삶에 만족하고, 더 나아질 거라고 기대하고, 어려운 일도 해결할 수 있다고 믿는 것만큼 중요한 게 어디 있을까. 바로 도덕성이 그것을 가능하게 한다.

도덕성은 언제, 어떻게 발달되는가?

그렇다면 아이들의 도덕성은 언제 어떻게 발달되는 것일까? 피아제나 콜버그 등이 제시한 도덕성 발달단계도 있지만, 사회성을 논하는 장이므로 친사회적 행동을 중심으로 도덕성 발달을 설명한 낸시 아이젠버그Nancy Eisenberg의 '친사회적 도덕 추론Prosocial moral reasoning'을 중심으로 이야기하고자 한다. 이를 위해 먼저 그녀가 제안한 '메리의 딜레마'라는 문제에 대해 알아보겠다.

> 어느 날 메리는 친구의 생일 파티에 가고 있었다. 그런데 가는 도중 다리를 다친 아이를 보았다. 아이는 자신의 집에 가서 부모님을 데려와 자신을 의사에게 데려갈 수 있도록 해달라고 부탁했다. 그런데 그렇게 하면 메리는 파티에 늦어 맛있는 음식과 놀이를 놓치게 될 것이다. 메리는 어떻게 해야 할까?

아이젠버그는 이에 대해 어떤 답을 내놓느냐에 따라 도덕성을 5단계로 구분했다. 1단계는 쾌락주의 단계로, 자신의 욕구가 가장 중요하기 때문에 파티를 놓치기 싫어 도와줄 수 없다고 대답하는 경우다. 학령전기인 3~6세 아이들이나 초등학교 저학년 아이들에게 주로 나타나는 반응인데, 이는 비도덕적이라서가 아니라 발달상 나타나는 일반적인 반응이다.

2단계는 요구 지향 단계로, 아이가 도와달라고 했기 때문에 도와준다는 대답을 한 경우다. 초등학생과 소수의 학령전기 아이들이 이런 대답을 많이 하는데, 이는 나의 욕구뿐 아니라 타인의 욕구도 생각할 수 있는 상태이기 때문에 1단계보다 좀 더 발달된 단계라 할 수 있다.

3단계는 전형적 승인 지향 단계로, 아이를 도와주면 칭찬을 받을 것이라는 인정 욕구와 더불어 좋은 행동을 하려는 의지가 담긴 반응이다. 보통 초등학생에서 소수의 고등학생들이 이런 답을 한다.

4단계는 감정이입 지향 단계로, 아이가 아프니까 도와야 한다고 대답한 아이들이 여기에 속한다. 감정이입과 공감을 잘하는 아이들로, 초등 고학년에서 고등학생 중에 이런 대답을 하는 경우가 많다.

5단계는 내면화된 가치 단계로, 서로 돕고 사는 것이 사회에 꼭 필요한 가치라는 이유로 도와야 한다고 대답한 경우다. 가장 높은 수준의 도덕성을 가지고 있는 아이들이며, 초등학생은 이런 생각을 하지 못하고 고등학생은 되어야 생각할 수 있는 수준이다.

아이젠버그는 초등학생의 경우는 1~4단계까지 나타날 수 있고, 고등학생은 3~5단계까지 나타날 수 있다고 설명했다. 같은 나이라도 아이에 따라 도덕성의 수준이 각자 다르다는 말이다. 이는 앞서 소개한 초등학교 아이들의 도덕성 지수의 차이로도 확인할 수 있다.

아이젠버그와 동료들은 그 후 17년간의 종단 연구를 통해 4~5세 사이에 친사회적 도덕 추론 수준이 상대적으로 높았던 아이들이 어떻게 성장하는지 조사했다. 그리고 그들이 아동기, 청소년기, 성인기 초기 동안 다른 사람에게 더 많은 도움을 주고 더 많은 이해심을 보일 뿐 아니라, 친사회적인 주제와 책임에 대해서도 더 복잡한 추론을 할 수 있다고 보고했다. 이는 친사회적 성향이 초기에 형성되고, 이후 지속적으로 영향을 미친다는 것을 의미한다.

도덕성도 훈련과 연습이 필요하다

도덕성은 양심, 공감, 이타성 등의 '정서', 그리고 자제력, 책임감, 공정성 등의 '인지', 그리고 생각과 마음을 행동으로 옮기는 '행동'으로 구성된다. 도덕성을 이루는 정서와 인지가 발달했어도 행동이 뒤따르지 않으면 별 의미가 없다.

미국 미네소타대학교 제임스 레스트James R. Rest 교수는 도덕적인 행동을 하기 위해서는 네 가지 요소가 필요하다고 주장했다. 첫 번째는 도덕적 감수성이다. 어떤 상황을 단순히 보는 것이 아니라 도덕적으로 느끼도록 하는 능력을 말한다. 두 번째는 도덕적 판단력이다. 어떤 행위가 도덕적으로 옳은지 그른지 판단하는 능력이다. 세 번째는 도덕적 의사 결정력이다. 다른 가치보다 도덕적 가치를 우선적으로 생각하는 능력이다. 네 번째는 도덕적 실행력이다. 실제로 도덕적 행동을 수행하는 능력을 말한다.

도덕적인 아이로 키우기 위해서는 성장 과정 중에 이러한 능력을 갖출 수 있도록 교육시켜야 한다. 어떤 것을 학습하고 어떤 경험을 했느냐에 따라 같은 상황에서도 취하는 행동들이 달라지기 때문이다.

〈아이의 사생활〉에서는 만 5~7세 아이들을 6~9명씩 세 그룹으로 나누어 도덕성이 모방과 어떤 관련이 있는지 실험했다. 방 안에는 장난감 칼이나 몽둥이가 바닥에 놓여 있고 가운데에는 풍선 인형이 서 있었으며, 그밖에 소파와 책 등이 놓여 있었다. 실험이 시작되자 방 안으로 한 남자가 들어와 각기 다른 행동을 하는 것을 TV를 통해 아이들에게 보여주었다.

첫 번째 그룹은 공격 행동을 보여주었다. 방에 들어온 남자가 서 있는 풍선 인형을 칼이나 몽둥이로 마구 치는 장면이었다. 두 번째 그룹은 같은 상황에서 풍선 인형을 껴안고 쓰다듬는 친절 행동을 보여주었다. 그리고 마지막 세 번째 그룹은 인형에게 관심을 보이지 않고 소파에 앉아서 책을 보거나 방 안을 배회하는 등 무관심한 행동을 보여주었다.

과연 아이들은 TV에서 본 방에 들어갔을 때 어떤 행동을 할까? 첫 번째 그룹 아이들은 9명 중 7명이 공격 행동을 똑같이 모방했다. 두 번째 그룹에서는 7명의 아이들이 칼이나 몽둥이에 관심을 보이지 않았고, 그중 3명은 친절 행동을 모방했다. 세 번째 그룹의 아이들 6명은 모두 TV 속 남자의 무관심한 행동을 모방했다. 아직 도덕적으로 성숙하지 못한 아이들은 모방과 경험을 통해 자신의 행동을 결정짓는다는 것을 알 수 있었다.

이에 대해 교육학자 문용린 교수는 "도덕적 행동은 연습이다. 연습되지 않으면 도덕적 행동은 나오지 않는다. 판단력, 의사결정, 의지가 필요하다. 도덕은 대단히 복잡한 심리적인, 정신적인 과정을 거쳐 이루어진 판단이다."라고 설명했다. 도덕성도 훈련과 연습이 필요하다는 것이다.

아이의 도덕성을 키워주고자 할 때 가장 좋은 방법은 바로 모방과 경험이다. 말로 하는 것보다는 부모가 솔선수범해 모방할 수 있게 하는 것이 가장 좋은 방법이다. 버스나 지하철을 탔을 때 부모가 먼저 할아버지나 할머니에게 자리를 양보하고, 자동차를 운전할 때 교통법규를 잘 지키고, 무거운 것을 들고 가는 사람을 도와주고, 욕설을 쓰지 않고 곱고 바른 말로 상대방을 존중하는 도덕적인 모습을 보여주면 아이들은 굳이 그렇게 해야 한다고 지적하고 잔소리하지 않아도 자신이 본 모습 그대로 따라 하게 되어 있다.

반대로 누가 보지 않는다고 손에 들고 있던 쓰레기를 슬쩍 버리고, 차가 오지 않을 때 눈치껏 무단횡단을 하고, 화가 나거나 짜증이 날 때는 표정과 말투가 거칠어지고, 줄 서서 기다리는 게 지겨워서 슬쩍 끼어드는 비도덕적인 행동을 해도 아이들은 그대로 따라 한다. 아이들은 좋은 행동이든 나쁜 행동이든 부모의 것을 그대로 따라 한다. 오죽하면 애들 앞에서는 숭늉도 못 마신다는 속담이 있을 정도일까.

평소에 도덕적인 판단을 내려야 하는 상황에서 아이가 스스로 판단하고 결정할 수 있는 기회를 주는 것도 중요하다. 부모가 함께 할 수 없는 유치원이나 학교에서 벌어지는 수많은 상황에서 도덕적 판단을 할 수 있게 하려면 평소에도 연습이 필요하다. 그러므로 아이가 옳지 않은 행동을 할 때는 이건 잘못됐다, 나쁜 짓이다 일방적으로 결론을 짓지 말고 아이가 스스로 생각할 수 있는 기회를 줘야 한다.

예를 들어 아이가 친구들과 놀다가 한 아이를 따돌려 문제가 생겼다면, 무작정 잘못했다고 야단치지 말고 먼저 왜 그런 일이 일어났는지 들어보고 아이의 감정을 공감해주는 것에서 시작한다. 그다음 그래도 친구를 따돌린 건 잘한 일이었을까, 따돌림 당한 친구의 마음은 어땠을까, 앞으로 그런 일이 생기면 어떻게 해야 할까에 대해 아이와 함께 이야기를 나누면서 바르게 대처하는 방법을 찾는 것이 좋다. 그래야 다음에 비슷한 상황이 발생했을 때 아이는 지난 일을 기억하고 도덕적 행동을 하는 쪽을 선택할 수 있다.

하지만 아이들에게 지나치게 도덕성을 강요하는 것은 오히려 부작용을 초래할 수 있다. 아이젠버그의 도덕성 5단계 중 1단계에 속하는 학령전기의 아이들이나 초등학교 저학년 아이들은 아직 자신의 욕구가 가장 중요한 때다. 이때 지나치게 도덕성을 강요하는 것은 오히려 아이들의 욕구불만을 일으켜 반발심을 키울 수 있다. 그러므로 아이가 지켜야 할 규칙과 계획을 세우고자 할 때는 반드시 발달 단계를 고려해서 진행해야 한다.

도덕성은 아이의 인성을 이루는 아주 중요한 덕목이기 때문에 어렸을 때부터 차근차근 길러줘야 한다. 권위나 환경, 관계의 변수에도 흔들리지 않는 튼튼한 도덕성은 아이를 더 행복하게 만들고 사회를 더 살 만한 곳으로 만든다는 사실을 잊지 말자.

사회성 발달 불변의 법칙 07

놀이성이 좋은 아이가 사회성도 좋다

잘 노는 것도 능력이다

땀을 뻘뻘 흘리며 노는 아이들을 보면 노는 게 저리도 좋을까 하는 생각이 든다. 공부하라고 할 때는 온 몸을 배배 꼬며 세상 끝난 듯 어두운 얼굴을 하다가도 놀자는 소리만 하면 활기가 넘친다. 아이들에게 놀이는 단비 같은 것이다. 단비가 거칠고 메마른 땅을 촉촉하게 적시고 지쳐 쓰러진 풀들을 바짝 살아나게 하듯 놀이는 아이들에게 기쁨을 주고 생기를 준다.

우리가 어릴 때를 되돌아보면 노는 시간이 참 많았던 것 같고,

또 그 시간이 제일 좋았던 것 같다. 그래서 옛 친구들을 만나면 함께 놀았던 일들이 소중한 추억으로 간직되고 있음을 깨닫는다. 당연히 잘 노는 아이들이 인기도 많았다. 잘 놀려면 적극성도 있어야 하고 무리를 이끄는 통솔력도 있어야 하고 재미있는 아이디어도 많아야 하고, 또 쾌활한 성격까지 갖춰야 하기 때문에 인기가 없을 수가 없었다.

이렇게 잘 노는 것을 '놀이성'이라 한다. 놀이성은 놀이에 참여할 때 적극적으로 즐겁게 참여하는 정도를 말한다. 놀이성에는 신체적 자발성, 인지적 자발성, 사회적 자발성, 즐거움의 표현, 유머 감각 등이 모두 포함된다. 잘 노는 것도 그만한 능력이 뒷받침돼야 가능해진다.

EBS 다큐멘터리 〈놀이의 반란〉에서는 서울대학교 경영학과에 재학 중인 10명의 학생들을 초대해, 그들이 가진 놀이성이 우리 시대가 원하는 인재상과 어떤 관련이 있는지 알아보는 실험을 했다. 먼저 설문을 통해 놀이성을 측정한 다음, 취업을 위한 모의 면접을 실시했다. 5명씩 한 팀이 되어 집단 과제를 수행하는 동안 면접 컨설턴트 3명이 지켜보면서 학생들의 팀워크와 창의적 문제 해결력, 리더십을 평가해서 그중 인재라고 생각하는 사람을 뽑기로 했다.

과제는 A4 용지와 사인펜, 그리고 셀로판테이프만을 이용해 집을 짓는 것이었고 제한 시간은 20분이었다. 예상치 못한 과제에 모두 당황하는 표정이었지만, 이내 각자 의견을 내고 서로의 생각을 조율하며 집을 짓기 시작했다. 한 팀은 미로 같은 형태의 집을 만들

잘 노는 아이들이 사회성이 높다. 놀이는 인생의 축소판이기 때문에
그 안에서 갈등을 극복하고 조화롭게 어울리는 요령을 터득하며 사회성 훈련을 한다.

었고, 다른 한 팀은 영화 속에 등장하는 바닷가의 집을 만들었다.

최종적으로 인재로 뽑힌 학생들은 3명이었다. 놀이성 평가에서 10명의 놀이성 평균 점수는 78.6점이었는데, 인재로 뽑힌 3명 중 2명은 평균보다 월등히 높은 놀이성 점수를 받은 것으로 나타났다.

요즘 기업들은 개인적인 우수성이 아닌 집단의 우수성을 추구하고 있으며, 인재들이 잘 어우러져 조직의 성과를 극대화시키는 게 중요하다고 본다. 그래서 잘 노는 사람을 선호한다. 함께 뭔가를 하는 방법을 이미 잘 익혔으므로 그렇지 않은 사람보다 사회적으로도 성공할 확률이 더 높다고 평가하기 때문이다. 놀이성이 좋은 학생을 인재로 뽑은 이유가 바로 거기에 있었다.

이는 대한상공회의소가 2018년에 발표한 인재상에서도 확인할 수 있다. 대한상공회의소는 2008년부터 5년마다 국내 매출액 상위 100대 기업의 인재상을 조사해왔는데, 2018년도 1위는 바로 소통과 협력 능력이었다. 2008년 1위는 창의성, 2013년 1위는 도전정신이었던 것과는 상당히 달라진 변화다.

그렇다면 이것은 아이들에게 너무 유리한 것이 아닐까? 아이들에게 놀이는 생활이며, 누가 가르쳐주지 않아도 스스로 너무나 잘하는 부분이니까 말이다.

사회성 발달 과정을 알면 놀이를 놓칠 수 없다!

사회성을 발달시키는 데 있어서 놀이가 이렇게 중요하고 꼭 필요한데, 요즘 아이들은 놀 시간이 너무 없어서 큰일이다. 혹여나 놀이의 중요성을 알고 아이를 실컷 놀게 하기 위해 밖에 내보냈다가도 놀 친구가 없다고 풀이 죽어 들어오는 아이를 보면 이만저만 속이 상한 게 아니다. 놀 친구가 없어서 그나마 놀 친구가 있는 학원에 보낸다는 엄마들도 많다.

하지만 놀이의 중요성에 대해 잘 안다면, 또 놀이를 통해 사회성을 키울 수 있는 것도 때가 있다는 사실을 잘 안다면 절대로 그 중요한 일을 제쳐두고 아이를 학원으로 떠밀 리가 없다. 놀이를 통해 얻을 수 있는 것은 단지 재미에 그치는 것이 아니라 이 세상을 살아가는 데 필요한 삶의 요령 내지는 삶의 기술까지도 포함된다.

엄마와 가족이 아닌 다른 사람들과 함께 생활하며 겪게 되는 여러 가지 문제들은 아이들에게 신기하고 재미있는 일이기도 하지만 어렵고 복잡한 일이기도 하다. 그것을 미리 연습해볼 수 있는 것이 바로 놀이다. 놀이를 하다 보면 서로 다른 의견을 가진 친구를 만날 수밖에 없다. 이때는 그 친구에게 양보를 하거나 아니면 그 친구를 설득해서 서로 다른 의견을 맞춰나가야 한다.

모두의 생각을 하나로 모을 때도 마찬가지다. 다수를 위해서 소수가 희생해야 할 때도 있지만, 소수의 생각이 더 완벽하다면 그들의 편에 서서 최선의 방법을 찾을 수도 있어야 한다. 다툼이 일어났을 때는 그 다툼을 중재하기도 해야 하고, 다른 사람이 나에게 시비를 걸 때는 그것을 슬기롭게 해결할 수 있어야 한다.

이 과정에서 사회성을 한껏 발휘해야 한다. 하지만 아이의 사회성은 아직 섬세하거나 튼튼하질 못해서 실패하여 좌절할 수도 있고 어설퍼서 부끄러워할 수도 있다. 그래도 괜찮다. 그 모든 것이 공부이고 경험이 되기 때문이다. 좌절과 부끄러움을 극복하고 다시 일어서는 과정도 사회성 훈련이 된다. 한마디로 놀이는 사회성 학습의 장이라 할 수 있다.

그것을 학원이나 기관에서 배울 수도 있지 않느냐는 반문을 할 수도 있겠다. 단언컨대 학원이나 기관에서 이루어지는 그 모든 활동은 아이들이 자발적으로, 아무런 목적 없이, 스스로가 주인이 되는 놀이에 비할 바가 못 된다. 진짜 놀이는 자발적으로 목적 없이 주도적으로 진행되기 때문에 아이들을 몰입하게 만든다. 이 상태에서는 문제점이나 갈등을 해결하고자 하는 의지가 최고조에 이르기 때문에 누가 시켜서, 혹은 미리 짜놓은 프로그램에 따라 움직이는 것과는 전혀 다른 양상이 전개된다. 사회성은 학습으로 배울 수 있는 것이 아니라 이렇게 사회 안에서 직접 부딪치고 경험하면서 체득하는 것이다.

발달심리학자들은 만 3세에서 만 6세까지를 사회성 발달의 황금기라고 말한다. 전두엽의 집중적인 발달로 사회성과 관련된 뇌가 폭발적으로 발달하기 때문이다. 또한 이 시기에는 집에서 벗어나 놀이터에 나가서 놀거나 유치원에 가서 친구를 사귀면서 본격적으로 사회적 활동을 시작하기 때문에 사회성을 차곡차곡 쌓기에 최적의 조건을 갖추게 된다.

실제로 아이들이 친구들과 노는 모습을 보면 아이들의 사회성 발달단계를 확인할 수 있다. 미국의 교육학자인 밀드레드 파튼Mildred Parten은 아이들의 사회적 놀이의 발달과정을 분석해 만 5세까지의 놀이를 사회적 참여도에 따라 여섯 가지로 분류했다.

만 0세에서 만 1.5세 사이의 아이들은 놀이에 참여하지 않는 '비참여 행동'의 단계로, 자신의 신체를 가지고 놀거나 목적 없이 어슬

렁거린다. 만 1.5세에서 2세 사이는 '방관자적 행동'으로 친구를 만나도 서로 관찰하며 놀이 자체에는 참여하지 않는 단계다. 만 2세에서 2.5세까지는 '단독 놀이'를 하는 단계로, 독립적으로 놀면서 다른 아이를 놀이에 참여시키지 않는다. 만 2.5세에서 3.5세의 아이들은 같이 있고 비슷한 놀이를 하지만, 서로 접촉하거나 간섭하지 않은 채 혼자 '평행 놀이'를 한다. 이때는 엄마들이 옆에서 조금씩 도와줘서 같이 놀 수 있게 해주면 좋다. 물론 놀이를 전적으로 주도하거나 억지로 같이 놀게 하는 건 좋지 않다.

만 3세에서 4.5세 사이의 아이들은 조금씩 친구들과 함께 놀기 시작한다. 서로 유사한 활동을 하면서 질문도 하고 친구의 장난감을 가지고 놀기도 한다. 장난감 자동차 한 대를 주면 서로 번갈아 타거나 한 명이 타고 뒤에서 밀어주는 등의 '연합놀이'도 할 수 있다. 장난감을 서로 나눠 쓰는 나눔을 이해할 수 있게 되지만, 아직은 나눔보다는 내 것에 더 집착하는 나이이다. 그래서 아이들끼리 서로 자기 것이라고 싸움이 일어나면 무조건 혼내거나 빼앗아 다른 아이에게 주는 것보다 잘 달래거나 다른 데로 시선을 돌리게 하는 것이 더 좋은 방법이다. 그리고 안전에 문제가 생기지 않는다면 부모는 되도록 놀이에서 멀어지는 게 좋다.

만 4세에서 만 5.5세 무렵이 되면 아이들은 친구들과 같이 블록을 쌓거나 인형 놀이를 하는 등 '협동 놀이'를 할 수 있게 된다. 이때는 공동의 목표를 위해 역할을 분담하고 리더 역할을 하는 아이가 생긴다. 또한 일정 수준의 정서, 인지 발달이 이루어지면서 친사회적인 행동을 익힐 수 있게 된다. 그러므로 이 시기에는 놀이를 통해 사회적 경험을 많이 하게 해줘야 한다. 인형으로 아기를 돌봐주는 놀이를 하면서 '보살피기'에 대해 경험하게 해주고, 서로 힘을 모아 블록을 쌓으면서 '협조하기'의 경험을 하게 해주는 식이다. 이렇게 놀이를 통해 아이들은 나누기, 돕기, 위로하기와 같은 친사회적인 행동을 배울 수 있다. 친구들 사이에서 지켜야 할 규칙도 놀이를 통해 충분히 배울 수 있다.

이런 과정을 거쳐 만 5세에서 만 6세가 되면 본격적으로 사회성 발달이 이루어진다. 유치원에 다니며 사회생활에서 꼭 지켜야 할 기본 규칙을 익히고, 많은 친구들과 선생님들, 어른들과 교류하며 사회성을 키운다. 그러면서 규칙을 지키는 것이 친구들과의 관계에 더 좋다는 것을 배우고, 마음을 이해하는 능력을 키우며 상대방의 입장에 서는 연습도 한다. 또한 이 시기부터는 단짝친구가 생겨 많은 시간을 같이 놀면서 서로 사회적 경험을 주고받는다. 이런 경험을 통해 친구와 의견이 충돌하거나 마음이 맞지 않을 때 이를 해결하고 극복할 수 있는 능력이 생긴다.

초등학교에 들어가면 그동안 갈고 닦은 사회성을 본격적으로 발휘해야 하는 일들이 많이 생긴다. 유치원 때보다는 더 많은 아이들 사이에서 더 다양한 일들을 접하며 생활해야 하기 때문에 좀 더 복잡한 수준의 사회성을 연습하고 발달시켜 나간다. 학습으로 인해 놀이 시간이 많이 줄어들지만, 놀이를 통해 친구와 우정을 쌓고 몇 명씩 집단을 이루어 어울려 다니며 사회적 기술을 배우게 된다. 유아기 때 사회성을 잘 닦아놓은 아이들은 큰 문제없이 학교생활과 친구관계에 적응할 수 있지만, 그렇지 못한 경우는 부적응과 따돌림 등을 경험하며 사회성에 큰 위기를 맞기도 한다.

사회성은 하루아침에 만들어지지 않는다. 제때 적절한 자극을 주고 필요한 경험을 하게 하면서 하나하나 차곡차곡 쌓아올릴 수밖에 없다. 그리고 그것을 가장 쉽고 효율적으로, 그러면서 즐겁게 해결할 수 있는 수단이 바로 놀이다. 놀이에서는 승자와 패자가 갈리고 예측하기 힘든 변수도 등장하고 갈등 상황도 빈번하게 발생하는데, 아이들은 이런 문제들을 스스로 해결하면서 더 나은 인간관계를 만들어가는 요령을 깨닫는다.

그런데 놀이에 있어서 또 한 가지 중요한 사실이 있다. 진짜 놀이를 해야 한다는 것이다. 요즘 아이들은 놀아도 제대로 놀지 못하는 경우가 참 많다. 친구랑 놀라고 하면 각자 스마트폰을 들고 게임 삼매경 유튜브 삼매경에 빠지기 일쑤다. 같이 있지만 같이 노는 것이 아니다. 진짜 놀이는 몸으로 놀고 마음으로 노는 것이다. 온몸의 감각을 사용하고, 대근육과 소근육을 움직이고, 감성과 지성을 동원하는 놀이가 진짜 놀이다. 그렇게 놀아야 서로 규칙도 만들고 갈등도 해결하고 감정도 교류하는 경험을 할 수 있다. 사회성은 그런 경험을 통해서 발달한다.

자신이 속한 사회에서 다른 구성원들과
원만하게 어우러져 살아가는 능력, 즉 사회성은 매우 중요하다.
그래서 부모는 아이가 자신이 속한 사회에서
구성원들과 원만하게, 그리고 행복하게 잘 지내기를 바란다.
한 사회의 구성원으로서 자기 역할을 다하기 위해서는 사회성을 키워줘야 한다.

4장

언어 발달
불변의 법칙

옹알이를 하던 아이가 엄마, 아빠를 처음으로 내뱉는 순간 부모들이 느끼는 기쁨은 이루 말할 수가 없다. 아이가 태어났을 때 감격했던 순간이 떠오르고, 그동안 아이를 키우면서 힘들었던 일들이 순식간에 잊혀지면서 더 좋은 엄마 더 든든한 아빠가 되겠다는 다짐을 다시 한번 되새긴다. 앵두 같은 입술을 오물거리며 엄마, 아빠를 불러대는 아이의 모습은 언제나 사랑스럽고 감동스럽다.

그런데 조금만 더 크면 그냥 엄마 아빠를 불러주는 것으로는 성에 차지 않는다. 본격적으로 언어 발달을 촉진시켜야겠다는 생각에 집 안 곳곳에 단어 스티커를 붙여놓거나 단어 카드를 연신 보여주며 어떤 글자인지 맞혀보라는 미션을 주게 된다. 학습지 교사의 방문을 허용하는 것도 이때쯤이다. 한글을 빨리 떼야 책도 빨리 읽고, 그래야 공부를 잘할 수 있으니 사교육의 힘을 빌어서라도 어떻게 좀 해봐야겠다고 안절부절못한다. 또 외국어는 어릴 때 배울수록 효과가 좋다는 말에 영어, 중국어에까지 손을 뻗친다. 드디어 조기교육이 시작되는 것이다.

이때부터 엄마들의 경쟁도 시작된다. 길 가다 아이를 데리고 다니는 엄마를 보면 본능적으로 "얘는 몇 개월이에요?"라고 물어보게 되는데, 비슷한 월령의 아이가 자신의 아이보다 말을 잘하면 부러운 마음에 의기소침해진다. 그와 동시에 우리 아이가 언어 발달이 너무 늦은 건 아닌지 걱정하게 된다.

아이들의 언어 발달이 좀 늦다 싶으면 불안해지는 이유는 말을 빨리 시작한 아이가 똑똑하고 말이 늦으면 똑똑하지 못하다는 그릇된 편견 때문이다. 지인들 모임이나 친인척 모임에 나가서 "얘는 왜 이렇게 말이 늦냐."라는 말이라도 들으면 그것이 "엄마가 할 일을 제대로 안 하니 아이가 늦되는 거지."라는 말로 들려 마음의 무게가 더욱더 커진다.

말은 의사소통의 기본 방법이고, 의사소통은 인간에게 꼭 필요한 생존 도구다. 하지만 언어 발달은 그저 말하고 읽고 쓰기를 잘하는 것이 전부가 아니다. 세상의 이치를 이해하고, 다른 사람의 말과 글을 이해하고, 논리적으로 자신의 생각을 표현하는 능력을 익히는 과정이다.

그렇다면 어떻게 해야 아이의 언어능력을 제대로 길러줄 수 있을까? 그 답을 찾기 위해서는 '언어 발달 불변의 법칙'을 알아야 한다.

언어 발달 불변의 법칙 01

언어는 인간이 선천적으로 타고난 본능이다

아기는 '엄마' '아빠'의 의미를 제대로 알고 있을까?

아기가 처음 "엄마!"라는 말을 했을 때 아기는 과연 앞에 있는 사람이 자신을 낳아서 길러준 자신의 엄마임을 알고 하는 것일까? 혹시나 엄마가 평소 아기에게 반복해서 엄마라는 단어를 주입시켰기 때문에 단순히 모방한 것은 아닐까?

미국의 심리학자 루스 틴코프Ruth Tincoff와 피터 주스칙Peter W. Jusczyk은 아기가 언제부터 대상과 단어를 연결 지어 생각할 수 있는지 실험했다. 먼저 6개월 된 아기 24명의 부모 얼굴을 각각 흰색

배경 앞에서 촬영했다. 그리고 아기를 엄마 무릎에 앉힌 다음 양쪽 에 텔레비전을 놓았다. 텔레비전에서는 엄마의 영상이나 아빠의 영상이 나타났다. 그러다가 갑자기 합성된 목소리가 "엄마!", 또는 "아빠!"라고 말했다. 아기들은 엄마 소리가 나올 때는 엄마가 나타나는 화면을 더 오랫동안 쳐다보고 아빠 소리가 나올 때는 아빠가 나타나는 화면을 더 오랫동안 쳐다봤다. 6개월의 아기도 엄마, 아빠라는 단어를 진짜 엄마, 아빠와 연결 지어 생각할 수 있었다.

그런데 혹시 아기들이 여자가 나오면 그냥 다 엄마라고 생각하고 남자가 나오면 그냥 다 아빠라고 생각한 것은 아닐까? 아기가 말의 의미를 정확하게 파악하고 있다면 그 말이 의미하는 대상과 정확하게 일치시킬 수 있어야 한다. 엄마라는 소리를 들었을 때 다른 여자를 쳐다보는 것은 아직 자신을 낳아주고 길러준 사람을 엄마라고 부른다는 사실을 모른다고 봐야 한다.

이를 확인하기 위해 연구팀은 생후 6개월 된 24명의 아기들을 새로 뽑았다. 그리고 그들에게 첫 번째 실험에 참여했던 아기들의 부모가 나오는 영상을 보여줬다. 그랬더니 아기들은 엄마와 아빠라는 단어를 낯선 부모들과 연결 지어 생각하지 않았다. 그러니까 6개월 된 아기도 엄마, 아빠라는 단어가 정확하게 무엇인지 그 의미를 파악하고 있었다.

또한 이 실험을 통해 알게 된 사실이 한 가지 더 있었다. 이 실험의 참가자들은 아직 엄마, 아빠라는 말을 하지 못하는 생후 6개월 아기들이었다. 아기는 아직 엄마, 아빠라는 말을 하지 못해도 엄마,

아빠가 무엇을 의미하는지 정확히 알고 있었다. 이것은 아기들이 말을 하기 전부터 이미 그 단어가 의미하는 것이 무엇인지를 알고 있다는 뜻이다.

대부분의 부모들은 아기가 처음 엄마, 혹은 아빠라는 단어를 내뱉는 순간부터 언어 발달이 시작된다고 생각하지만 사실은 그렇지 않다. 태어나면서부터 첫 단어를 내뱉기 전까지 아기는 수많은 언어 자극을 받아들이며 말을 할 준비를 하고 있다.

그렇다면 과연 자신의 이름에 대해서는 어떻게 반응할까? 데니스 만델Denise R. Mandel, 피터 주스킥Peter W. Jusczyk, 그리고 데이비드 피조니David B. Pisoni는 생후 5개월 된 아기들을 대상으로 아기들이 다른 이름들 사이에서 자신의 이름을 알아챌 수 있는지 실험했다.

실험을 위해 양쪽 벽에 빨간 불빛을 달고 그 뒤쪽에 스피커를 설치한 방 가운데에 엄마가 아기를 안고 의자에 앉았다. 양쪽에서 무작위로 불빛을 깜박이게 하여 아기가 불빛이 깜빡이는 쪽으로 고개를 돌리면 스피커에서 무작위로 이름을 부르는 소리가 나오도록 했다. 그리고 아기가 이름을 들을 때마다 불빛을 얼마나 오랫동안 쳐다보는지 시간을 기록했다. 그중에는 실험에 참여하는 아기의 이름을 비롯해 다른 다양한 이름이 포함되어 있었다. 물론 엄마는 헤드폰을 써서 소리를 들을 수 없도록 했다.

실험 결과 아기들은 자신의 이름이 들릴 때 더 오랫동안 불빛을 쳐다봤다. 자기 이름과 다른 이름을 구별했던 것이다. 물론 이것이 자기 이름을 명확하게 알고 있다는 증거라고 볼 수는 없다. 하지만 적어도 자신의 이름을 다른 이름보다 훨씬 익숙하게 여긴다는 사실은 확실했다.

언어능력은 선천적인 것일까, 학습에 의한 것일까?

말을 하는 것은 상당히 많은 능력이 필요한 일이다. 입을 어떻게 벌리면 어떤 소리가 나는지 깨달아야 하고 내가 내뱉는 소리가 어떤 의미를 갖고 있는지 이해해야 하며, 언어가 가진 각종 규칙을 알아내고 활용할 수 있어야 한다. 또 기쁘다, 슬프다 등의 감정적인 언어를 이해하는 정서적 능력도 뒷받침되어야 하고, 행복이나 외로움과 같은 추상적 단어를 이해할 수 있는 인지적 능력도 갖춰야 한다.

그런데 보통 만 5세 정도가 되면 성인 언어 체계의 구성요소들을 어느 정도 습득한다고 알려져 있다. 인간의 언어가 얼마나 많은 단어로 구성되어 있고 복잡한 문법 체계를 가지고 있으며, 또 실체를 명확히 파악할 수 없는 추상적인 단어들이 수없이 많다는 사실을 감안한다면 이는 상당히 급속한 발전을 이루어내는 것이라 할 수 있다.

과연 아기들의 놀라운 언어적 감각은 어떻게 생겨난 것일까? 언어 발달에 대한 학자들의 주장은 크게 두 가지로 나뉜다. 그중 하나는 미국의 행동주의 심리학자 버러스 스키너Burrhus F. Skinner로 대표되는 '학습설(경험론)'로, 인간이 언어를 습득하는 것은 후천적인 경험이나 훈련, 학습에 의한 것이라는 주장이다. 또 다른 하나는 미국의 언어학자 노암 촘스키Noam Chomsky 등이 주장하는 '생득설(선험론)'로, 인간은 선천적으로 언어능력을 가지고 태어난다고 보는 시각이다.

최근에는 인지과학의 발달로 아이들의 언어 발달에 대한 연구가 활발하게 이루어지면서 생득설을 증명하는 수많은 결과들이 도출되고 있다. 이것은 아이들의 언어 발달에 있어서 경험이나 학습이 중요하지 않다는 것이 아니라, 아기들은 우리가 생각하는 것보다 언어에 대해 훨씬 많은 지식을 갖고 있다고 보는 것이 맞다.

세계적인 인지과학자이자 진화심리학자인 스티븐 핑커Steven Pinker는 그의 저서 《언어 본능Language Instinct》에서 "마치 거미가 거미줄 치는 법을 아는 것처럼 인간은 말하는 법을 안다."고 주장했다. 직립보행이 문화적 발명품이 아니듯, 언어 역시 인간이 만들어 낸 문화적 발명품이 아니라는 것이다.

인간이 언어를 습득한다는 것은 아주 자연스러운 일이면서 동시에 매우 복잡한 일이기도 하다. 그런데도 아기는 1년이 지나면 100개의 단어를 알아듣고, 만 3세가 되면 스스로 문법까지 깨우친다. 그것이 가능한 이유는 아기들이 태어날 때부터 이미 언어에 관한 중요한 사항들을 알고 있기 때문이다.

EBS 다큐프라임 〈언어 발달의 수수께끼〉에서는 아기가 단어와 비단어를 구분할 수 있는지 알아보기 위한 실험을 했다. 생후 12개월 이전의 아기 3명에게 '골라부', '파도티', '투피로', '비다쿠'와 같이 아기가 한 번도 들어보지 못한 무의미한 단어, 즉 인공 단어를 만들어 2분간 연속으로 들려줬다. 그리고 다시 애니메이션을 보여주면서 앞에서 들어봤던 인공 단어들과 함께 '부파도', '타투피', '로비다'와 같은 생소한 비단어들을 섞어 들려줬다.

아이들은 인공 단어를 구별할 수 있을까? 아이들이 인공 단어와 비단어가 나올 때 모니터를 주시하는 시간을 기록한 결과, 이미 들어봤던 인공 단어를 주시하는 시간은 평균 7.14초, 처음 들어보는 비단어를 주시하는 시간은 평균 10.51초였다. 아이들은 낯선 것에 더 집중하는 경향이 있기 때문에 집중하는 시간이 짧다는 것은 그것에 익숙하다는 뜻이다. 그러니까 아이들은 2분밖에 듣지 않은 인공 단어를 단어로 인식하여 더 익숙하게 생각했다고 보면 된다.

연세대학교 심리학과 송현주 교수는 "아이들이 언어를 배울 때는 단어가 무엇인지를 먼저 이해해야 한다. 말소리 속에서 뭐가 단어인지 파악한 뒤, 그 단어의 의미를 파악한다. 그런 능력이 생후 초기부터 어쩌면 갖고 태어난 것일 수도 있다고 많은 연구자들이 생각하고 있다."고 설명했다.

아이들 특유의 '선생님이가', '안 밥 먹어'라는 표현에 담긴 비밀

그렇다면 문장은 어떨까? EBS 다큐멘터리 〈아기 성장 보고서〉에서는 이제 막 한두 단어를 말할 줄 아는 14개월 아이가 단어 배열 순서에 따라 문장의 뜻이 달라진다는 것을 알고 있는지 실험했다. 아이 앞에 모니터 2개를 설치하고 한쪽에는 뿡뿡이가 짜잔 형을 만지는 영상을, 또 다른 한쪽에는 짜잔 형이 뿡뿡이를 만지는 영상을 보여주며 "짜잔 형이 뿡뿡이를 만지는 게 어디 있어?" 하고 물었다.

질문을 들은 아이는 정확하게 해당 화면을 응시했다. 이 문장은 주어 '짜잔 형이', 목적어 '뿡뿡이를', 그리고 동사 '만지다'로 구성된 복잡한 문장이었다. 그런데도 아이는 그걸 정확하게 파악했다. 문법을 배우기는커녕 아직 겨우 한두 단어로만 말을 하는 아이가 이렇게 문장을 정확하게 해석한다는 것은 문법 범주에 대한 생득적인 능력을 갖고 있다는 사실을 의미하는 것이 아닐까?

말이 조금씩 유창해지면서 아이들은 가끔 문법에 맞지 않는 말을 하기도 한다. "밥 먹어."의 부정은 "밥 안 먹어."인데, 아이들은 부정어 '안'을 문장 제일 앞으로 옮겨 "안 밥 먹어."라고 말하는 경우가 있다. 어른들은 이런 말을 절대로 사용하지 않으므로 이는 아이가 어른들을 모방했다고 볼 수 없다. 아이들이 아직 문법을 잘 몰라 그런 것이라 생각할 수도 있겠지만 사실 이것은 보편적 문법에서 비롯된 표현이다.

영어 문법을 보면 부정어 'not'은 항상 동사나 형용사 앞에 쓰게 되어 있다. "I have a book."의 부정은 "I do not have a book."이다. 언어권은 달라도 중요한 것은 제일 앞에 놓는 보편적인 문법 규칙이 있다.

보편 문법을 활용하는 아이들의 또 다른 언어적 특징은 문법 규칙을 과잉 적용한다는 점이다. 아이들은 한때 주어 다음에 '이'나 '가' 하나만 붙여야 되는 것을 한꺼번에 붙여 '선생님이가'라고 말한다. 미국 아이들의 경우는 동사의 과거형을 '-ed'를 붙여 만드는 규칙을 과잉 적용해 모든 동사에 ed를 붙이기도 한다. 예를 들어 'go'의 과거형은 'went'지만, 아이들은 'goed'라고 말한다.

이렇게 어른들이 쓰지 않는 문법을 아이들이 쓴다는 것은 아이들이 생물학적으로 언어의 보편적 특성을 알고 태어난다는 것을 의미한다. 이에 대해 촘스키는 "언어는 인간이 선천적으로 타고난 본능이다. 이것은 전 세계 언어가 보편 문법이라는 동일한 구조를 갖고 있기 때문이다."라고 주장했다. 세계 모든 언어에는 명사, 동사, 형용사, 부사 등의 요소가 있고, 이것을 조합해 문장을 만드는 보편적인 문법 체계가 있다. 그래서 어린아이들이 일정 기간 언어 환경에 노출되면 뇌에 자리 잡은 이 보편 문법으로 저절로 언어를 만들 수 있게 되는 것이다. 그리고 이러한 보편 문법 체계는 오직 인간의 언어에만 있는 것이기 때문에 인간의 언어와 동물의 의사소통을 구별하는 가장 큰 특징이라고 할 수 있다.

아기들은 이중언어를 습득할 능력을 갖고 태어난다

이쯤 되면 아이들의 외국어 습득 능력에 대해서도 궁금해질 것이다. 요즘 시대에 영어의 중요성은 굳이 따져볼 필요도 없는 것이라서 아이를 키우는 부모들은 아이가 영어를 한국어처럼 자연스럽게 구사하는 네이티브 스피커native speaker가 되기를 원한다. 그래서 이중언어 교육에 많은 공을 들인다. 하지만 그것이 생각처럼 쉽지가 않다. 영어유치원을 보내고 영어 과외까지 붙여도 그냥 영어를 좀 하는 정도지 한국어와 영어 둘 다 모국어처럼 잘하는 것은 정말 어려운 일이다.

그런데 놀라운 사실이 있다. 아기들은 태어날 때 이중언어를 습득할 능력을 갖고 태어난다는 것이다. 〈언어 발달의 수수께끼〉에서는 연세대학교 심리학과 송현주 교수팀과 함께 6개월 된 아기 4명을 대상으로 L발음과 R발음의 차이를 구별해내는지 알아보는 외국어의 음소 지각 실험을 했다.

먼저 아기들에게 애니메이션을 보여주면서 "La, La, La, La, Ra, La, La."처럼 L발음을 들려주다가 갑자기 R발음을 들려줬다. 그리고 그 순간 아기의 뇌파를 분석해 아기의 뇌가 어떤 반응을 보이는지 측정했다. 아기들이 L발음을 들었을 때와 R발음을 들었을 때 뇌파의 평균치를 비교해본 결과, 모두 R발음을 들었을 때 뇌파 진폭의 그래프가 눈에 띄게 높아졌다. 아기들이 두 개의 발음 차이를 즉각적으로 구분해낸 것이다. 이는 아기들이 모국어와 외국어 모두를 받아들일 능력이 있다는 뜻으로, 아기는 이중언어를 습득할 능력을 갖고 태어난다고 판단할 수 있다.

이렇게 이중언어를 습득할 수 있는 놀라운 능력을 갖고 태어난다면 영어도 모국어처럼 할 수 있어야 되지 않을까? 그런데 왜 이중언

아기들은 태어나서 처음 몇 개월 동안은 세계의 모든 언어들에서 사용되는 음성학적 대조들을 분간할 수 있다고 한다.

어 습득은 어려운 것일까?

연구팀은 똑같은 실험을 15개월 된 아기들에게도 해봤다. 그런데 15개월 아기들은 L발음과 R발음에 따른 뇌파 평균이 별 차이가 나지 않았다. 아기들이 L발음과 R발음을 구별할 수 있는 능력을 잃어버린 것이다. 1년 동안 아기들에게 무슨 일이 벌어진 것일까? 혹시 한국어와 영어의 발음 체계가 특별히 다르기 때문에 이런 일이 벌어지는 것은 아닐까?

음성 발달 분야의 권위자로 손꼽히는 패트리샤 쿨Patricia K. Kuhl은 생후 7개월 된 미국 아기들과 일본 아기들을 대상으로 L발음과

R발음을 구분하는 실험을 했다. 그 결과 미국의 아기들이나 일본의 아기들은 똑같이 L발음과 R발음을 잘 구분했다. 그런데 3개월이 더 지난 생후 10개월 아기들의 경우, 미국 아기들은 L과 R을 더 분명하게 구분했는데 일본 아기들은 L에서 R로 변화하는 것을 알아차리지 못했다. 겨우 3개월 차이인데 일본 아기들은 그 능력을 잃어버리고 말았다.

이러한 실험은 세계 곳곳에서 실행됐다. 그러면서 연구자들은 아기들은 태어나서 처음 몇 개월 동안은 세계의 모든 언어들에서 사용되는 음성학적 대조들을 분간할 수 있다고 결론을 내렸다. 그리고 이러한 능력은 생후 10개월이 지날 무렵부터 사라져버리고 모국어의 음소들만을 인지할 수 있게 된다고 보았다. 그것이 바로 외국어를 모국어처럼 이중언어로 습득하기 어려운 이유다.

그렇다면 그 짧은 시간 동안 아기들은 왜 그런 엄청난 능력을 잃어버리는 것일까? 이는 앞서 설명한 '뇌의 가지치기'와 직접적인 연관이 있다. 뇌는 환경적 경험에 의해 자주 하게 되는 경험은 강화하고 그렇지 않은 것은 가지치기를 한다. 언어도 마찬가지다.

연구자들은 아기들이 모국어가 아닌 언어의 미세한 음소의 차이를 인식할 수 있는 이유가 영아기에 일어나는 시냅스의 과잉 연결 때문일 가능성이 크다고 주장한다. 그러다가 이내 특정한 언어, 즉 모국어의 특정한 단어들과 문장들이 귀를 통해 아기의 뇌에 전달되면 뇌가 이 소리들을 처리하면서 아기들이 소리를 지각하는 방식이 재조직된다고 보았다.

이에 대해 연세대학교 심리학과 송현주 교수는 "사람의 뇌는 자기가 처한 환경에서 가장 효율적인 학습을 하도록 재조직화되는 경향이 있다. 처음의 뇌는 모든 언어의 말소리를 구분할 수 있도록 되어 있다가 자신이 처한 언어 환경에서 필요한 말소리만 구분할 수 있도록 재정비되는 것이다."라고 설명했다.

이러한 과정은 생후 6개월에서 생후 1년 사이에 집중적으로 일어난다. 이 시기 아기들은 아직 말을 하지는 못해도 주변에서 주고받는 말을 끊임없이 듣는다. 그리고 그 소리들을 범주화하면서 조직화한다. 기준은 당연히 가장 많이 듣는 말, 다시 말해 모국어가 될 수밖에 없다.

이렇게 기본이 되는 소리의 원형을 만들면서 자주 사용하지 않는 언어의 서로 다른 소리를 구분하는 능력은 사라지게 된다. 자신이 살아가야 할 사회에서 통용되는 언어를 습득하기 위해 아기의 뇌가 스스로 모국어의 독특성을 강조하고 다른 것들은 무시해버리는 방향으로 발달하는 것이다. 그래서 한국에서 자연스럽게 한국어에 노출된 아이들은 한국어가 모국어가 되고, 미국에서 자연스럽게 영어에 노출된 아이들은 영어가 모국어가 된다.

아기들이 모국어를 선택할 수밖에 없는 상황이 엄마 뱃속에서부터 시작된다고 보는 시각도 있다. 1993년, 크리스틴 문Christine Moon과 로빈 쿠퍼Robin Cooper, 윌리엄 피퍼William P. Fifer는 태어난 지 하루 된 아기가 모국어와 외국어 중 어느 쪽을 더 선호하는지 실험했는데 아기들이 외국어로 녹음된 문장들보다 모국어로 녹음된 문장들을 더 오래 들으려고 애쓴다는 사실을 발견했다.

또 생후 2개월 된 아기, 생후 4개월 된 아기도 모국어를 식별할 수 있는지 확인하기 위해 스피커를 통해 모국어 문장과 외국어 문장을 들려주고 얼마나 빨리 스피커 쪽으로 고개를 돌리나 관찰했다. 그리고 모두 모국어 문장을 들었을 때 더 빨리 스피커 쪽으로 고개를 돌리는 것을 확인했다. 임신 7개월 무렵이면 태아의 청력이 거의 완성되기 때문에 이때 들은 소리를 기억하고 있는 것이다. 이는 앞서 태어난 지 하루 된 아기들이 엄마의 목소리를 구분해낼 수 있다는 사실과도 연결된다.

아기들의 타고난 이중언어 습득 능력이 생애 초기에 너무 빨리 사라져버린다는 사실은 참 안타까운 일이다. 하지만 이는 자신이 속한 사회에 적응해 살아가기 위한 뇌의 불가피한 선택이다. 그래서 두 언어를 다 모국어만큼의 환경에 노출시키지 않는 이상 이중언어를 습득하는 것은 쉽지 않은 일이 된다. 그래서 한국에서 사는 한, 부모가 영어권 사람이 아닌 이상, 영어를 모국어처럼 가르치기는 어렵다. 이런 현실 속에서 이중언어를 고집하며 과도하게 영어 교육에 몰두하는 것은 오히려 아이의 언어 발달에 지장을 초래할 수도 있다는 사실을 기억해야 한다.

언어 발달 불변의 법칙 02

인간의 뇌는 언어 습득에 최적화되어 있다

아기는 태아 때 들은 동화를 기억한다

임신을 하게 되면 엄마는 태교에 많은 신경을 쓰게 된다. 뱃속에 있는 아기에게 들려주기 위해 좋은 음악을 듣고 아기와 대화도 나눈다. 다른 사람과 이야기할 때도 뱃속에서 듣고 있을 아기를 생각하며 특별히 더 곱고 예쁘게 말하기 위해 애쓴다. 실제로 청각이 완성되는 임신 7개월 정도부터 태아는 엄마의 자궁에서 많은 소리를 듣는다. 신생아가 엄마의 목소리를 구별할 수 있는 것은 뱃속에서 들었던 엄마의 목소리를 기억하기 때문이다.

그런데 놀랍게도 뱃속에서 들었던 동화까지 기억할 수 있다고 한다. 1986년, 안소니 드카스페Anthony J. DeCasper와 멜라니 스펜스Melanie J. Spence는 아기들이 엄마 뱃속에서 들었던 동화를 기억하고 있는지 실험했다. 12명의 임산부들에게 임신 마지막 6주 동안 하루에 2번씩 〈모자 쓴 고양이〉라는 동화를 읽어주게 했다. 그리고 아기가 태어난 지 2~4일 뒤, 아기에게 〈모자 쓴 고양이〉와 한 번도 들어보지 못한 동화의 문장을 들려주면서 '가짜 젖꼭지 빨기' 방법으로 아기의 반응을 관찰했다.

먼저 아기가 젖꼭지를 천천히 빨 때 동화를 하나 들려주고 빨리 빨 때 또 다른 동화를 들려준다. 그럼 아기는 좋아하는 동화를 들으려면 젖꼭지를 어떻게 빨아야 하는지 알게 된다. 천천히 빨면 이 동화를 듣게 되고 빨리 빨면 저 동화를 듣게 되는 것을 익혔기 때문이다. 그리고 그 행동을 관찰해 아기가 더 좋아하는 것이 무엇인지 알아내기로 했다.

그 결과 아기들은 들어보지 못한 동화의 문장보다 뱃속에 있을 때 엄마가 읽어줬던 동회의 문장을 듣기 위해 젖꼭지 빨기 동작을 조절하는 것을 확인할 수 있었다. 만약 젖꼭지를 느리게 빨았을 때 엄마가 읽어줬던 동화의 문장을 들었다면, 그걸 듣기 위해 젖꼭지를 느리게 빠는 행동을 했다.

그저 엄마의 목소리에 반응한 것은 아닐까 생각할 수도 있겠지만, 그랬다면 아기는 엄마가 들어보지 못한 동화의 문장을 들려줄 때도 반응해야 했다. 하지만 그렇지 않았다. 게다가 엄마가 아닌 다른 여자가 읽어줘도 아기는 엄마 뱃속에서 들었던 동화의 문장을 더 듣고 싶어 했다. 분명 아기는 엄마 뱃속에서 들었던 동화를 기억하고 있었다. 이는 아기가 단순히 엄마의 목소리를 기억하는 것보다 한 차원 높은 언어적 감각을 가지고 있다는 뜻이 된다.

아기의 뇌도 언어 처리 기능을 하고 있다

그렇다면 아기 뇌의 어떤 부분이 아기들에게 언어 습득을 가능하게 하는 것일까? 프랑스 파리 언어심리학연구소의 렘버르츠Remberts 박사는 아이들이 언어를 습득하는 데 뇌의 어느 영역이 관여하는지 알아내기 위한 실험을 했다. 생후 3개월 된 아기들에게 모국어로 동화책을 읽어주는 것을 녹음하여, 아기가 자고 있을 때와 깨어 있을 때 제대로 틀었다 거꾸로 틀었다 하며 뇌의 어느 영역이 활성화되는지 기능성 자기공명영상fMRI으로 촬영했다.

그 과정에서 아기가 동화를 들을 때 측두엽 일부를 포함한 뇌의 좌반구 부분이 활성화되는 것을 확인했는데, 이 부분은 어른이 언어를 구사할 때 활성화되는 영역과 비슷한 부위였다. 이는 아기의 대뇌피질이 태어난 지 얼마 되지 않은 상태에서도 이미 여러 영역으로 분화되어 있다는 것을 의미하며, 아직 미성숙한 아기의 뇌도 기본적인 언어를 처리하는 기능을 하고 있다는 증거라 할 수 있다.

우리 뇌에서 언어의 생성과 이해를 관장하는 대뇌피질의 특정 부위를 '언어중추'라고 한다. 언어중추는 상대방의 소리를 의미 있는 언어로 이해하고 자신의 생각에 대응하는 단어를 찾은 다음, 문장 형태를 결정하고 문장을 형성하여 이를 소리로 전환시키는 과정을 담당한다.

언어중추는 대뇌피질의 측두엽과 전두엽의 일부에 걸쳐서 존재하는데 핵심 영역은 두 부위다. 하나는 뇌의 좌반구에 위치한 베르니케 영역Wernicke's area으로, 청각 피질과 시각 피질로부터 전달된 언어 정보의 해석을 담당한다. 또 다른 하나는 뇌의 언어 영역에서 처리된 정보를 입을 통해 표현하도록 통제하는 브로카 영역broca's area이다.

인간의 언어 활동은 이렇게 다양한 뇌 영역과 중추 등이 관여하고 있으며 감각, 운동, 사고 등 뇌의 통합적인 기능의 조화로 이루어지는 매우 섬세하고 복잡한 활동이다. 그럼에도 불구하고 아기는 돌 전후로 말을 하기 시작하면서 엄청난 속도로 언어를 습득해나간다. 만 2세가 되면 2천 단어가량을 구사할 수 있으며, 만 3세가 되면 스스로 문법을 터득해 문장으로 표현할 수 있고, 만 4세가 되면 웬만한 말을 거의 할 수 있게 된다.

놀라운 것은 이러한 급격한 발전이 아이들 스스로 별 노력을 들이지 않아도 가능하다는 점이다. 그저 듣고 보고 따라 하면서 자연스럽게 언어를 습득해나간다. 인간의 뇌가 언어 습득에 최적화되어 있기 때문이다.

언어 발달은 뇌 발달에 따른다

이제 좀 더 자세하게 아이들의 언어 발달 과정을 살펴보려고 한다. 신생아들이 처음 사용하는 의사소통 방법은 울음이다. 2개월이 되면 아기는 자신의 울음소리를 분화시켜 의사를 좀 더 분명하게 전달할 수 있으며, 3개월 때는 '아', '으'와 같이 한 음절로 된 모음 소리를 낼 수 있다. 이 시기 아기들은 옹알이를 시작하는데, 이때의 소리들은 우리가 사용하는 말과는 상당히 다르다. 보통은 6, 7개월쯤이 돼야 '아바바바'처럼 자음과 모음이 결합된 옹알이를 만들어낸다. 이때는 어른의 말소리나 억양과 꽤 비슷한 옹알이를 할 수 있기 때문에 엄마와의 의사소통도 훨씬 쉬워진다.

아기가 옹알이를 하면 엄마의 뇌도 옹알이를 하는 아기와 소통하기 위해 부지런히 움직인다. 2010년, 일본 이화학연구소 산하 뇌과학연구소의 레이코 마주카 연구팀은 옹알이를 하는 아기를 둔 엄마 35명, 이제 막 말하기 시작한 아이의 엄마 16명, 초등학생 자녀를 둔 엄마 18명, 그리고 아이가 아직 없는 남녀 30명 등 총 99명의 성인 남녀에게 아기의 옹알이를 들려주면서 기능성 자기공명영상fMRI으로 그들의 뇌를 촬영했다.

그런데 아기가 옹알이를 할 때 뇌의 언어 영역이 활성화된 사람들은 옹알이를 하는 아기를 둔 엄마들뿐이었다. 다른 사람들은 물론이고, 이제 막 말을 하기 시작한 아이를 둔 엄마들도 아기의 옹알이를 들었을 때 뇌의 언어 영역이 활성화되지 않았다. 뇌의 언어 영역이 활성화되었다는 것은 아기가 옹알이를 할 때 엄마는 그것을 언어로 간주하고 처리한다는 것을 나타낸다.

아기가 옹알이를 할 때 그것을 받아주고 적절하게 대응해주면 아기의 뇌 발달에 좋은 영향을 미친다. 이 시기 아기들에게 청각은 가장 예민한 감각 중 하나인데, 부모의 적절한 대응은 아기가 들은 소리를 청각 피질에만 머물게 하지 않고 다른 뇌 영역으로 확장시켜 관련 뇌 부위를 자극한다.

돌 무렵이 되면 아이들은 약 100개의 단어를 이해할 수 있다. 그중 엄마, 아빠를 비롯해 3개에서 5개 정도의 단어를 말할 수 있게 된다. 이때 아이들은 한 단어로 자신의 다양한 의사를 표현한다. 예를 들면 배가 고플 때도 맘마, 예전에 가봤던 식당을 봐도 맘마, TV에서 음식을 먹는 장면을 볼 때도 맘마로 표현한다. 그럴 때는 엄마가 아이의 마음을 읽고, "배가 고프구나.", "우리 저기 가서 맛있는 거 먹었지?", "음식을 아주 맛있게 먹네." 등 다양한 단어를 활용해 완성된 문장으로 표현해주면 단어 실력과 문장 능력을 키울 수 있다.

만 3세까지 아이의 뇌와 언어능력은 폭발적으로 발달한다. 뇌의 용량과 기능은 어른의 70퍼센트 정도까지 성장하고, 언어능력은 단어를 연결해 문장을 말할 수 있을 정도가 된다. 이렇게 단어를 먼저 익히고 문장을 익히게 되는 것은 뇌의 발달과 밀접한 관련이 있다. 언어중추의 두 가지 핵심 영역 중 베르니케 영역은 단어의 뜻과 관련된 일을 할 때 활성화되고, 브로카 영역은 문법과 관련된 일을 할 때 활성화된다. 그런데 보통 베르니케 영역이 브로카 영역보다 먼저 발달한다. 그래서 아이는 먼저 단어로 표현을 하고, 그다음 문법이 가미된 문장을 표현할 수 있게 된다.

만 4세에서 6세 정도가 되면 브로카 영역의 세포층이 어느 정도 완성되기 때문에 이 시기가 되면 아이들은 어른과 거의 비슷한 수준의 언어를 구사할 수 있다. 그러므로 아이가 문장을 구사할 수 있게 되었다는 것은 뇌의 언어 영역이 어느 정도 성숙해졌다는 것을 의미한다.

또 만 4세에서 6세 사이는 전두엽이 폭발적으로 발달하는 시기이기도 하다. 전두엽은 인내심과 감정 조절, 공감과 배려 등 고차원적인 사고를 하게 해주는 부위인데, 이 시기 아이의 언어능력은 다른 사람들과 의사소통을 하며 대인 관계를 만들고 사회성을 키우는 데 중요한 역할을 한다.

이렇게 언어 습득 초기 단계는 뇌의 언어 영역 발달단계에 따라 언어 발달이 이루어진다. 그러나 베르니케 영역과 브로카 영역이 잘 발달되고 순조롭게 연결된 다음부터는 뇌의 발달보다는 경험과 학습 등의 환경이 아이의 언어 발달에 더 큰 영향을 미치게 된다.

언어 발달 불변의 법칙 03

언어 발달은 유전과 환경의 상호작용이다

부모의 상호작용이 아이의 언어능력을 키운다

앞서 언어 발달에 대한 두 가지 견해인 경험론과 선험론에 대해 설명했는데, 두 가지 요인의 상호작용으로 언어 발달이 이루어진다고 보는 '상호 작용론'을 주장하는 이들도 있다. 인간에게는 언어 습득에 대한 본능이 있고 유전적으로 언어능력을 물려받으며 보편 문법 규칙이 이미 뇌에 들어 있다고 해도, 인간이 하나의 언어를 말하기 위해서는 언어 환경에 지속적으로 노출되어 언어 자극을 받아들이며 언어 경험을 해야만 한다는 것이다. 즉 인간의 언어 발달은 유전과 환경 등 복합적인 요인이 상호작용하여 이루어진다고 보는 시각이다.

언어 환경, 언어 자극, 언어 경험이라고 하면 당연히 가장 중요한 역할을 하게 되는 것은 양육자다. 유전적으로 좋은 언어능력을 타고났다는 것은 부모가 언어능력이 좋다는 것을 의미하며, 이는 환경적으로도 좋은 자극을 줄 수 있다는 것을 의미한다.

하지만 유전적으로 좋은 언어능력을 타고났다고 해도 언어 발달을 촉진시킬 수 있는 좋은 환경에서 성장하지 못한다면 좋은 유전자가 능력을 발휘하지 못할 수도 있다. 또한 유전적으로 좋은 언어능력을 타고나지 못했어도 언어 양육 환경이 잘 갖춰져 있으면 언어 발달이 잘 이루어질 수 있다.

그렇다면 어떤 양육 환경이 아이의 언어 발달을 촉진시킬 수 있을까? EBS 다큐멘터리 〈언어 발달의 수수께끼〉에서는 중앙대학교 심리학과와 함께 아이의 어휘가 언어 환경에 따라 어떻게 달라지는지 실험했다. 생후 21개월 남자아이 1명, 여자아이 1명과 생후 24개월 남자아이 1명, 여자아이 1명을 초대해 먼저 엄마와 아이가 평소에 노는 모습을 살펴봤다.

그리고 엄마가 아이에게 얼마나 많은 단어와 문장을 사용하는지 일일이 기록하며 수를 셌다. 21개월 남자아이의 엄마는 총 338개의 단어와 137개의 문장을 사용했고, 여자아이의 엄마는 647개의 단어와 296개의 문장을 사용했다. 24개월 남자아이의 엄마는 총 549개의 단어와 197개의 문장을, 여자아이의 엄마는 총 748개의 단어와 227개의 문장을 사용했다.

그다음 엄마가 사용한 단어와 문장의 수가 아이들의 어휘 능력에 영향을 주었는지 알아보기 위해 60개의 단어를 들려주면서 모니터의 그림 중 어떤 것이 그 단어에 해당하는지 알아맞히는 시간을 측정했다. 실험 결과 생후 21개월의 남자아이는 평균 1.14초가 걸렸고 여자아이는 평균 0.84초가 걸렸다. 또 생후 24개월의 남자아이는 평균 1.51초, 여자아이는 평균 0.41초가 걸렸다.

이 실험을 주도한 중앙대학교 심리학과 최영은 교수는 "어휘 처리 속도가 빠르다는 것은 그만큼 이미 알고 있는 단어를 빨리 쉽게 효율적으로 처리를 한다는 것이다."라고 설명했다. 또 이렇게 단어에 대한 처리가 효율적으로 이루어지면 새로운 단어 습득에 큰 도움이 될 수 있다고 덧붙였다.

마지막으로 연구팀은 이 아이들이 평소 엄마에게 사용하는 단어가 몇 개인지 '표현 어휘 지수'를 알아봤다. 그 결과 생후 21개월 남자아이는 111개, 여자아이는 365개, 24개월 남자아이는 26개, 여자아이는 630개를 기록했다.

세 가지 실험을 모두 종합해보면, 엄마가 평소에 아이에게 더 많은 단어와 문장을 사용할수록 아이의 어휘 인식 속도도 빠르며 표현 어휘 지수도 높았다. 즉 엄마가 말을 많이 할수록 아이의 언어능력이 더 좋다는 뜻이 된다.

아기들은 선천적으로 놀라운 언어능력을 갖고 태어나지만, 또 유전적 영향으로 개인차가 존재하지만, 양육 환경 또한 매우 큰 영향력을 끼치는 게 사실이다. 아이의 언어 발달은 유전과 환경의 상호 작용으로 이루어지기 때문이다. 유전은 바꾸지 못해도 환경은 바꿀 수 있다. 그러므로 평소 아이와 다양한 어휘로 많은 대화를 하면서 아이의 언어 발달을 촉진시키면 된다.

아이의 언어 발달을 돕는 부모가 되려면?

그럼 어떻게 해야 아이의 언어 발달을 촉진시킬 수 있을까? 첫째, 수다스러운 부모가 되어야 한다. 앞선 실험에서 본 것처럼 부모가 쓰는 어휘량은 아이의 어휘 능력에 직접적인 영향을 미친다. 그러므로 일상에서 다양한 단어와 문장으로 아이와 이야기를 나누는 것이 좋다. 아이가 토끼 인형을 가지고 노는 것을 그냥 흐뭇하게 바라만 보지 말고 "토끼 귀가 아주 기네. 토끼랑 인사해볼까? 토끼, 안녕?" 하며 계속 이야기를 해주는 식이다.

아직 말을 못하는 영아기 아기들에게도 마찬가지이다. 기저귀를 갈아줄 때 "기저귀가 축축하구나. 엄마가 갈아줄게. 어때? 기저귀를 갈고 나니 기분이 아주 좋아졌지?"라고 말하면서 아이의 상황이나 기분에 대해 구체적으로 이야기해주면 된다. 알아듣지 못하는 것 같지만 아기들은 다 듣고 있다. 그렇게 차근차근 엄마의 언어들을 저축해가면서 자신의 언어능력을 키워나간다.

아이가 말을 시작하면 아이의 단순한 표현을 다양한 단어와 올

바른 문장으로 표현해주면 된다. “엄마 까까.”라고 아이가 말을 하면, “과자가 먹고 싶구나.”라고 아이의 마음을 이해하고 표현해주는 것이다.

어느 정도 말을 할 줄 아는 아이에게는 단어를 상황에 맞게 수정해주고 문장의 완성도를 높여 한 번 더 표현해주면 바르고 정확한 언어를 배울 수 있는 좋은 기회를 마련해줄 수 있다. 이때 주의할 것은 너무 자주 고쳐주거나 틀렸다고 지적하지 않는 것이다. 아이가 말할 때마다 엄마가 바로 말을 고쳐주거나, 그건 틀렸고 이렇게 하는 것이 맞다고 지적한다면 아이는 자신이 말을 잘 못한다는 생각이 들어 위축될 수 있다. 아이가 눈치 채지 못하게, 또 즐겁게 받아들일 수 있을 때 자연스럽게 교정해주는 것이 핵심이다.

둘째, 아이의 말을 끝까지 잘 들어주는 것이다. 수다스러운 엄마가 되라고 해서 아이의 말은 듣지도 않고 엄마만 쉴 새 없이 떠들라는 말이 절대 아니다. 그건 오히려 역효과가 날 일이다. 아직은 생각만큼 표현할 수 없어 아이도 많이 답답할 텐데 엄마가 참지 못하고 아이의 말을 끊으면 아이는 너욱더 자신감을 잃어버린다. 아이가 표현에 서툴러서 자기 생각을 정확히 짚지 못하거나 너무 느릿느릿 말하더라도 끝까지 경청한 뒤 엄마가 다시 한번 아이의 말을 짚어주면 된다.

말을 하는 이유는 서로의 생각이나 마음을 전달하기 위해서다. 그래서 단순히 단어를 많이 알고 세련된 문장을 구사하는 것이 전부가 아니라 의사소통의 방법과 기술까지도 배울 수 있어야 한다.

아이의 말을 끝까지 경청해주는 것은 그런 면에서도 중요한 의미가 있다.

셋째, 지나치게 많은 언어 자극이나 너무 빠른 언어 교육은 지양해야 한다. 요즘 아이가 있는 집에 가면 집안 곳곳에 단어 카드를 붙여놓고 시도 때도 없이 읽고 쓸 것을 강요하는 부모가 많다. 또 온갖 분야의 전집을 구비해놓고 틈만 나면 읽어주면서 이것은 무슨 글자, 저것은 무슨 글자라고 연신 짚어주기도 한다. 남들보다 더 빨리 한글을 떼는 것이 언어능력의 척도라고 생각하기 때문에 서너 살만 돼도 학습지를 들이밀며 한글 떼기를 재촉하기도 한다.

하지만 과도한 노출과 너무 빠른 학습, 그리고 과잉 독서는 초독서증이나 유사자폐와 같은 문제를 발생시킬 수도 있다. 그러므로 아이의 발달 속도를 잘 살피고, 그에 맞는 적절한 환경을 제공해주는 것이 중요하다. 좋은 언어 환경이란 아이의 발달 속도에 맞는 환경을 말한다.

넷째, 가급적 디지털 기기를 멀리해야 한다. 최근에는 신체적, 정신적 이상이 없는 경우에도 언어 지체를 보이는 아이가 많은데, 이는 지나친 미디어 노출로 인해 양육자와의 상호작용이 부족한 환경 때문일 가능성이 크다. 아이가 한자리에 오래 앉아 밥을 잘 먹게 하려고, 혹은 집안일을 할 때 아이가 칭얼대지 않도록 하려고, 혹은 카페에서 지인들과 이야기를 나누기 위해 아이에게 너무 오랫동안 TV 프로그램이나 스마트폰 동영상을 틀어주고 있지는 않은가. 이러한 행동은 아이의 언어 발달에 상당히 나쁜 영향을 미친다.

2015년, 서울 아산병원과 남부대학 공동연구팀은 만 2세 아이 1천 8백여 명을 대상으로 TV 시청 시간과 언어 지체 위험도의 상관성을 조사했다. 실험을 통해 우리나라 아이들은 하루 평균 1시간 12분씩 TV를 보고, 하루에 2시간 이상 보는 아이도 그중 3분의 1이나 된다는 사실을 알게 되었다.

이 결과를 토대로 연구팀은 하루 1시간 미만으로 TV를 본 아이에 비해 하루 2~3시간 TV를 본 아이는 언어 지체 위험이 2.7배 높아지고, 3시간 이상일 경우는 3배 증가한다고 경고했다. 언어 습득을 위해서는 양방향 소통이 중요한데, 미디어에서 나오는 언어는 일방적이기 때문에 상호작용이 박탈됨으로써 언어 습득이 지체된다

미디어는 상호작용을 막기 때문에 언어 발달에 치명적이다.
또한 강력하고 자극적인 화면으로 인해 전두엽과 측두엽이 손상될 수도 있다.

는 것이다. 또 그림책과 달리 미디어는 강력하고 자극적인 화면이 빨리 넘어가기 때문에 뇌의 전두엽, 측두엽을 손상시킬 위험이 있다고 주의를 줬다.

그래서 미국소아학회The American Academy of Pediatrics에서는 2세 미만의 아이들은 절대 텔레비전을 보지 못하도록 하고 있다. 또 2세 이상이라도 하루에 좋은 프로그램에 한해 1~2시간을 넘지 않게 시청하도록 권고하고 있다. 아이의 정상적인 언어 발달을 위해서는 부모와 주고받는 언어, 즉 상호작용을 할 수 있는 언어 환경이 중요하다는 사실을 잊지 말아야 한다.

언어 발달 불변의 법칙 04

언어 발달에는 결정적 시기가 있다

언어 발달에서 결정적 시기는 왜 중요할까?

1970년, 미국 켈리포니아에서 지니Genie라는 이름을 가진 14세 여자아이가 발견됐다. 지니의 엄마는 앞을 못 보는 맹인이었고, 아빠는 정신질환을 앓고 있었다. 아빠는 지니를 생후 12개월 때부터 유아용 변기에 묶어 감금해두었는데, 엄마는 지니에게 음식을 줄 때만 가까이 갈 수 있었다. 아무도 지니에게 말을 건네지 않았고, 지니가 무슨 소리라도 낼 때면 아빠가 체벌을 가했다. 발견 당시 심한 영양실조 상태였던 지니는 자세도 구부정했고 걸음걸이도 이상했다.

그런데 가장 큰 문제는 말을 하지 못한다는 것이었다. 청각장애가 있는 것도 아니었다. 많은 언어학자들이 참여해 지니가 말을 할 수 있도록 언어 학습을 시켰으나 4년이 지난 뒤에도 지니는 말을 하지 못했다. 그저 몇 개의 단어를 조합할 수 있는 2세 정도의 언어 수준에 머물렀다. 결국 학자들은 지니가 정상적인 언어를 습득하기에는 이미 너무 늦었다는 결론을 내렸다.

미국의 아동언어학자인 캐서린 스노우Catherine E. Snow는 "아기는 언어 습득 프로그램을 가지고 태어나지만, 결정적 시기에 상호 언어 자극이 필요하다. 결정적 시기를 지나면 모국어를 습득하는 것이 불가능하다."라고 언급한 바 있다. 누구나 언어를 배울 수 있는 능력을 갖고 태어나지만 언어를 습득하는 것은 생물학적으로 정해진 특정한 시기에만 가능하며, 이 시기에는 주변 환경에 자연스레 노출되는 것만으로도 언어를 습득할 수 있다. 하지만 그 시기가 넘어가면 언어 습득에 장애가 올 수 있다. 언어 발달에는 결정적 시기가 있기 때문이다.

그렇다면 그 결정적 시기는 언제일까? 지니보다 훨씬 이전인 1937년, 미국 오하이오에서는 6세 소녀 이사벨Isabelle이 발견됐다. 사생아로 태어난 이사벨은 청각장애를 가진 엄마와 함께 다락방에 갇혀 세상과 단절된 채 성장했다. 정상적인 언어 환경에 노출되지 못했기 때문에 당연히 말을 하지 못했다. 그런데 이사벨은 집중적인 훈련과 지속적인 교육을 받아 영어를 완전하게 습득했다. 그럼 언어 발달의 결정적 시기는 6세에서 13세 사이인 것일까?

1967년, 미국의 언어학자 에릭 레너버그Eric Lenneberg는 《언어의 생물학적 기초Biological Foundations of Language》라는 저서를 통해 '결정적 시기 가설Critical Period Hypothesis'을 주장했다. 레너버그는 언어가 완전하게 발달하기 위해서는 사춘기가 시작되기 전에 언어를 습득해야 한다고 보았다. 결정적 시기가 지나면 제1언어(모국어)를 완전하게 습득하기 어려우며, 이는 제2언어(외국어)도 원어민만큼 유창하게 못하는 요인 중 하나로 작용하기 때문이다.

연구자들은 대략 6세 정도를 언어 학습 결정적 시기의 기준 연령이라고 말한다. 6세가 지나면 점점 더 모국어를 습득하는 데 어려움을 겪으며, 12세 정도가 최종적인 한계 연령이라고 설명한다. 그 뒤부터는 언어 학습을 시켜도 모국어를 습득하는 방법이 아닌, 외국어를 학습하는 방법이 될 수밖에 없다는 것이다.

그럼 왜 언어 학습에 결정적인 시기가 있는 것일까? 미국 캘리포니아 대학의 폴 톰슨Paul M. Thompson 교수팀은 자기공명영상MRI을 이용해 3세부터 15세까지 아이들의 뇌 성장 과정을 4년 동안 추적해 뇌 성장 지도를 발표했다. 그에 따르면 아이의 뇌는 3세부터 6세 사이에는 뇌의 앞부분인 전두엽이 발달하는데, 6세에서 13세까지는 뇌의 성장이 앞부분에서 점차 언어를 관장하는 뒷부분으로 옮겨간다. 그리고 사춘기가 시작되는 13세 이후에는 뇌의 언어 영역 발달이 급속히 둔화된다. 14세 소녀 지니는 말을 배우는 것에 실패했지만 6세 소녀 이사벨은 완벽하게 습득할 수 있었던 이유가 바로 여기에 있다.

언어 발달 장애가 의심될 때는 어떻게 해야 할까?

맘카페나 아동상담 사이트의 Q&A를 보면 아이의 말이 늦는 것에 대한 고민의 글이 많다. 만 2세가 됐는데도 아직 엄마, 아빠 같은 쉬운 단어도 말하지 못해서 고민인 경우, 만 3세인데도 한 단어 수준으로만 말하고 문장 연결이 안 되는 경우, 또 발음이 부정확해 걱정인 경우 등 고민 내용들이 다양하다.

보통 돌 전후로 아이가 첫 단어를 말하고 만 2세가 되면 "과자 줘.", "오줌 마려."처럼 두 단어를 이어 문장을 만드는데, 이 시기를 지나도 제대로 말을 못하면 부모들의 걱정이 커지게 마련이다. 그래서 실제로 병원이나 상담실에도 만 2세에서 만 4세 사이의 아이들이 언어 장애가 의심돼 찾아오는 경우가 많다. 반면 말이 좀 늦은 아이도 있으니 여유롭게 기다려보라는 주변 사람들의 조언을 듣고는 마냥 기다리는 경우도 있다.

너무 조바심을 내는 것도 문제가 있지만, 사실 너무 여유롭게 지켜보는 것도 문제가 될 수 있다. 아이의 말이 늦는 데에는 여러 요인이 있기 때문이다. 유전적인 영향으로 말을 늦게 하는 경우도 있지만 언어 장애나 청각 장애, 자폐 스펙트럼 장애로 인한 경우도 배제할 수 없는 게 현실이다. 그렇기 때문에 때가 되면 해결될 부분이라고 마냥 기다릴 것이 아니라 어떤 점이 문제인지 관심 있게 살펴봐야 한다.

그렇다면 어느 정도일 때 아이의 언어 발달 장애를 의심해봐야 할까? 보통은 1년 이상 언어 발달이 지연됐을 때라고 말한다. 만 1세, 그러니까 돌 무렵이면 첫 단어가 나와야 하는데 만 2세인데도 아직 첫 단어가 나오지 않았을 경우, 만 2세면 두 단어로 문장을 만들어야 하는데 만 3세가 돼도 불가한 경우, 30개월 정도가 지났는데도 엄마가 아이의 말을 전혀 이해할 수 없거나 아이가 엄마의 말을 이해하지 못하는 경우 등이다.

언어 장애는 빨리 발견할수록 쉽고 완벽하게 치료할 수 있으므로 언어 발달 장애가 의심된다면 전문가를 찾아가 정확한 원인을 파악하고 치료해야 한다. 상담실이나 병원을 찾으면 먼저 아이의 청각에 문제가 있는지도 살피고, 신체 발달이나 인지 발달 등에 문제가 있는지, 자폐 스펙트럼 장애가 있는지도 살펴본다. 또 발음이 안 좋은 경우는 발음 기관에 문제가 있을 수도 있으므로 이 부분에 대한 검사를 하기도 한다. 그저 말이 늦은 것인지, 아니면 다른 문제가 있는 것인지 정확한 검사와 치료가 필요하다.

특히 난청이 있는 경우는 아예 못 듣는 것이 아니어서 뒤늦게 발견하는 경우가 많은데, 언어를 배우기 위해서는 일단 들을 수 있어야 하기 때문에 언어 장애를 유발할 수 있다. 선천성 난청의 경우 인공 와우관 이식 수술을 하게 되는데, 보통 6, 7세에 수술을 받은 경우 처음에는 정상인의 60퍼센트, 4년 뒤에는 90퍼센트로 회복된다고 한다. 하지만 11세의 경우는 수술 뒤에도 언어능력이 7퍼센트로 떨어지고 20세 이후에는 언어를 습득할 수 없었다는 연구 결과가 있으니 언어 습득의 결정적 시기를 지나지 않도록 빠른 검사와 치료가 필요하다.

인지능력이 현저하게 떨어질 때도 언어 발달에 문제가 발생한다. 인지능력과 언어능력은 서로 상호작용하면서 발달하기 때문이다. 보통 처음에는 인지능력이 언어능력을 좌우하다가 어느 시기를 지나면 언어능력이 인지능력을 좌우하게 된다고 한다. 그러므로 언어 장애가 생겼을 경우는 인지 발달에 대한 조사도 함께 해보는 게 좋다.

언어 장애가 있으면 의사소통이 잘 안 돼 사회성 발달에 나쁜 영향을 미칠 뿐만 아니라, 학교에 가서도 말하기, 읽기, 쓰기 등과 같은 부분에 어려움을 겪어 학습을 따라가기 힘들어지는 상황이 발생할 수도 있다. 그러므로 평소 언어 발달이 잘 이루어지고 있는지 세심하게 살펴보는 게 좋다. 생후 6개월 즈음의 아이라면 부모가 하는 말을 따라 하려고 하는지, 돌 이전의 아이라면 다른 사람의 말에 귀를 기울이고 시선이나 표정으로 반응하는지 살펴봐야 한다. 특히 엄마와 눈 맞춤을 잘하는지, 이름을 불렀을 때 뒤돌아보는지 등을 유심히 살펴봐야 한다. 만약 자폐 스펙트럼 장애가 있는 경우, 돌 전에 첫 단어가 나왔지만 그 이후에 진척이 없는 경우도 있으니 너무 오래 기다리지 말고 전문가의 도움을 받아보는 게 좋다.

외국어를 배우는 것도 결정적 시기가 있을까?

EBS 〈언어 발달의 수수께끼〉에서는 서울대학교와 공동으로 외국어를 배울 때 나이가 어느 정도 중요한지, 정말 어릴수록 더 유리한지 확인하는 실험을 진행했다. 중국어를 한 번도 배워본 적 없는 8세 아이 5명과 20세 대학생 5명에게 하루 2시간씩 5일 동안 같은 중국어 수업을 듣게 했다. 수업은 중국 유치원 수준으로 8세의 인지능력으로도 충분히 따라갈 수 있게 진행됐다. 그리고 5일 뒤, 학생들은 2명의 교사 앞에서 중국어 어휘력과 문장 능력, 발음 등을 평가받았다.

테스트 결과, 어휘력은 8세 아이의 평균 점수가 42점, 20세 대학생의 평균 점수가 72점으로 대학생들의 점수가 월등히 높았다. 문장 능력도 8세 아이들의 평균 점수는 37점, 대학생들은 68점으로 큰 차이를 보였다. 다만 발음에 있어서는 8세 아이들은 62점, 대학생들은 64점으로 거의 비슷했다. 발음만큼은 아이들이 뛰어난 실력을 보였는데, 8세 아이 중 한 명이 발음에서 제일 좋은 점수를 받기도 했다.

미국 조지타운대학교 언어학과 앨리슨 매키Alison Mackey 교수는 "말을 빨리 배우면 배울수록 원어민에 가까운 발음을 할 수 있는 것은 사실이다. 그러나 동시에 나이가 더 많은 아이들은 인지적으로 더 성숙했기 때문에 언어 학습의 속도가 빠른 것도 사실이다."라고 설명했다. 한마디로 영어를 일찍 가르치면 늦게 가르치는 것보다 발음은 좋을 수 있다. 하지만 언어능력은 발음이 전부가 아니다. 어휘력과 문법 능력, 그리고 그 나라에 대한 문화적 이해가 동반되어야만 수준 높은 언어능력을 가질 수 있다.

언어를 배우는 방법은 크게 두 가지로 나뉘는데, 모국어처럼 직접적인 노출과 경험을 통해 무의식적으로 자연스럽게 이루어지는 학습을 '암묵적 학습Implicit Learning'이라고 한다. 반면 언어를 배운다는 뚜렷한 목적을 갖고 의식적으로 이루어지는 학습을 '명시적 학습Explicit Learning'이라고 한다. 유아들에게는 암묵적 학습이 더 유리하고, 명시적 학습은 인지능력이 어느 정도 수준에 도달한 아이들이 더 빠른 학업 성취를 보인다.

그런데 영어를 모국어로 쓰지 않는 우리나라 환경에서는 영어를 명시적 학습으로 배울 수밖에 없는 상황이다. 영어유치원에서는 영

영어를 모국어처럼 배울 수 있는 환경이 아니라면
너무 일찍 영어 공부를 하는 것이
언어 발달을 방해할 수 있다.

어를 쓰는 선생님과 일상의 언어를 영어로 주고받기도 하고, 영어 노래나 게임을 하며 즐겁게 영어를 배운다. 그렇다고 암묵적 학습이 이루어질 것이라고 기대하고 있다면 그것은 완벽한 오해다. 실제로 〈언어 발달의 수수께끼〉에서 영어유치원에 다니고 있는 아이들에게 유치원이 노는 곳인지 공부하는 곳인지 물었더니 모두 공부하는 곳이라고 대답했다. 아무리 재미있게 가르친다고 해도 아이들에게 영어는 공부해야 할 과목이다.

이에 대해 서울대 영어교육과 이병민 교수는 "초등학교 2~3학년 수준의 인지능력이라면, 유아기부터 영어를 시작해 5년간 습득한 학습량을 6개월 정도면 따라잡을 수 있다."고 말한다. 그래서 인지능력이나 학습능력이 어느 정도 성숙한 때에 배우는 것이 기간이나 비용 면에서 훨씬 효율적일 수밖에 없다. 그래서 이병민 교수는 "조기 영어교육이 아닌 적기 영어교육을 해야 한다."고 제안했다.

영어교육을 하지 말라는 것이 아니다. 너무 일찍부터 큰 비용을 들여 굳이 조기 영어교육에 매달릴 필요가 없다는 말이다. 모국어를 충분히 습득하고 영어 학습에 대한 동기부여가 되었을 때 시작하는 것이 훨씬 효과적이기 때문이다.

영어 조기교육에 대해 깊이 생각해봐야 할 이유는 또 있다. 동덕여자대학교 아동학과 우남희 교수는 영어유치원에 1년 6개월 이상 다닌 아이들과 영어를 접하지 않은 공동육아 시설 아이들의 창의력을 비교했다. 그 결과 공동육아 시설 아이들의 언어 창의력은 평균 92점이었고, 영어유치원에 다닌 아이들의 언어 창의력은 평균 68점을 기록했다. 언어는 말하고 읽고 쓰기만을 위해 필요한 능력이 아니다. 자신의 생각을 표현하고, 깊이 있는 사고를 하고, 창의적인 아이디어를 마음껏 발산하기 위해서도 꼭 필요한 능력이다. 언어 창의력이 떨어진다는 것은 그런 면에서 문제가 된다.

더군다나 유아기는 고차원적인 사고를 가능하게 해주는 전두엽이 한창 발달해야 할 때이므로 이러한 능력들을 길러주는 것이 가장 중요하다. 그런데 영어교육을 지나치게 시키면, 초등학생 때나 발달하는 측두엽에 자극이 계속 들어와 오히려 뇌에 혼란을 가중시키면서 전두엽 발달을 저해할 수도 있다. 그러므로 조기 영어교육에 현혹돼 정말 중요한 교육이 소홀해지지 않도록 주의를 기울여야 한다.

언어 발달 불변의 법칙 05

언어능력이 지능과 학습능력을 좌우한다

언어능력은 학업성적으로 이어진다

미국 스탠포드대학교 심리학과 앤 페르날드Anne Fernald 교수는 아기들의 어휘력이 지능과 학습능력에 어떤 영향을 미치는지 실험했다. 먼저 생후 24개월의 아이들을 대상으로 표현 어휘 지수와 단어 인식 속도를 측정하는 실험을 했다. 그리고 3년이 지나 아이들이 만 5세가 되었을 때 지능과 어휘력을 검사해 비교해보았다. 그랬더니 24개월 때 표현 어휘 지수나 단어 인식 속도가 높았던 아이들이 만 5세가 되었을 때 말도 잘할 뿐만 아니라 지능의 수준도 높았다.

이러한 결과에 대해 페르날드 교수는 "어휘 처리 속도가 빠르면 대체로 학업 성취도 검사에서 더 높은 결과가 예상된다. 어휘력이 높은 아이가 복잡한 문장을 잘 이해하고 어려운 과제를 잘 해결하며 추론능력이 뛰어나기 때문이다."라고 설명했다. 즉 언어능력은 지능과 학습능력을 좌우한다.

좀 더 큰 아이들은 어떨까? 〈언어 발달의 수수께끼〉에서 중학교 1학년 학생들을 대상으로 언어능력이 학습에 어떤 영향을 미치는지 실험했다. 먼저 학생들에게 두 장의 어색한 사진을 보여주었다. 한 장은 한 남자가 축구 골대 앞에서 농구공을 들고 서 있는 사진이었고, 다른 한 장은 반대로 남자가 농구 골대 앞에서 축구공을 들고 서 있는 사진이었다. 아이들에게 각각의 사진이 어떤 상황일까 생각해보고 짧은 글짓기를 완성하게 했다. 이것을 토대로 아이들이 얼마나 다양한 상상력을 발휘해서 해석했는지 상황 해석력을 5점 만점으로 평가하여 아이들의 학업성적과 비교해봤다.

상황 해석력의 평균 점수는 2.81점이었다. 그런데 성적이 90점 이상인 아이들의 평균은 3.85점이었고 70점 이하인 아이들은 1.28점이었다. 사용한 어휘 수에서도 차이를 보였다. 성적이 90점 이상인 아이들은 150개의 어휘를 사용했으며 70점 이하인 아이들은 105개를 사용했다. 언어능력이 학습능력으로 이어진다는 사실이 증명된 것이다. 이에 대해 중앙대학교 교양학부 이유미 교수는 "언어가 학습의 배경지식이 되기 때문이다."라고 설명했다.

우리가 사물을 볼 때는 자신의 배경지식을 활용하게 되어 있는

데, 이 배경지식은 언어가 중요한 역할을 한다. 지식은 언어를 통해 학습하게 되고, 이렇게 축적된 지식은 다음 학습에 다시 영향을 미치면서 언어능력이 모든 학습의 기본 능력으로 작용하게 된다.

스스로 공부하기 어려워하는 아이들 중에는 언어능력이 부족한 경우가 많다. 봐도 무슨 소린지 이해가 안 가니 재미도 없고 능률도 오르지 않는 것이다. 만약 아이가 열심히 수학 공부를 했지만 문제를 이해하지 못하거나 또는 잘못 이해해 제대로 풀지 못하는 경우가 많다면, 현상을 설명하는 어휘와 문장을 이해하지 못해 사회 공부나 과학 공부에 어려움을 겪고 있다면 아이의 언어 이해력과 언어 사고력을 점검해봐야 한다.

언어능력이 좋아야 공부하는 내용을 이해하고 해석해서 머릿속에 담을 수 있고, 그것이 가능해야 응용도 하고 활용도 할 수 있다. 사실 국어는 상당히 어려운 학문이다. 꽤 까다로운 문법체계를 가지고 있고, 같은 말도 상황에 따라 다양한 의미로 쓰인다. 똑같은 의미를 전달하더라도 어떤 어휘를 사용해서 어떤 문장을 만들어내느냐에 따라 전달력의 차이가 생기고, 똑같은 내용의 글을 읽더라도 그것을 이해하고 해석하는 해독력은 천차만별이다.

그런데 보통은 말 잘하고 글 잘 읽으면 언어능력이 좋다고 오해하기 십상이다. 말을 하고, 글을 읽고 쓰는 것은 언어능력의 기본 바탕일 뿐이다. 또 국어는 모국어로서 암묵적 학습에 의해 일정한 수준까지 도달하기 때문에 대부분 말도 잘하고 글도 잘 읽게 되어 있다. 그래서 부족한 부분을 놓치기도 쉽고 아예 문제점이라고 생각조차 안 하기도 한다.

초등학교에 다닐 때는 언어능력이 부족해도 학업성적이 좋을 수 있다. 그러나 중학교부터는 교과서에 등장하는 어휘와 문장의 수준이 상당히 높아지기 때문에 언어능력이 낮은 아이들은 진도를 따라가기 힘들다. 초등학교 때는 늘 상위권에 있던 아이가 중학교에 가서 성적이 뚝 떨어지는 것도 중학교 수준의 언어능력을 갖추지 못한 것이 중요한 이유가 되기도 한다. 그러므로 아이가 공부 잘하기를 바란다면 꼭 언어 이해력과 언어 사고력을 키워줘야 한다.

언어능력을 키워주는 독서 습관은?

아이의 언어 이해력과 언어 사고력을 키우는 데는 독서만한 것이 없다. 하지만 책을 읽는다고 해서 무조건 언어능력이 향상되는 것은 아니다. 또 마냥 책을 많이 읽는다고 좋은 것도 아니다. 정확히 말하자면 제대로 된 독서가 언어능력을 키울 수 있다. 그렇다면 어떤 독서 습관이 아이의 언어능력을 키워줄까?

첫째, 천천히 읽어야 한다. 간혹 무조건 책을 많이 읽는 것이 중요하다고 생각하는 부모도 있다. “오늘 책 몇 권 읽었어?”라고 물어본 뒤 많이 읽었다고 하면 칭찬을 해주는 경우 아이들은 빨리 대강 많이 읽을 수밖에 없다. 하지만 중요한 건 독서의 양이 아니라 질이다. 천천히 깊이 생각하면서 읽을수록 언어능력도 발달한다.

물론 책을 빨리 읽는 게 다 나쁘다는 것은 아니다. 아이들 중에는 빨리 읽으면서도 내용을 정확하게 이해하는 능력자들도 있다. 하지만 대부분의 아이들은 빨리 읽으면 대강 읽게 된다. 재미있는 부분만 훑어보거나 대충 줄거리만 읽고는 다 읽었다고 한다. 이러한 독서는 아이들의 언어능력 발달에 전혀 도움이 안 된다.

언어능력을 높이려면 한 권의 책이라도 충분히 이해하며 읽는 게 중요하다. 그러기 위해서는 아이들에게 충분히 읽을 시간을 줘야 한다. 그림책도 글자만 읽고 끝내면 별 효과가 없다. 그림도 자세히 보면서 글이 그림에 어떻게 표현되어 있는지 충분히 만끽하고 그림을 통해 글을 상상하여 자신만의 이미지를 만들 시간을 줘야 한다.

고학년으로 올라갈수록 공부하느라 바빠 책 읽을 시간이 없어지는 것도 문제다. 학년이 올라갈수록 더 높은 수준의 언어능력을 필요로 하기 때문에 절대 책읽기를 소홀히 하면 안 된다. 그러므로 적어도 일주일에 하루는 책을 읽을 수 있는 시간을 충분히 주어서 책에 대한 흥미를 잃지 않고 그 나이에 맞는 독서능력과 언어능력을 갖출 수 있도록 하는 게 좋다.

둘째, 재미있는 책이어야 한다. 너무도 당연한 이야기다. 하지만 막상 아이들의 책을 고를 때면 고민이 된다. 재미있는 책보다 권장도서나 추천도서에 더 손이 가기 때문이다. 하지만 권장도서는 말 그대로 권장하는 도서다. 추천도서 역시 말 그대로 특정한 기관에서 추천하는 도서다. 꼭 읽어야 하는 책은 아니라는 것이다. 책을 아주 좋아하는 아이라면 어떤 책을 줘도 잘 읽을 테니까 권장도서,

추천도서, 재미있는 책, 좋아하는 책 다 괜찮다. 하지만 그렇지 않다면 일단 재미있는 책이어야 한다. 내용이 아주 재미있다거나, 아이가 평소에 관심 있어 하는 분야여서 책 속에 푹 빠져 시간 가는 줄 모르고 읽을 수 있는 그런 책 말이다.

그러나 아무리 재미있는 책이라도 학습만화는 안 된다. 요즘 가장 많이 팔리는 책은 바로 학습만화다. 그런 책들은 단편적인 지식을 습득할 수 있고 그 분야에 대한 흥미를 유발할 수 있을지는 몰라도 언어능력을 키우는 데는 도움이 안 된다. 만화 한 컷에는 들어갈 수 있는 글의 양이 한정되어 있기 때문에 앞뒤 맥락을 거의 다 생략하면서 말을 줄일 수밖에 없다. 그래서 학습만화만 읽다 보면 읽기 능력은 오히려 퇴보한다. 일단 긴 글에 대한 거부감이 생길 수 있고, 자극적이고 단편적인 어휘에 익숙해져 다양한 어휘를 습득하지 못하는 탓에 문장 이해도도 떨어진다.

셋째, 이야기 나누기를 한다. 아이의 언어 이해력과 사고력을 키우기 위해 독서록을 활용하는 경우가 있다. 물론 독서록을 쓰는 것은 아주 좋은 습관이고 도움도 많이 된다.

언어능력을 높이는 가장 좋은 방법은 독서다.
하지만 독서도 제대로 해야만 아이의
언어능력을 높일 수 있다.

하지만 쓰기 능력이 떨어지는 아이들에게 독서록은 고역이다. 독서록 쓰기 싫어서 책 읽기에 대한 흥미가 떨어지는 경우도 많다. 그러므로 독서록을 강요하기보다는 이야기 나누기를 즐겨 하는 것을 추천한다.

그렇다고 아이와 마주 앉아 책의 줄거리를 잘 이해했는지, 책에서 배울 점이 무엇인지 확인하라는 말이 아니다. 그냥 편안하게 "네가 제일 마음에 드는 장면이 뭐였어?", "주인공이 왜 그러는지 넌 이해가 되니? 엄마는 좀 이해가 안 되더라."와 같이 책 속의 흥미로운 부분을 자연스럽게 끄집어내어 대화를 나누는 것이다. '내용 확인'이 아니라 '대화'를 나누는 것이 중요하다.

책의 내용에 대해 대화를 나누다 보면 아이는 자신이 읽고 느낀 점에 대해 표현하면서 언어능력을 키워나간다. 자신이 미처 생각하지 못했던 부분이나 놓쳤던 부분을 엄마와의 대화를 통해 확인하면서 부족한 부분을 채워나갈 수도 있다. 엄마와 대화를 나누는 시간 자체가 즐거워서 책을 더 열심히 읽게 되는 효과도 있다. 이것이 다름 아닌 유대인의 자녀 교육법 '하브루타'다.

'만약 ~했다면' 방법을 쓰는 것도 좋다. "만약 신데렐라가 12시에 집에 가지 않았다면 어떻게 됐을까?", "만약 해리포터의 이모와 이모부가 착한 사람이라서 해리포터를 잘 돌봐줬다면 어땠을까?"와 같이 엉뚱한 질문을 던지는 식이다. 상상력과 사고력을 키우고, 책에 대한 흥미를 높이는 묘수가 될 수 있다.

언어 발달 불변의 법칙 06

언어가 생각과 행동의 차이를 만든다

먼저 하는 말이 상대방의 마음을 움직인다

지금까지 아이의 언어능력을 발달시키는 방법에 대해 이야기를 나눴다면, 이제부터는 부모의 언어습관에 대해 점검해보고자 한다. 아이의 언어 발달에 부모와의 상호작용이 지대한 영향을 끼친다는 것은 그만큼 부모의 언어습관이 중요하다는 뜻이다.

〈언어 발달의 수수께끼〉에서는 아주 재미있는 실험을 했다. 10명의 남녀 대학생에게 한 여자에 대한 정보를 5초 간격으로 '질투심이 강하다', '고집이 세다', '비판적이다', '충동적이다', '부지런하다', '지적이다' 순으로 보여주었다. 그러고 나서 사진 두 장을 보여주며 그녀가 어떤 사람인지 선택해보라고 했다. 1번은 환하게 웃고 있는 여자의 사진이었고 2번은 살짝 찡그린 표정을 한 여자의 사진이었다.

학생 10명 중 8명이 2번 찡그린 표정의 여자 사진을 선택했다. 어떤 사람일 것 같으냐고 묻자 불만이 많고 비판적이다, 도도해 보이고 성격이 셀 것 같다는 등의 의견을 내놨다.

이번에는 다른 대학생 10명에게 똑같은 단어를 순서만 바꿔 '지적이다', '부지런하다', '충동적이다', '고집이 세다', '질투심이 강하다' 순으로 보여주었다. 그랬더니 10명 중 7명의 학생이 환하게 웃는 1번 여자의 사진을 선택했다. 눈빛이 강하고 모든 일을 열심히 할 것 같다는 의견이었다.

제시하는 정보의 내용은 똑같고 단지 순서만 바꿨을 뿐인데 전혀 다른 평가가 나왔다. 정보의 순서가 판단력에 영향을 미쳤다고 볼 수 있다. 왜냐하면 인간은 먼저 하는 말에 끌리기 때문이다. 그래서 긍정적인 말을 먼저 하면 긍정적인 시각으로 정보를 받아들여 판단하게 되고, 부정적인 말을 먼저 하면 부정적인 시각으로 정보를 받아들여 판단하게 된다.

아이들이 실수를 하거나 잘못을 저지르면 우리는 먼저 "도대체 뭐하는 거야!", "내가 너 그럴 줄 알았어.", "네가 잘할 리가 없지."와 같이 부정적인 말이 먼저 튀어나온다. 시험 성적을 받아와도 잘한 부분보다 못한 부분부터 들춰낸다. 이렇게 대화를 시작하면 칭찬과 격려의 말을 덧붙이더라도 그것이 아이의 귀에는 잘 들리지 않는다.

이미 처음에 들었던 비난과 비교와 질책의 말이 머릿속을 점령하고 마음속에 생채기를 냈기 때문이다.

반대로 아이가 잘한 것을 먼저 칭찬해주고 나중에 고쳐야 할 것이나 더 노력했으면 하는 부분들을 얘기해주면, 아이가 엄마의 조언을 기분 좋게 받아들이면서 더 발전하고자 하는 의욕을 갖게 된다. 말의 순서만 바꿔도 아이와 훨씬 더 긍정적인 상호작용을 할 수 있다.

어떻게 질문하느냐에 따라 생각도 달라진다

그렇다면 어떤 질문을 하느냐에 따라서도 상대방의 반응이 달라질까? 〈언어 발달의 수수께끼〉는 이 궁금증에 대한 답을 찾기 위해 고등학생 35명에게 성격에 관한 테스트를 했다. 50가지 질문을 했는데, 가장 중요한 문제는 바로 "외향적인 성격입니까?"라고 묻는 것이었다. 1점은 '아니다'로, 7점은 '그렇다'로 놓고, 자신이 어느 정도 외향적인지 0~7사이의 수로 답할 것을 요청했다. 그러자 평균 3.8이 나와 자신이 외향적이라고 생각하는 아이가 좀 더 많은 것을 확인했다.

일주일 뒤 똑같은 아이들에게 다시 테스트를 했는데, 이번에는 "내향적인 성격입니까?"라고 물었다. 그런데 평균 4.2로, 내향적이라고 생각하는 아이들이 더 많다는 결과가 나왔다. 지난 테스트와 비교해보니 35명 중 생각을 바꾼 학생이 무려 15명이나 되었다.

이에 대해 계명대학교 심리학과 이재호 교수는 "'외향적입니까?'라는 질문을 하면 외향적인 것과 관련된 증거를 먼저 찾게 되기 때문이다."라고 해석했다. 먼저 자신의 외향적인 성격은 어떤 게 있는지 떠올리게 되고, 질문에 부합하는 증거를 찾으면 어느새 자신이 외향적인 성격을 갖고 있다고 생각하게 된다. 반대로 "내향적입니까?"라고 물으면 자신의 내향적인 면을 먼저 생각하게 되기 때문에 자신이 내향적이라는 대답을 더 많이 할 수밖에 없다. 즉 질문에 담겨 있는 언어가 기억 탐색과 사고를 주도하기 때문에 질문의 내용만 바뀌어도 전혀 다른 판단을 하게 되는 것이다.

생각의 차이가 언어의 차이를 만들어낸다지만, 거꾸로 언어의 차이가 생각의 차이를 만들어내기도 한다. 이것이 바로 아이에게 질문을 할 때 신중하고 지혜로워야 하는 이유다.

부모의 언어는 아이의 말과 행동을 바꾼다

아이를 키우다 보면 욱하는 상황이 수없이 일어난다. 아이가 말을 너무 안 들을 때, 기대만큼 잘하지 못할 때, 내 몸이 힘들 때는 절로 화가 솟구친다. 그냥 사는 게 지쳐서 속상하고 화나는 마음을 통제하지 못하고 폭발하는 경우도 있다. 그럴 때는 아이의 마음에 깊은 상처를 입힐 줄 알면서도 독한 말을 쏟아내기도 한다.

하지만 욱하는 마음에 무의식적으로 내뱉은 독한 말이 아이에게 끼치는 영향은 너무나 크고 강력하다. 〈언어 발달의 수수께끼〉에서는 긍정 언어와 부정 언어가 아이의 말과 행동에 어떤 변화를 일으키는지 실험했다.

먼저 초등학생 8명을 4명씩 두 그룹으로 나눈 다음 문장 만들기 과제를 진행했다. 첫 번째 그룹에는 '예쁜', '예의 바른', '공손한', '착한', '양보하다'와 같은 긍정적이고 부드러운 단어가 적힌 수십 장의 카드를 줬다. 두 번째 그룹에는 '화가 난', '어두운', '침입하다', '공격하다'와 같이 부정적이고 공격적인 단어가 적힌 카드를 줬다. 그리고 각각의 단어를 조합해 3개의 문장을 만들어보라고 했다.

1차 과제가 끝난 뒤, 아이들에게 2차 과제가 있으니 다른 교실로 이동하라고 했다. 그리고 아이들이 복도를 지나가는 동안 숨어 있던 한 아이가 나타나 아이들과 세게 부딪치게 했다. 갑작스런 상황에 아이들은 어떤 반응을 보였을까?

긍정적인 단어로 문장을 만들었던 첫 번째 그룹 아이들 4명 중 3명은 화를 내지 않았다. 자신의 실수가 아닌데도 미안하다고 먼저 사과하는 아이도 있었다. 그런데 부정적인 단어로 문장을 만들었던 두 번째 그룹 아이들 4명 중 3명은 바로 부정적인 반응을 보였다. "뭐야?", "똑바로 보고 다녀."와 같이 부정적인 말을 내뱉거나, 노려보며 불쾌한 감정을 그대로 표현했다.

잠깐이었지만 긍정적인 언어에 노출된 아이들은 기분 나쁜 상황에서도 긍정적인 말을 하고 긍정적인 반응을 보인 반면, 부정적인 언어에 노출된 아이들은 바로 부정적으로 말하고 행동했다. 참고로 이러한 반응은 아이들의 평소 성격이나 언어 습관과 별 관련이 없었다. 긍정적인 언어가 말과 행동을 긍정적으로 변화시키고 부정적인 언어가 말과 행동을 부정적으로 변화시킨 것이다.

언어의 힘은 여기서 그치지 않는다. 언어는 아이의 삶을 행복하게도 불행하게도 만들 수 있다. 〈언어 발달의 수수께끼〉에서는 계명대학교 심리학과 연구팀과 함께 언어가 행복감과 자존감에 어떤 영향을 미치는지에 대해서도 실험했다.

먼저 대학생 113명을 대상으로 긍정 단어와 부정 단어에 대한 반응속도를 측정했다. 그러고 나서 참가자들의 행복감과 자존감을 알아보는 검사를 진행해 '높은 행복집단'과 '낮은 행복집단'으로 나눴다. 행복감이 높은지, 낮은지가 긍정 단어와 부정 단어에 보이는 반응속도와 무슨 관련이 있을지 알아보기 위한 과정이었다.

실험 결과 높은 행복집단이 긍정 단어에 반응한 속도는 538msec(밀리초, 1/1000초), 부정 단어에 반응한 속도는 579msec였다. 낮은 행복집단은 긍정 단어에 559msec, 부정 단어에 624msec의 속도를 보였다. 이 결과를 분석해보면, 두 집단 모두 긍정 단어에 더 빠른 반응을 보인다는 사실을 알 수 있다. 이처럼 사람들은 모두 부정 단어보다는 긍정 단어를 더 좋아한다. 그래서 아이와 대화할 때 긍정적인 표현을 더 많이 하기 위해 노력해야 한다.

또한 높은 행복집단은 긍정 단어에 대한 반응 속도뿐 아니라 부정 단어에 대한 반응 속도도 높았다. 긍정 단어와 부정 단어에 대한 반응속도의 차이를 비교해보면 높은 행복집단은 41msec, 낮은 행복집단은 65msec로 나타난다. 낮은 행복집단이 부정 단어 처리에 훨씬 더 많은 시간이 걸린 셈이다. 이에 대해 계명대학교 심리학과 이재호 교수는 "행복감이 낮은 사람들은 부정적인 단어들을 아예 처리하려 하지 않기 때문에 반응시간이 늦어진다."라고 설명했다.

결론적으로 높은 행복집단이 낮은 행복집단보다 언어처리 능력이 훨씬 더 뛰어나다는 사실을 확인할 수 있었다. 이재호 교수는 "긍정적인 마음과 생각은 사고의 확장을 가져온다. 긍정적인 생각을 하면 기억에서 많은 양의 지식을 떠올릴 수 있기 때문에 학습이 촉진된다. 반면에 부정적인 마음과 생각은 사고를 수축시키거나 억제하기 때문에 언어에 대한 처리를 잘 못하게 된다."고 해석했다.

행복감이 높은 사람들은 긍정적으로 생각하기 때문에 유연한 사고를 할 수 있고, 이는 언어 처리 능력에도 영향을 미친다. 이렇게 언어와 정서, 사고는 따로 떨어져 작용하는 것이 아니라 늘 유기적으로 연결되어 있다. 그러므로 아이의 언어능력을 발달시키고 싶다면 평소에 긍정적인 말과 포용적인 행동으로 아이에게 행복감을 안겨줘야 한다. 그것이 고스란히 아이의 언어 처리 능력으로 이어질 테니까 말이다.

언어 발달 불변의 법칙 07

대화가 좋은 관계를 만든다

비방하는 대화는 관계를 단절시킨다

2018년 초록우산 어린이재단이 국내 초·중·고교생 571명을 조사한 결과, 하루 평균 가족과 보내는 시간이 평일 기준으로 단 13분에 그치는 것으로 나타났다. 반면 학원이나 숙제 등 학교 밖에서 공부하는 시간은 190분, TV나 스마트폰 등 각종 미디어를 이용하는 시간은 84분으로 조사됐다. 가족과 함께하는 시간보다 학교 밖에서 공부하는 시간이나 미디어에 빠져 지내는 시간이 훨씬 더 많다는 뜻이다.

또 '거의 매일 자녀와 대화하는 부모'는 53.7퍼센트로 조사됐다. 경제협력개발기구OECD 국가의 평균인 70퍼센트에 한참 모자란 수치였다. 그렇다면 가족끼리 왜 이렇게 대화가 부족해진 것일까?

하버드대학교 협상심리연구센터는 신혼부부들의 대화를 분석해 그들이 이혼할 것인지 아닌지를 추측해보았다. 먼저 신혼부부를 한 쌍씩 방에 들여보낸 뒤 혈압과 생리적 흥분도, 안면 표정 등을 측정하는 장치를 부착했다. 그리고 부부를 편안한 의자에 앉힌 다음, 다투지 말고 최근 함께 겪었던 갈등에 대해 말해달라고 부탁했다. 신혼부부들이 자신들이 겪었던 갈등 상황을 털어놓자 연구팀은 그들이 하는 말을 일일이 다 받아 적으며 그들의 대화 내용과 반응 등을 분석했다. 그리고 이들 부부가 이혼할지, 결혼생활을 얼마나 더 유지할 수 있을지를 1년, 3년, 5년, 10년 등 아주 구체적으로 예측했다. 그런데 그 정확도가 무려 90퍼센트 이상이었다. 어떻게 이런 결과가 가능했을까?

협상심리연구센터의 다니엘 샤피로Daniel Shapiro와 로저 피셔Roger Fisher는 저서 《원하는 것이 있다면 감정을 흔들어라Beyond Reason : Using Emotions as You Negotiate》에서 실험 결과에 대해 설명했다. 결혼을 지속할 가능성이 높은 부부의 말에는 상대방을 인정하는 말과 비방하는 말의 비율이 5대1 정도였다고 한다. 반대로 곧 이혼할 거라고 예측한 부부는 인정의 말과 비방의 말 비율이 1대1이었다. 대화의 주된 내용이 상대방을 긍정적으로 바라보고 인정하는 말이었는지, 부정적으로 바라보고 비방하는 말이었는지가 관계를 지속할 수 있는지 없는지를 판가름한다는 것이다. 이에 대해 샤피로는 "부정적인 말 자체는 문제가 되지 않는다. 긍정의 표현이 부족한 것이 문제라는 것이 밝혀졌다."고 말했다.

관계를 지속하려면 대화가 잘 통해야 한다. 대화가 잘 통한다는 것은 서로를 잘 이해하고 감정에 공감해준다는 뜻이다. 부정적인 말을 절대로 해서는 안 되는 건 아니다. 그 비율이 문제다. 어떤 관계든 갈등은 있게 마련인데, 그 갈등을 어떤 방식의 대화로 풀어나가느냐에 따라 결과는 완전히 달라진다.

아이와 대화하고 싶다면 이 실험 결과를 가슴 깊이 새겨야 한다. "왜 안 했어?", "네가 그렇지 뭐. 그럴 줄 알았어.", "또 그랬어?"와 같이 비방하는 말은 대화를 단절시킬 뿐만 아니라 관계를 망가뜨린다. "꼼꼼하게 신경 써서 잘했네.", "열심히 노력했구나. 고생 많았어.", "이런 것까지도 챙기다니 정말 생각이 깊구나."와 같이 아이를 인정하는 말이 많을수록 대화의 양과 질이 풍요로워진다. 관계가 더욱더 견고해지고 돈독해지는 것은 말할 것도 없다.

부모와의 대화 시간은 학업 성취도에도 영향을 미친다

2015년 교육부가 발표한 '2015 국가수준 학업성취도 평가' 결과에 따르면, 부모와 대화를 어느 정도 하는지 묻는 문항에 대해 '보통'이라고 대답한 학생의 비율이 가장 많았다. 그런데 눈에 띄는 점은 부모와 대화 정도가 높은 학생들의 경우 국어, 수학, 영어 등의 주요 과목에서 우수학력 비율이 높았고, 기초학력 미달 비율이 현저하게 낮았다는 사실이다. 쉽게 말해 부모와 대화를 많이 하는 아이들이 공부를 더 잘했다.

그러나 이것은 어디까지 '대화'였을 때에 해당된다. '잔소리'는 대화가 아니다. 아이의 학업 성취도를 높이기 위해서는 아이에게 힘을 주고 긍정적인 정서를 안겨줄 수 있는 대화가 필요하다. 그럼 어떻게 대화를 해야 할까?

미국의 심리학자 조셉 러프트Joseph Luft와 해리 잉햄Harry Ingham은 대인 관계에서 공감대를 형성하는 과정을 보다 쉽게 이해할 수 있는 모델을 제시했다. 이 모델을 두 사람의 이름을 합쳐 '조하리의 창Johari's window'이라고 부르는데, 가로는 자신이 안다와 모른다 두 영역으로 나누고, 세로는 타인이 안다와 모른다 두 영역으로 나누어 네 영역을 만든다. 이렇게 해서 자신도 알고 타인도 아는 영역은 '열린 창', 자신은 알지만 타인은 모르는 영역은 '숨겨진 창', 자신은 모르지만 타인은 아는 영역은 '장님의 창', 자신도 모르고 타인도 모르는 영역은 '미지의 창'이라고 구분했다.

이 네 개의 창을 잘 이해하고 활용하면 아이와 좋은 관계를 맺을 수 있다. 가장 좋은 방법은 '열린 창'의 영역을 넓히는 것이다. 나도 알고 상대방도 아는 영역이 넓을수록 서로를 더 잘 이해하여 소통이 수월해진다. 하지만 '숨겨진 창'이 넓거나 '장님의 창'이 넓으면 '열린 창'은 좁아질 수밖에 없다.

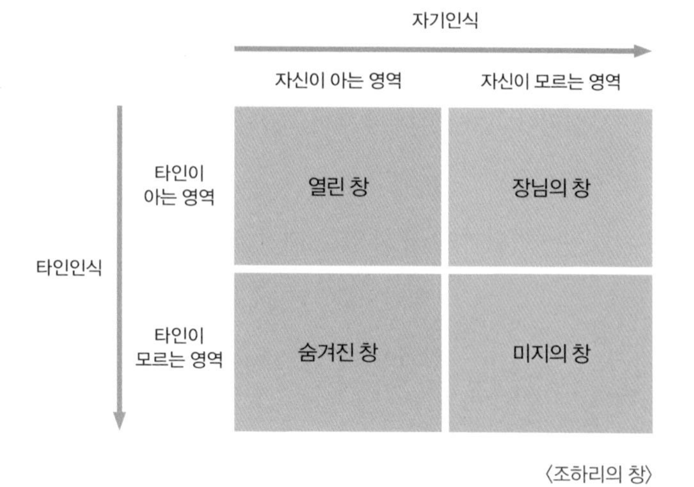

〈조하리의 창〉

'숨겨진 창'이 넓은 건 서로의 속내를 잘 드러내지 않아서이다. 어렸을 때는 미주알고주알 떠들던 아이라도 사춘기에 접어들면 부모에게 자신의 속내를 잘 드러내지 않는다. 말을 해봤자 잘 해결된 경험도 딱히 많지 않은 데다가 괜히 잔소리를 들을 일을 만들고 싶지 않아서다. 부모도 아이에게 굳이 약한 부분을 드러내서 부모로서의 권위를 떨어뜨리는 일을 하고 싶지 않아 속내를 감추곤 한다. 이렇게 자꾸 속내를 숨기다 보면 '숨겨진 창' 영역이 넓어져서 오해가 쌓이고 관계가 불안정해진다.

'장님의 창'이 넓다는 것은 내가 나 자신에 대해 정확히 모른다는 뜻이다. 나는 내가 옳다고 생각하지만 상대방은 그렇지 않다고 생각하는 부분이 있을 수 있다. 혹시 아이에게 "난 엄마의 그런 점이 싫어.", "매일 엄마 생각만 옳다고 생각하지."라는 말을 들어본 적이 있다면 아이와의 관계에서 '장님의 창' 영역이 존재한다는 것을 의미한다.

'숨겨진 창'과 '장님의 창'을 줄여야 '열린 창'을 넓힐 수 있다. 자신의 속내를 솔직하게 드러내면서 나와 다른 상대방의 생각을 존중하고 인정하려는 노력이 동반되어야 가능한 일이다. 그리고 이러한 노력은 부모가 먼저 해야 한다. 아이는 아직 자신의 감정을 이해하고 드러내는 데 미숙하기 때문이다. 부모가 먼저 마음을 열고 진솔한 대화를 시작하면 아이도 금방 마음을 열고 기꺼이 대화의 장으로 나올 것이다.

몸짓도 언어! 아이들은 몸짓에 더 빨리 반응한다

말을 할 때 꼼짝도 하지 않고 아무 표정 없이 말하는 사람이 있을까? 즐거운 말을 할 때는 나도 모르게 웃는 표정을 짓고 어깨도 들썩거린다. 화나는 말을 할 때는 얼굴이 벌겋게 달아오르고 인상이 써지면서 눈썹이 씰룩거리고, 손을 마구 흔들며 화가 난 심정을 표출하기도 한다. 몸짓만으로 많은 것을 말할 수 있다. 다시 말해 몸짓도 언어의 한 부분이다.

미국의 심리학자 앨버트 메라비언Albert Mehrabian은 저서 《침묵의 메시지Silent Messages》를 통해 사람들은 상대에 대한 호감도를 결정할 때, 말의 내용보다 음성이나 시각 요소를 더 중요시한다는 사실을 공개했다. 대화에서 말의 내용만으로 상대방이 내 의도를 알아차릴 확률, 즉 언어적 요소는 7퍼센트밖에 안 되었다. 대신 표정이나 몸짓과 같은 시각적 요소가 55퍼센트, 목소리 톤이나 음색과 같은 청각적 요소가 38퍼센트였다. 비언어적인 요소가 무려 93퍼센트나 차지했다. 이를 '메라비언의 법칙The Law of Mehrabian'이라고 부르는데, 마케팅이나 협상, 스피치 분야에서 자주 인용되는 이론이다.

아이들의 경우도 대화를 할 때 말의 내용보다는 몸짓에 더 주목한다. 〈언어 발달의 수수께끼〉에서는 초등학교 1학년을 대상으로 말의 내용과 몸짓 중 어떤 것에 더 주목하는지 실험했다. 먼저 아이들에게 "화장실에 가려던 영수가 수진이의 책상 위에 있던 필통을 떨어뜨렸는데, 영수가 수진이한테 어떻게 말해야 화해할 수 있을까?"라는 질문을 던지고는 다섯 가지 예시문 중 하나를 고르라고 했다. 제작진이 제시한 예시문은 1번 '나는 잘못이 없어', 2번 '미안해. 다시 주워주면 되잖아', 3번 '필통은 가방 안에 잘 넣어뒀어야지', 4번 '네가 필통을 책상 모서리에 두어서 떨어뜨렸잖아', 5번 '정말 미안하다. 내가 덤벙거려서 필통을 떨어뜨렸네'였다. 그리고 이 예시문을 연기자의 몸짓과 함께 보여주었다. 그러자 24명 중 23명이 5번을 정답으로 골랐다.

그런데 다른 반에 가서 예문은 똑같지만 몸짓을 다르게 해서 문제를 냈더니 아이들은 한참을 망설이다가 결국 25명 중 24명이 3번을 골랐다. 연기자가 3번 '필통은 가방 안에 잘 넣어뒀어야지'라는 말을 아주 미안한 몸짓으로 말하고, 5번 '정말 미안하다. 내가 덤벙

거려서 필통을 떨어뜨렸네'라는 말을 아주 건방지고 짜증나는 몸짓으로 말한 것이다. 아이들에게 몸짓이 말의 내용보다 더 큰 영향력을 미쳤음을 알 수 있는 결과였다.

이에 대해 미국 메릴랜드대학교 커뮤니케이션학과 앤드류 월빈 Andrew D. Wolvin 교수는 "뇌는 시각 정보를 우선적으로 처리하도록 구성되어 있다. 그래서 말하는 사람이 전달하는 몸짓 언어, 얼굴 표정, 시선 처리 등에 먼저 집중하게 된다."라고 설명했다.

그러므로 메시지를 정확하게 전달하고 싶으면 말의 내용과 일치하는 몸짓을 사용해야 한다. 잘못된 몸짓은 말의 내용을 왜곡할 수 있다. 또한 지나치게 과장된 몸짓은 듣는 사람으로 하여금 몸짓에 집중하게 만들기 때문에 말의 내용을 이해하는 것을 방해할 수 있다.

언어 이해 능력이 떨어지는 어린 아이들의 경우는 더욱더 주의해야 한다. 아이와 대화를 하다가 화가 나서 아이를 째려보거나 손을 번쩍 들어 때리려고 하거나 큰 소리를 지르게 되면, 아이들은 그 몸짓에 먼저 반응하여 부모가 무슨 말을 하는지 거의 알아듣지 못하고 두려운 마음만 앞선다. 그래서 훈육은 전혀 되지 않고 공포감만 심어주는 결과를 낳는다. 훈육을 할 때는 반드시 목소리와 행동을 잘 통제해야 아이에게 제대로 된 메시지를 전달할 수 있다.

반면 몸짓을 최대한 많이 활용해야 할 때도 있다. 바로 사랑하는 마음을 표현할 때와 위로의 마음을 건넬 때가 그렇다. 아이에게 사랑을 표현할 때는 말로만 하지 말고 따뜻한 눈빛과 스킨십까지 곁들이는 것이 좋다. 아이가 속상해하거나 힘들어할 때도 말로만 위로해줄 것이 아니라 안아주고 토닥거려주는 것까지 해야 한다. 자신을 품어주는 부모의 몸짓을 통해 아이는 부모의 사랑을 듬뿍 느끼고 더 큰 위로를 받기 때문에 이때의 몸짓은 많으면 많을수록 좋고 크면 클수록 좋다.

말을 빨리 하고 글을 빨리 익힌다고 언어 능력이 높은 것은 아니다.
말은 의사소통의 기본 방법이고, 의사소통은 인간에게 꼭 필요한
생존 도구이기 때문에 세상의 이치를 이해하고,
다른 사람의 말과 글을 이해하고,
논리적으로 자신의 생각을 표현할 수 있어야 한다.

마치는 글

지금까지 아이를 올바르게 키우기 위한 28가지 '육아 불변의 법칙'들을 알아봤다. 이것들을 알고 있는 것과 모르고 있는 것은 전혀 다른 결과를 가져올 수 있다. 육아는 아이의 발달을 이해하는 것에서부터 시작되어야 하기 때문이다. 그래야 내 아이의 진짜 모습을 파악할 수 있고, 아이가 진정 원하는 것을 알아챌 수 있으며, 부모의 욕심을 조금은 내려놓을 수 있게 된다. 물론 아는 것을 실천하는 것 또한 중요하다. 부모의 말과 행동은 아이에게 비바람을 견딜 수 있는 버팀목이 되기 때문이다.

이제 글을 마무리하며 마지막으로 몇 가지 전하고 싶은 말을 정리하려고 한다. 먼저 아이는 나와 다름을 인정해야 육아가 좀 더 수월해질 뿐만 아니라 긍정적인 결과를 낳는다는 말을 하고 싶다. 내 배에서 나와 내 손으로 키운 자식이라도 아이는 나와 같을 수 없다. 그러므로 아이를 독립된 인격체로, 아이의 기질이나 특성을 있는 그대로 봐주고 이해해주는 것이 양육의 밑바탕에 깔려 있어야 한다.

다음은 무조건적인 짝사랑을 하지 말자는 것이다. 당연히 아이는 부모의 사랑을 기반으로 성장한다. 하지만 무조건적인 사랑이 아닌, 허용과 절제가 조화된 사랑이어야 한다. 일방적으로 희생하는 사랑이 아닌 주고받는 사랑이어야 한다. 아무리 어린 아이도 부모와 정서적 교류를 나눌 준비가 되어 있다. 부모에게 사랑을 주고 표현할 줄 알아야 아이도 건강하게 자랄 수 있다.

마지막으로 완벽한 부모가 아닌 노력하는 부모가 되기를 제안한다. 우리는 모두 완벽한 부모를 꿈꾼다. 사랑하는 아이를 위해 내 모든 것을 다 내어주고 희생하면 완벽한 부모가 될 거라 생각한다. 하지만 아이가 커갈수록 그건 절대 불가능한 일임을 깨닫는다. 일단 아이가 원하는 것과 부모가 해주고 싶은 것 사이에 충돌이 생긴다. 또한 아이는 절대 부모의 바람대로 자라주지 않을 뿐 아니라 오히려 부모의 지나친 희생을 버거워하기도 한다. 그러므로 완벽한 부모가 되려 하지 말고 부족한 부분이 있으면 털어놓고 아이와 함께 해결방법을 찾는 소통하는 부모, 노력하는 부모가 될 필요가 있다. 아이들도 완벽한 부모보다 인간적인 부모를 더 좋아한다.

부모 역할은 참 많이 힘들다. 나만 어려운 게 아니라 누구에게나 다 어렵다. 갓난쟁이를 키우는 초보 부모들에게도 그것은 당연히 어려운 일이지만, 중고등학생을 키우는 부모도 늘 커다란 고민들을 잔뜩 안고 살아간다. 성인이 된 자녀를 둔 부모도 마찬가지다. 부모는 평생의 업이기 때문이다.

부모와 아이가 평생 서로에게 기쁨이 되고 힘이 되는 관계가 되기 위해서는 기초를 잘 다져야 한다. 그리고 그것이 바로 육아의 목표가 되어야 한다. 오늘도 사랑과 인내로 아이를 키우고 있는 수많은 부모들에게 격려의 박수를 보낸다.

시대가 달라지고 세대가 바뀌어도 절대 변하지 않는

육아 불변의 법칙

1판 1쇄 발행 2020년 11월 9일
1판 5쇄 발행 2023년 7월 20일

기획 김민태
지은이 고희정

펴낸이 김유열
편성센터장 김광호
지식콘텐츠부장 오정호
지식콘텐츠부 · 기획 장효순, 최재진, 서정희 | **마케팅** 최은영 | **제작** 윤석원 | **북매니저** 박성근

책임편집 김윤정
디자인 명희경
인쇄 우진코니티

펴낸곳 한국교육방송공사(EBS)
출판신고 2001년 1월 8일 제2017-000193호
주소 경기도 일산시 일산동구 한류월드로 281
대표전화 1588-1580 | **이메일** ebsbooks@ebs.co.kr
홈페이지 www.ebs.co.kr

ISBN 978-89-547-5521-4 04370
978-89-547-5520-7 (세트)